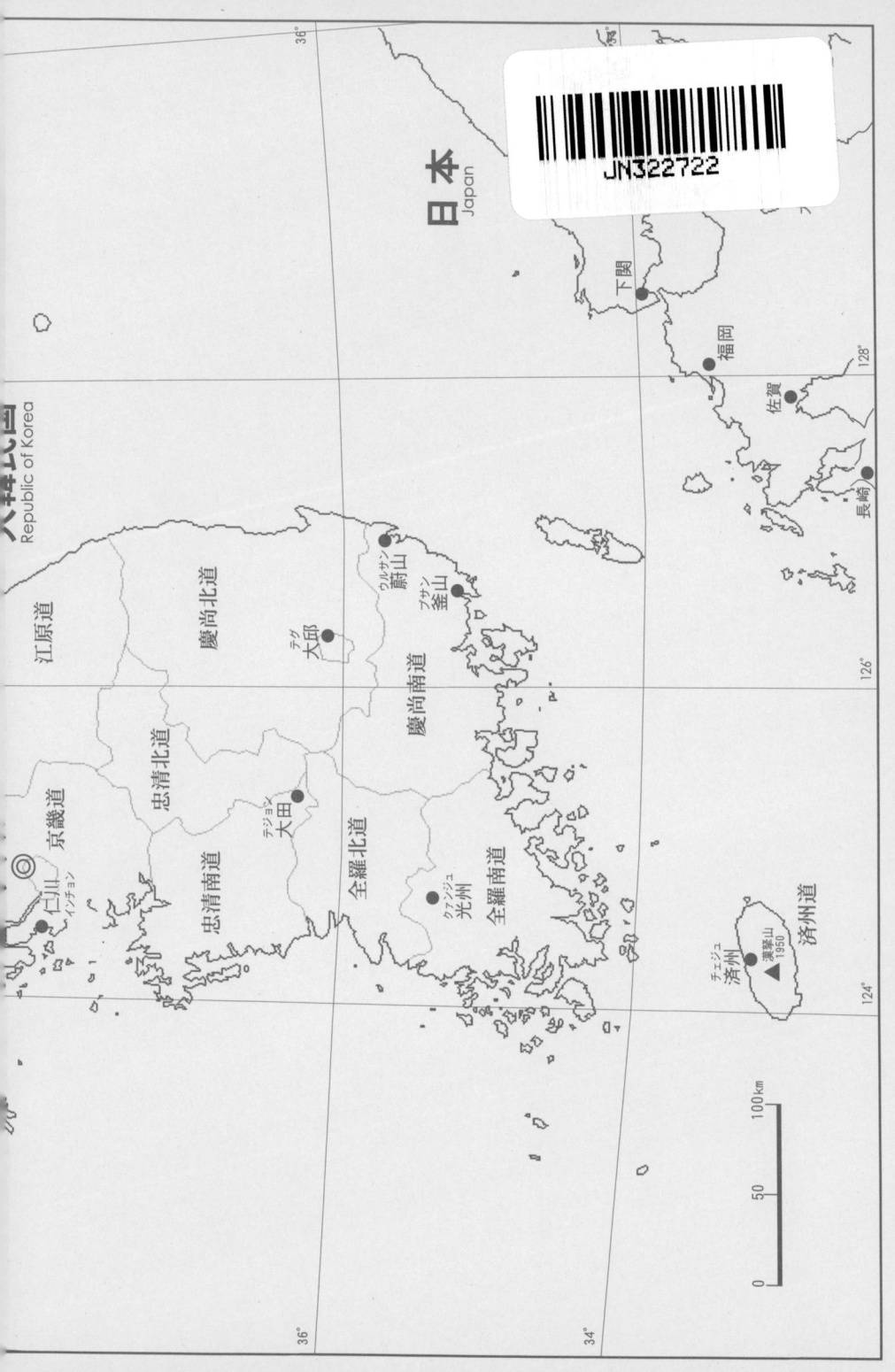

草の根の日韓21世紀共同体
―文化・経済・環境からのアプローチ―

尹 光鳳・権 俸基
李 東碩・羅 星仁
【共編】

溪水社

まえがき

　20世紀はどのような時代であったかについて、論者によってさまざまな表現がありますが、おおむね、「戦争の世紀」、「成長重視の世紀」、「環境破壊の世紀」と、収斂できるのではないでしょうか。そして、21世紀は、その反省から、「平和の世紀」、「福祉重視の世紀」、「環境保全の世紀」にする必要があると、多くの論者が指摘しています。

　しかし、21世紀に入っても、世界には依然として、上述した20世紀の特徴に変化がみられず、貧富の格差は一層拡大し、飢餓や貧困が世界中に蔓延しています。また、環境破壊による自然災害の増加、鳥インフルエンザやSARSなどの伝染病の蔓延、宗教や文化の相違から生じる対立の激化など、人間同士のさまざまな葛藤がその深刻さを一層増しています。さらに、イラク戦争や地域紛争が絶え間なく起こっています。

　このような諸問題に直面する現段階のグローバル社会においては、文化・教育・歴史分野での交流促進とともに、政治・経済・環境分野での実践的な協力が要求されます。ところが、実際の日韓の交流と協力においては市場原理に基づいた経済協力が中心となり、企業・政府主導による交流と協力に偏った側面があります。そのため、所得格差の拡大、飢餓や貧困の蔓延、貧しい人々の環境権の剥奪、各国間の排他的な歴史認識、異文化間の排除や葛藤といった草の根の人々が抱える諸問題は置き去りになり、グローバル・ヒューマニズムに基づいた交流と協力は後退したといえるでしょう。

　近年、東アジアにおいては、市場原理に基づいた経済協力を一層加速させるために、政府主導の東アジア共同体構想が活発となっています。例えば、日韓中の東北アジア3カ国間構想、ASEAN10プラス3（日・韓・中）、またはプラス6（日・韓・中・インド・オーストラリア・ニュージーランド）構想、さらに、ロシアとアメリカを含めたアジア・太平洋経

済圏構想などがありますが、その背景には、各国政府間の国益と超国籍企業間の次世代の覇権をめぐる攻防が横たわっています。

　本書は、このような世界の人々および東アジア人を取り巻く社会環境や自然環境破壊の現状を踏まえた上で、日韓の草の根の21世紀共同体構築をめぐる論議や実践課題について、研究者および教育者の立場から具体的な交流や協力の提案を試みたものです。

　従来から日韓交流や協力関係は、経済のグローバル化を促進するためのものが中心となっていますが、近年には韓流と日流と呼ばれる日韓の文化交流も活発となっています。しかし同時に、その真ったださなかの2005年は、日韓国交正常化40周年の記念すべき年でしたが、竹島・独島問題、歴史教科書問題、靖国参拝問題などが多発し、日韓交流や協力を妨げることになりました。このような相矛盾する現状をどう理解すればよいでしょうか。急速な経済のグローバル化の波に、私達東アジア人が飲み込まれていく過程で、生活保障への不安と安全保障への危機意識が次第に浮き彫りになった結果とみるべきではないでしょうか。

　急速な経済のグローバル化に伴い、拡大・深化し続けてきた社会環境破壊は、東アジア人、とりわけ、日韓の人々にさまざまな影響を及ぼしています。このことによって、日本においては家族愛や人間性の復元を求めた純愛物語中心の韓国ドラマのブーム、韓国語を含めた第2外国語学習のブーム、大学間・地方自治体間の国際交流のブームなどにみられるように、日韓交流が活性化しています。その一方で、領土・歴史・政治問題で浮き彫りになった民族や国家ナショナリズムをめぐる攻防、北朝鮮の核問題で噴出した東アジアの新たな危機管理体制をめぐる攻防、東アジア自由貿易協定などの新たな経済管理体制をめぐる攻防、越境する環境破壊問題に対処するための新たな環境管理体制をめぐる攻防が加速し、日韓交流や協力を後退させる側面を併せ持っています。

　本書は、このコインの表裏のような日韓の交流・協力関係の現状のなかで、真の日韓交流や協力を促進するため、草の根の多様な交流と実践的な

まえがき

協力をさまざまな分野にまたがって模索することを目的としています。従来の企業・政府主導の交流や協力体制を批判的に捉えながら、東アジア地域住民、とりわけ日韓の青少年が主体となる日韓交流や協力関係をいかに築いていくかについて焦点をしぼりました。このような本書の方向性は、「戦争の世紀」、「成長重視の世紀」、「環境破壊の世紀」の20世紀を清算して、21世紀の新しい「平和の世紀」、「福祉重視の世紀」、「環境保全の世紀」を創る上で欠かせない試みであると確信しています。

執筆者一同は、日韓が直面している諸問題を、政府間の交渉に任せるのではなく、日韓の地域住民自らが協働で取り組めるような新しい共同体づくりへの模索が必要である、という共通認識に立っています。そして、国を単位とした従来の固定的な地域の概念や範囲に囚われない、世界に開かれた東アジア人の文化・経済・環境共同体を構築するための糸口を、人文・社会科学の両領域にまたがって模索する必要を強く認識しています。とりあえず、日韓の地域住民が共通に直面している諸問題を整理することから始め、その問題解決に向けての実践課題を明らかにしようと、2年間あまり研究会を開き、それぞれが関わっている分野を中心に意見を交わしてきました。特に、国際平和・教育都市のヒロシマの地で、韓国の姉妹都市大邱市との文化・経済・環境共同体づくりに向けて、今後具体的な実践を進めていくことを当面の目標に据えています。地方自治体、東アジア地域住民、教育・研究機関とNGO／NPO、持続可能な社会というキーワードを用いて、市民講座や研究会などを通じた活発な議論を重ねてきました。ヒロシマの大学で教鞭をとる韓国国籍の6人の研究者と、高校と韓国の大学で教鞭をとった経験をもつ2人の日本国籍の元教員が、それぞれの研究・教育現場での経験を生かしながら、草の根の日韓交流・協力関係の構築を実現するために真剣に取り組んできました。

このようにして誕生した本書は、日韓の人々が現在どのような交流を進めており、それを今後の新しい歴史共同体構築にどう結びつけるか、そのために私達は何を、どう取り組むべきかを、人間・文明・環境科学の3部門にまたがって総合的に提案しています。

本書は、2部10章で構成されています。まず、第1部は文化・教育・歴史分野における日韓交流について検討しています。
　第1章は、日韓文化交流をふりかえりながら、現在興っている韓流ブームの現状と課題を検討したものです。日韓両国間における大衆文化の受容、「冬のソナタ」シンドロームを考察した上で、今後の日韓文化交流を展望しています。著者は、これからの日韓交流は、両国間での緊張と葛藤を克服しながら、スペクトロームを地方レベルにまで広げ、多様な交流を進める必要性を訴えています。また、両国間での青少年の交流が近年活発になってきていますが、これを積極的に支援する必要があると、強調しています。
　第2章では、日韓両国における外国語の教育の現状を踏まえながら、今後の改善策について述べています。特に、著者は「外国語をなぜ学ぶのか」という意義について考えながら、日本における第2外国語としての韓国語教育を通して、日韓両国の人々の新たな交流への提案を行っています。
　第3章は、グローバル化に対応するために日韓の大学が教育改革に取り組んでいる実状と背景、姉妹大学（広島修道大学と啓明大学）の国際交流の現状と課題について検討したものです。著者は、そのなかで大学は地域社会に貢献できる最大のNGO／NPOであり、そうあるべく今後の教育改革と国際交流を進めていく必要があると強調しています。新しい日韓関係を築くためには、大学を中心とした青少年同士の相互理解を深めながら、友好親善を推進することこそ、重要であると述べています。
　第4章では、日韓の歴史教育者が共通歴史認識を有するために、2002年3月から2005年5月まで行われた近世の共通歴史教材制作の取り組みをふりかえりながら、共通の歴史教科書刊行の必要性と難しさを著者の実際の経験に基づいて述べています。著者は、日韓両国において、その歴史認識の共通性が早急に求められているのが近・現代史の分野であるとし、一貫して草の根の民衆の姿や思いを浮き彫りにすることによって、共通歴史教科書刊行が実現できるとの認識を示しています。
　第5章では、日韓で新しい歴史共同体を構築する必要性とその実践課題

を、人類史のなかでの「人間同士の対立構図」の到達点を検討しながら析出しています。著者は、草の根の東アジア人文化共同体を構築するためには、まず日韓での経済・環境・教育分野での取り組みを優先的、同時多発的に進めることが大事であると強調しています。具体的に、東アジア地域通貨の創設による循環型社会の構築、地域住民による大同祭の開催、青少年の「超国籍人」教育を訴えています。

第2部では、政治・経済・環境分野での日韓協力を模索しています。

第6章では、東アジアの平和と安全保障のためには朝鮮半島の分断状況と北朝鮮の核問題の解決が重要であるとし、政治経済学的観点から、朝鮮半島問題が日韓協力に与えた影響や政策的な含意を分析しています。著者は、韓国の対北朝鮮介入政策と南北韓経済交流の活性化は、安保と経済の両面から必然的に発生したとした上で、日本企業の北朝鮮に対する経済協力関係の構築が将来の東アジアの平和と日韓の経済協力の構築に必要不可欠であると述べています。

第7章は、日韓の自治体間交流に焦点を当てて、交流の拡大とコミュニケーションの活性化という側面から、日韓両国間の国際交流の現状と到達点を検討したものです。著者は、より成熟した日韓交流の活性化のためには、交流の主体、その目的と方向性において、今までの官・行政主導から民間参加・主導型へと移行すべきであると提案しています。

第8章では、アジアにおける経済統合の進展と交易条件の変化に伴う日韓の産業構造再編と経済協力問題を考察しています。著者は、東アジア地域のなかでも、リーダー的立場にある日韓両国が、その経済的効率の最大化のために顕在化するさまざまな障害をいち早く克服すべきであると指摘しています。また、より積極的なFTA締結とヒト・モノ・カネの完全自由移動に取り組む必要があり、それが今後の東アジアの経済統合を一層促進すると論じています。

第9章は、地球温暖化防止のために実際に日韓で行われたCDMプロジェクトの評価を行いながら、国際環境協力のあり方を検討したものです。著者は、CDMを介した国際協力の条件を明らかにするとともに、日

韓の協力だけではなく、東北アジアにおける協力の可能性についても検討しています。

　第10章は、世界経済の構造転換に伴う社会環境破壊と自然環境破壊の悪循環のメカニズムを明らかにしながら、グローバル・ヒューマニズムに基づいた草の根の東アジア人の経済・環境共同体を具体的に模索したものです。著者は、国境を越え各地方を束ねる東アジア循環型社会を構築するためには、まず日韓で環境姉妹都市コンテストを準備・実施することが最優先課題であると、強調しています。

　以上のように、本書は、第１部では文化・教育・歴史分野での日韓交流を一層促進するための現状と課題を検討し、第２部では政治・経済・環境分野での日韓共同体を構築するための実践的な取り組みを提案しています。このように、本書は、文化・経済・環境を中心に見据えた日韓地方自治体間の新しい歴史共同体構築を一冊の本で模索したものです。これは、21世紀の草の根の日韓関係を構築するためには、政府主導による経済分野に偏った交流と協力ではなく、20世紀の諸問題の解決に向けての幅広い分野での交流と協力が相互間の関連性を保ちながら同時に進められることが大事であると、執筆者一同が認識したからです。このような調査・研究・活動の課題設定と実践の方向性は2006年４月に設立される「広島韓国研究会」に引き継がれていくことを誓います。本書を通して、国境を越えた草の根の日韓交流の現状を認識し、日韓協力の実践的な取り組みへのヒントが見つかれば、何より幸いです。

　最後に、本書が完成するまで、熱意がこもった議論と今までの研究領域を超えた執筆に最後まで力を尽くして下さった執筆者の方々、また本書の出版を快く受けて下さった溪水社の木村逸司社長に、この場を借りて心から感謝を申し上げます。

　　　2006年４月

　　　　　　　　　　　　　　　　　　　　　　　　　編　　者

目　　次

まえがき………………………………………………………………… i

第1部　文化・教育・歴史分野における日韓交流

第1章　韓流でみた日韓文化交流………………… 尹　光鳳… 3
1．はじめに　3
2．日韓文化交流の歩み　4
3．マスコミでみた韓流の現在　7
4．韓国における日本文化　10
5．日本における韓国文化　13
6．「冬のソナタ」と韓流ブーム　15
7．おわりに　23

第2章　日韓の大学における第2外国語教育……… 朴　大王… 26
1．はじめに　26
2．第2外国語教育の現状　27
3．第2外国語教育をめぐる状況の変化　32
4．第2外国語教育の問題点と課題　35
5．まとめ　39

第3章　日韓の姉妹大学間の国際交流…………… 藤井正一… 42
1．はじめに　42
2．日韓民間交流の必要性と課題　44
3．日本の大学改革の現状と課題　50
4．広島修道大学と大邱啓明大学間の国際交流　55
5．おわりに　59

第4章　日韓共通の歴史教材制作からみた日韓交流
　　　　　　　　　　　　　………… 児玉戒三… 62
1．はじめに　62
2．制作に携わった日韓の執筆者の思い　64

vii

3．日韓の学生の歴史認識の違い　67
   4．日本の中学校歴史教科書に対する韓国からの指摘　70
   5．共通歴史教材のテーマ　73
   6．親日派と親韓派　76
   7．原稿執筆と討論　80
   8．本の完成と今後の課題　85

第5章　東アジア人の文化共同体構築のための日韓交流
　　　　　　　　　　　　　　………… 李　東碩 … 88
   1．はじめに　88
   2．人間同士の対立構図の過去・現在・未来　89
   3．世界「反平和」を断ち切るための実践課題　102
   4．東アジア青少年のための「超国籍人」教育の課題　108
   5．おわりに　121

第2部　政治・経済・環境分野における日韓協力

第6章　韓国と北朝鮮の政治・経済協力 ………… 金　聖哲 … 127
　　　　── 日韓協力への示唆 ──
   1．はじめに　127
   2．「太陽政策」の政治経済学的性格　129
   3．「太陽政策」と政府と企業の提携　133
   4．南北韓経済交流の制度化過程　139
   5．結びにかえて：日韓協力への示唆　144

第7章　日韓における自治体間国際交流の現状とその特徴
　　　　　　　　　　　　　　………… 権　俸基 … 149
   1．はじめに　149
   2．日本における地域の国際化の現状　150
   3．日韓の自治体間交流と情報化利用における特徴と傾向　159
   4．まとめ　169

第8章　東アジア地域における貿易パターンの変化
　　　　と日韓協力　　　　　……………　権　　俸基 … 174
　　1．はじめに 174
　　2．東アジア地域の経済成長と貿易パターンの変化 175
　　3．アジア地域の経済統合の推進 180
　　4．日韓の産業構造の変化と経済協力 185
　　5．おわりに 194

第9章　地球温暖化防止のための日韓協力……… 羅　　星仁 … 197
　　　　──クリーン開発メカニズム（CDM）を介して──
　　1．はじめに 197
　　2．地球温暖化をめぐる国際交渉の経緯：
　　　　　先進国と発展途上国の対立を中心に 199
　　3．クリーン開発メカニズム
　　　　　（Clean Development Mechanism：CDM）とは 202
　　4．日韓のCDMプロジェクト：
　　　　　ウルサン化学HFC23熱分解事業を事例に 206
　　5．ウルサンCDMプロジェクトの評価 215
　　6．結びにかえて 217

第10章　東アジア人の経済・環境共同体構築のための日韓協力
　　　　　　　　　　　　　　　　……………　李　　東碩 … 221
　　1．はじめに 221
　　2．世界経済・環境管理体制の現状と課題 224
　　3．東アジア人経済・環境共同体構築の課題 231
　　4．日韓経済・環境協力の最優先課題 245
　　5．おわりに 252

　　索　　引 …………………………………………………… 255
　　執筆者紹介 ………………………………………………… 259

ix

第 1 部
文化・教育・歴史分野における日韓交流

第1章　韓流でみた日韓文化交流

尹　　光　鳳

1．はじめに

　私達の人生は、今この瞬間にも絶えず変化しており、現在の幸せや不幸がいつどのように転じるかは、誰も予測不可能で無常そのものです。無常とは無不変と同じく、常に変化しており変わらないものはないことを意味します。文化というのはまさに私達の人生と同じです。文は紋と同じで、化は変化、すなわち無常の意味です。また文化という言葉には、いつも変化を追い求めるという意味も含まれています。絶えず変化を追い求めて逆転を繰り返えす私達の人生と同じように、また文化も絶えず変化を追い求めて流行を生み出します。

　東アジアの3カ国のなかでも、早くから文化が栄えた中国と韓国は日本に大きな影響と新鮮な刺激を与えました。しかし、明治維新以降は状況が変わって、日本文化が中国と韓国に影響を与えました。このように、文化というのは長い歴史のなかで互いに影響を与えてきました。

　今日まで日韓の文化交流は主に政府レベルで行われてきました。しかし、最近の文化交流は観光や留学、ビジネスといった民間レベルによって支えられているといえます。特に、この数年間は、東アジア、とりわけ日本と韓国をめぐるメディアや大衆文化の交流が劇的に変化しつつあります。韓国では日本大衆文化が開放され、日本の歌や映画が紹介されています。また、日本では韓国ドラマが韓流と呼ばれ大ヒットしており、それに伴って韓流に関する本が多くの人々に読まれています。このような現象は、両国の未来のためにも良いことです。いまだに日韓の間にはさまざま

な問題が残されていますが、両国は最も良い時期を迎えていると思います。このような状況をこれからも維持していくことが大事です。本章では、日韓文化交流をふりかえりながら、現在興っている韓流ブームを中心に検討します。とりわけ、両国間における大衆文化の受容、「冬のソナタ」シンドローム、日韓文化交流の今後の展望について考察します。

2．日韓文化交流の歩み

　古代から続いた朝鮮と日本の親密な関係が中断されたのは、8世紀後半のことでした。このときまで両国の交流は朝鮮半島からきた、いわゆる渡来人によって行われました。漢字を伝えた王仁をはじめ、数多くの僧侶による仏教文化の伝授はよく知られていることです。

　663年に起こった白村江の戦いで、倭・百済同盟軍が唐と連合した新羅に敗れ百済が滅亡しました。そのため統一新羅と日本は一時緊張関係に陥りましたが、その後、唐と対立していく新羅が日本との友好を求めました。668年に日本に使節を派遣して以来、両国は毎年もしくは隔年に使節が往来するほどの密接な関係となりました。しかし日本は奈良時代に入り、律令国家体制が確立すると唐との関係を強め、日本と新羅の関係は疎遠になり8世紀後半に交流はとだえました。918年に高麗王朝が成立した後も日本との関係は断絶したまま数世紀が過ぎました。1350年代から倭寇が朝鮮の穀倉地帯である慶尚道、全羅道、忠清道に出没し、やがてその盗賊行為が大規模になったため、1367年に高麗王朝は室町幕府の2代目将軍足利義詮に使者を送り、倭寇の取り締まりを要求しました。1392年には、高麗王朝に代わって朝鮮王朝が成立しました。朝鮮王朝も僧侶覚鎚を日本に派遣して倭寇の取り締りを要求しました。日本も14世紀末には内乱の原因であった南北朝が統一され、室町幕府が安定したこともあり、1404年に3代目将軍足利義満によって両国の国交が再開されました[1]。

　その後、豊臣秀吉は天下を統一し権力を握ると朝鮮・中国を支配する妄想を抱きました。そして無謀な侵略戦争を展開し、朝鮮に残酷な深い傷跡

第1章　韓流でみた日韓文化交流

を残しました。このことが結局、政権崩壊の引き金となりました。豊臣秀吉死亡後、徳川家康は対馬藩主宗義智に朝鮮との和平交渉を命じました。何回もの苦難の後、結局和親の道が開きました。1607年、呂祐吉の一行が日本の領土を踏んだことを始発点として、朝鮮通信使交流は1811年まで続きました。彼らの旅路は漢陽（ソウル）から江戸まで、往復で長いときには1年近くかかりました。漢陽を出発し、6隻の舟で釜山から対馬まで、各地に寄港しながら、大阪から淀川をさかのぼり京都に入り、その後、陸路で江戸まで行きました。朝鮮通信使は、異文化に接する数少ない機会を提供したことで、日本の文化人の関心を高めました。また朝鮮通信使への民衆の関心も高く、一目みようとする人々で各地はお祭り騒ぎになりました。当時、朝鮮外交の実務を担当した対馬藩は、農産物の生産力が低く、朝鮮との交易は重要な財源でした。釜山の草梁倭館には当時数百人の日本人が滞在していました。

　通信使とは、信義を交わす使節という意味です。江戸時代の初期頃は戦後処理の役目を果たしていたので、回答兼刷還使と呼ばれていましたが、後に将軍の代わり目のときに往来する使節、すなわち通信使と呼ばれました。この通信使を通じて両国の文化が活発に交流されました。そのなかでも書籍文化、特に大蔵経版の賜給は朝鮮初期から続いていましたが、それは日本からの一番目の要求品目となっていました。儒書や仏書、その他書画も長年にわたって流入されたのです。また通信使を通じて両国間の文人同士の交流も盛んになり、使節団がいくさきざきで、詩文の交換と書画の揮毫などの懇請を受けて、徹夜することも多かったようです。このように朝鮮通信使の往来はいまだに日韓交流の一番象徴的なものとして記憶されています。

　18世紀前半に日朝間の善隣友好関係の維持に尽力した人物が雨森芳洲（1668-1755）です。彼はこういっています。

　「誠心の交わりということを人々はいうが、多くの人は語義をはっきりわきまえていない。誠心とは実意ということであって、互いに欺かず、争わず真心をもって交わることこそ、まことの心である[2]。」

第1部　文化・教育・歴史分野における日韓交流

　彼が強調したのは誠心の交わりでした。雨森芳洲はその後も誠心外交を貫きました。
　しかし、通信使を通じた両国の友好関係は徳川幕府が幕を閉じた19世紀後半から20世紀に入って変化しました。特に日本においてナショナリズムが台頭し、国学論者の朝鮮蔑視思想の影響で、通信使が朝貢使と呼ばれるようになりました。明治維新の進展に伴い、この動きが高まって朝鮮を支配しようとする征韓論に繋がるようになりました。
　結局、朝鮮は、今までのなかで一番つらい時期になる植民地支配の時代に入りました。戦後は、南北に分断され、その分断状態が今だに続いています。日韓国交正常化は1965年に再開されました。14年の歳月の後、日韓会談が妥結し、国交は正常化されました。それによって、日韓関係は飛躍的に伸びましたが、現在、日韓会談の歴史的評価は大きく分かれています。
　2002年の「日韓文化交流年」を契機として、日韓の文化交流の一層の活性化を目指して、2000年1月に日本の外務省内に「日韓文化交流準備室」が設置されました。ここでは、文部科学省、文化庁、経済産業省、国土交通省、総務省との協力と連携のもとで、韓国との協議と調整に当たっています。また同年に、国際交流基金内にも日韓交流連絡室が設置され、日韓交流に関する情報の収集や提供、日韓交流事業実施への協力を行っています。さらに韓国における日本大衆文化の段階的開放も進み、日本の文化が、韓国の人々に幅広く受け入れられるようになりました。また、日本においても、韓国の映画、テレビドラマ、音楽、舞台芸術、その他の大衆文化が広く浸透し、以前にも増して高い関心を持って迎え入れられています。このことによって、日韓の人々の相互理解が一層深まり、21世紀における強固なパートナーシップの構築が進むようになりました。
　こうしたなか、最近ブームになった「冬のソナタ」（2004年）と「長今の誓い」（2005年）は両国の不信感を解消させる良い契機になりました。「冬のソナタ」以前の韓国のイメージは、"戦争、38度線、サッカー"位でした。2005年6月22日付の民団新聞によると、最近の文化交流を支え

ている観光、留学、ビジネスなどで、仁川、金浦、釜山、済州の4都市と日本の23都市を結ぶ空の路線が、多いときで1日400便もあるそうです。2003年から運航を開始した金浦空港と羽田空港を結ぶ国際チャーター便はビジネス需要に加え、日本における韓流ブームを追い風に各便とも搭乗率70％を超える黄金路線になっています。これをみると、活発な日韓交流の姿が実感できます。

3．マスコミでみた韓流の現在

　大衆文化は、文字どおり大衆が親しんでいる文化です。大衆文化は生産者の健全な考え方と受容者の正しい姿勢が揃うとき、社会に有益なことになります。このような文化が自国だけではなく、電波に乗って隣国に流れて行って影響を及ぼしています。従来のアジアの大衆文化は日本が主導してきました。戦後アメリカの保護下にあった時代に、米駐留軍によって広まった大衆文化は、明治以後受け入れられてきた西洋文化と融合しました。周知のとおり、日本は外国文化を受け入れても、そのまま受容するのではなく自国流に変容させてきました。西洋式の大衆文化をアジア人の体質に合うように変えてきたといえます。国家戦略上、戦後の若い世代にできるだけ戦争の加害者、植民地支配国のイメージを風化させるためにもこのような変容が必要だったかも知れません[3]。

　戦後、長い間日本文化の輸入が禁止された韓国の場合、自分たちも知らずに日本の大衆文化が流入していましたが、特に漫画と映画の場合、国籍表示なしに輸入されている場合が多かったのです。このように知らず知らず接触していた日本文化は、今でも韓国はもちろん東南アジア、ひいては全世界にまで広がっています。まさに、この隙間を掻き分けて、ブームを起こしているのが韓流ということです。

　韓流とは、韓国メディアや文化の流行、つまり、韓国文化に対する隣国の衝撃的な反応といえます。台湾の場合、韓流は華僑が韓国の衣服を10余年前に夜店で売ったのがはじまりでした。それ以後、韓国ドラマと音楽

が流行し、これを大々的に広報するために「夏日寒流」という言葉が使われるようになりました。これは新鮮な衝撃を強調するためのものでした。1980年代の軍事政権下の韓国に、民主化の花が咲き、表現の自由が定着するようになりました。若い世代の多様な思考が、文化を生み出しました。厳格な儒教思想がまだ存在しており大人を尊敬して面倒をみる姿は、西洋思考になれている隣国の人々には新鮮な衝撃であったでしょう。とりわけ過去に儒教思想を共有した東アジアの場合、その感懐はもっと大きかったでしょう。それで、デバリ（ドラマの息子の名前）の父が家庭を統率する「愛が何だって」というドラマが巨大な中国大陸を震撼させました。子どもに号令しながら家庭を統率する韓国家庭の雰囲気をみて、すでに女性上位時代になった中国の男性はとてもうらやましく思ったにちがいないでしょう。それでこのドラマは女性より男性に爆発的な人気を集めました。これが韓流が始まるきっかけになりました。

　長い間、社会主義体制のなかでかつて女性の社会参加とともに、男女平等を進めてきた毛沢東は中国女性においては守護神以上でした。このことによって、男性中心の封建的観念が消えて、男性の力もだんだん弱くなり、家庭のなかでの地位も変わりました。こういう状況にあった彼らにとって、「愛が何だって」というドラマはとても身近に感じられる興味深いものでした。

　韓流は、アジア的文化共同体を構築する上で絶好の機会になると思います。2001年10月30日付の『ハンギョレ新聞』は、韓流熱風について、国境を越えて流通した文化交流の延長線として捉えました。韓流は韓国大衆文化の質的な優秀性や文化的固有性によってできたというより、アジア地域で新しく浮かび上がる欲望や多様な葛藤を世俗的・資本主義的な欲望でカモフラージュすることによって興ったかも知れないと、報じていました。

　韓流に関するこのような初期の論議は、大きく3つの文化的要素を強調するものでした。まず、1番目に、アジア地域住民がもっていた本質的文化の優秀性、2番目に、アメリカや日本など先進国大衆文化の暴力性に反する韓国文化の非暴力の強調、3番目に、反日感情とは無関係な韓国商品

第1章　韓流でみた日韓文化交流

の享受の広がりがそれです[4]。しかし、この3つの要素に加えて少しだけの空間があればすぐに流れこむ水のような文化の属性も挙げられます。

　15世紀まで、中国で流行した大衆文化が韓国まで伝わるのに1年以上かかるのが普通でした。スイッチだけ押せば世界の文化に接することができる今日の大衆文化とは比較になりません。今日では、好きな歌手やタレントがラジオやテレビのスイッチを押すだけでいつでも見られます。まさにこのような流れに乗って韓流は始まりました。

　2004年の東アジアの文化面でのキーワードはいうまでもなく、韓流でした。1990年代中頃に始まった韓流は今や中南米、ヨーロッパ、中東地域まで広がっており、これからは「韓流」ではなく「東洋流」、「世界流」で成長しなげればならないという声もあります。

　また、2004年2月22日韓国の連合ニュースによれば、現在韓流は、アジアを経て2つの方向へと拡散しているといっています。まず、中国と台湾、東南アジアを経て中東に行くアジアンルートがその1つです。中国は前述したように、韓流の震源地でもあります。韓流という言葉も1999年中国で始まったといわれています。CCTVが放送した「愛が何だって」は外画平均視聴率1％をはるかに越え4.3％を記録し、その旋風は人気を呼びました。引き続きアン・ジェウクが主演したドラマ「星よ！私の胸に」も韓流を焚きつけました。台湾ではコンロンなどの歌手の人気の次にドラマの「星よ！私の胸に」が高い人気を集めました。1998年にベトナムで「医家兄弟」が人気を呼び、その後「星よ！私の胸に」、「秋の童話」、「冬のソナタ」が、ベトナムだけではなく、シンガポールとマレーシアなどの東南アジアにまで拡散しました。

　次に、欧米ルートであるアメリカでは、アジアンコミュニティを通じて韓流が拡散し、中国ケーブルチャンネルでドラマ「長今の誓い」と韓流歌手の歌が流されています。また、メキシコは中南米韓流風の中心地といえます。メキシコ公営放送メヒケンセが2002年にドラマ「星よ！私の胸に」、「イブのすべて」を放送すると、アン・ジェウク、チャン・ドンゴンのファンクラブが作られるほどでした。2004年にはダンス音楽機のボムブー

アップが旋風的人気を呼びました[5]。
　このように世界へ伸びる韓流の原因は一体何でしょうか。中国と台湾の場合、従来、人気があった香港ヌアルの虚無コードと日本の漫画的な猟奇コードに飽きて新しいものを求めていたところ、家族愛と孝心を重視しながら純愛を語る韓国ドラマがアジア人に受け入れられたといえます。また中華圏雑誌の台湾の『天下』（2004年12月16日）は「最近の韓国は夢がある国だ」というカバーストーリーにおよそ96ページを割いて特集号を掲載しました。ここでは、過激なデモと辛い食べ物を楽しむ強靭な民族、またこのような強靭さと自由奔放な民族性が韓国人に大きい夢を与え、さらにその実現に向けた大きな原動力となっていると、紹介していました。
　2005年の日本女性雑誌『女性自身』の新年特集も韓流スターが出演したドラマを紹介しました。このような状況は30種類の韓流関係の雑誌で紹介されています。一方、2005年8月現在、衛星放送2チャンネルで毎週木曜日の夜10時から2時間にわたって放映されている「長今の誓い」と「初恋」、またNHK総合放送で毎週土曜日のゴールデンタイムに放映されている「オールイン」、さらに商業放送である日本テレビで毎週2回、午前10時から「秋の童話」が放映されています。この他、WOWOW、有線放送でも韓国のドラマは旋風的な人気を呼んでいます。次節では、このようなドラマを含めた韓国の大衆文化と日本の大衆文化がどのような過程を経て今に至ったのかについてみてみましょう。

4．韓国における日本文化

　日本の大衆文化が韓国に公式に開放されたのは僅か6年前のことでした。日本大衆文化の開放に対する論議はすでにその前から起こっていました。賛否をめぐって、1998年10月に金大中大統領が訪日中に開放を約束したことから急進展しました。大衆文化は経済と直結しています。経済が安定すればするほど文化も豊かになり、その影響力も増していきます。終戦直後から1950年代までに、両国の文化交流が行われなかったのは、両

第1章　韓流でみた日韓文化交流

国間の経済格差が大きかったからであると思います。また、この状況下で韓国政府が、反日感情をマスメディアを通して強調していました。

　韓国の大衆文化は1960年代から活発になりました。いわゆる開発独裁と呼ばれるこの時期は経済発展とともに多様な文化が噴出しました。特に大学街を中心に開かれた筒ギターとタルチュム（仮面舞）による政治諷刺はその時代を代表する大衆文化でした。このとき、韓国の主な流れはアメリカと日本の大衆文化を輸入して模倣するものでした。いわゆる3S（Sex,Sports,Screen）という言葉が盛んになったのもこの時期でした。1970年代後半からのカラー放送が始まってから映像文化に大きな変化が起きました。その後の1980年代はマスコミの急成長期ともいえます。1990年代の日本では女子高校生が日本マスコミの救世主として登場しました。本音を表すのを憚る日本人の伝統的習慣を脱ぎ捨てた女子高校生を市場調査や商品の鑑別者として活用して大ヒットしたのです。

　韓国の場合も例外ではありません。特に10代の大衆文化に対する情熱は特別なものであり、彼らは購買力だけではなく大衆文化を導く活力源ともなります。彼らにとって大衆文化とは、フラストレーションの捌け口といえます。若い世代の彼らは複雑なことが嫌であり、要点を整理した本と雑誌に慣れていた世代です。これによる世代間の葛藤と新世代のシンドロームは新しい問題を引き起しました。これらの新しい文化を伝達してくれた媒体は主にテレビでした。スイッチを押せば新しい世界がみられるテレビの威力は想像を越えたものでした。しかし、最近は、インターネットの発達でもっと早く情報を収集したり、やりとりをすることができます。これこそ旧世代には想像もできなった状況であり、現代の若い人達は自由にコミュニケーションすることができるのです。インターネットの普及率がひととき世界1位であった韓国の場合、もっと気軽に日本の大衆文化に接することが可能となっていました。この意味において、今日の大衆文化は大衆媒体文化ともいえます。そのせいでしょうか。最近では印刷した小説よりインターネット小説がもっと人気があるといわれています。

　韓国は、日韓国交正常化以降、一貫して日本文化の受容を禁止してきま

第1部　文化・教育・歴史分野における日韓交流

した。その理由は、植民地時代に日本が韓国社会で犯した残忍な暴力の記憶を風化させてしまうのではないかという国民的憂慮があったからでした。しかし、韓国政府は最近外国文化を全面的に開放しました。この政策が、韓国の若者の間に日本の大衆文化への好奇心をより高めたと思います。それに合わせたかのように日本の大衆文化のなかに、韓国の若者の購買意欲を刺激する商品が数多くなりました。結果として、海賊版などで多くの日本の大衆文化が輸入されることになりました。経済面でも、日本の企業を誘致しようとする動きが活発となっており、それに伴い日本製品の流入が大規模に増えました。これも加わって日本大衆文化はさまざまな非公式的なルートで、韓国社会に広く浸透してきました。特にアニメや小説などが海賊版として、また、ベッパンと呼ばれるレコードの非合法商品という形で広がっていたのです。アニメは原作者や製作者の名前を出さないという条件で放送されました。「未来少年コナン」、「銀河鉄道999」、「黄金バット」など当時人気アニメのほとんどが日本の作品であったことは誰も知りませんでした。1960年代にヒットした「裸足の青春」などは日本の映画をそのまま真似したものでしたが、それが日本の作品であったことは私も知らなかったのです。禁止されてきた日本の大衆文化はこのようにして韓国人も知らないうちに流行していたのです[6]。

　今は日本の衛星放送がアンテナ設置で韓国の家庭まで直接入ることができるようになっています。その影響で、日本の大衆文化が韓国大衆文化に広く深く刻まれるようになりました。今聞いたら、おかしく思うかも知れませんが、当時の韓国では、いわゆる10代のアイドルスターが存在していませんでした。もし高校時代に歌手の活動をしたら退学させられました。しかし、同時期の日本では10代のアイドルスターが人気であったので、これをみた韓国の10代の考えも変わってきました。これに対する本格的な論争が起こったのは1990年代のことです。1990年代以降に登場した韓国のトレンディドラマは、その内容、形式、背景音楽などが日本のドラマの一部から模倣されることによって、韓国のドラマと結合し変化を遂げたものでした。最近、完全開放以降さまざまなルートを通じて映画、ド

ラマ、歌謡などが盛んに輸入されています。特に歌手の来韓公演はいつも人気が高いです。有線チャンネル放送ではいつも日本のドラマがみられます。2004年10月末現在まで、70余編の日本ドラマが放送されました[7]。2002年は周知の通り日韓共同主催のワールドカップがあり、そのことも加わって対日感情が和らげられ、日本関連のテレビ番組がこれまでになく多く放映されました。今日の韓国映画市場は観客動員1000万人を越える好況の時代を迎えています。1998年12月に北野武監督の「HANA-BI」と黒沢明の「影武者」が公開されて以来、1999年11月に上映された岩井俊二監督の「Love Letter」が大ヒットしました。2000年以後「リング」、「鉄道員」、「四月物語」、「Shall we ダンス」、「踊る大捜査線」など数多い映画が上映されました。一方、最近日本人タレントの活躍もめざましいものがあります。韓国名「ユーミン」で知られる笛木優子は日本で活躍しているユン・ソナと同じく、韓国のテレビドラマ、娯楽番組に度々出演し人気を得ています。これは、それぞれ韓国と日本で活躍している俳優の良い例です。

5．日本における韓国文化

"近くて遠い国"の韓国と日本、これは今までの日韓関係について語る際の決まり文句でした。つまり、日本人にとって韓国のイメージは良くなかったのです。厳しい軍事独裁政権、儒教の影響が強い国というイメージがあったため韓国の文化はつまらないという先入観を持つ日本人が多かったのです。ところで、このような感情は最近のいわゆるヨン様ブームでますます消えつつあります。この間、日韓両国が近くなったということは誰もが感じており、また民間レベルの交流も一層活発になりました。このようにして、厚かった日韓の壁が取りこわされつつあります。数年前までは想像することすらできなかったものです。ヨーロッパ、アメリカ指向だった日本にとってアジアには関心があまりありませんでした。しかし、アジアの間で文化交流が高まるとともに、日本との経済格差も縮まるなかで、

第1部　文化・教育・歴史分野における日韓交流

一部の日本人の認識が変わり始めました。それに伴い、日本人による韓国人への認識も変わってきたのではないかと思います。ドラマに映る韓国の風土や人々の生きる姿をみることで先入観が大きく変化し始めました。台湾や中国で始まった2001年をしのぐ勢いで韓流ブームが日本で起きたのは、だれも予想ができなかったでしょう。テレビドラマの「冬のソナタ」でブームを巻き起こしたペ・ヨンジュンは、今や韓国でもヨン様と呼ばれています。2005年に日韓で竹島・独島問題や歴史教科書問題が再燃しても、2005年の秋にアジア各地で同時公開された映画「四月の雪」のロケ地では、主演のヨン様を一目にみようとした日本人女性が殺到しました。こういう現象はやはり「冬のソナタ」ブームが続いたこと、その主演男優であるペ・ヨンジュンの人気が依然高いことがあげられるでしょう。2004年2月14日付の朝日新聞は「冬のソナタ」ファンの8割がペ・ヨンジュンファンであると報じました。

　前述したように、文化は経済発展と関係があります。韓国では、経済発展が日本より遅かったため、文化産業も日本より遅れました。資本が不足していたため、日本人にとって魅力がある文化を作ることができませんでした。その後、韓国が経済発展を成し遂げた後も相変わらず日本人にとっては魅力がありませんでした。この状況を一変させたのが1997年のワールドカップのサッカー共催決定でした。これがきっかけとなって日本人の韓国人への興味が高まってきました。

　最近、韓国大衆文化が輸入された過程をみると、2000年1月に映画「シュリ」が韓国映画としてははじめて日本で大ヒットし、2001年にはユン・ソナがタレントとして日本でデビューしたことで、少しずつ韓国という国に対して良い認識が広まってきました。日韓で同年製作されたドラマ「フレンズ」が2回連続して放映され、平均視聴率14.7％の高い結果を残しました。韓国の歌とドラマを素材にして、日本人は韓国文化を模倣し始めました。また、熱狂的なファンは韓国に旅行し、夢に描いたスターに会うため撮影場所を回っています。

　中国・台湾・東南アジアなどで、韓国大衆文化のブームは、ダンス音楽

第1章　韓流でみた日韓文化交流

とドラマから始まって、アルバム、公演、Tーシャツ、ファッション、ゲーム、コーヒーショップ、食べ物、観光、整形手術に至るまで幅広くなっています。結局この現象が日本まで至ったのです。これで韓国は今まで西欧・日本・香港などからの大衆文化の一方的な輸入国の立場から文化創造国文化輸出国に変わりました。また、アジアは日本が失った社会的活力と希望をもっている所として、一部の日本人に認識されるようになりました。今日本では韓国大衆文化と関係がある雑誌や本がどこの書店でも溢れています。2005年8月現在で『韓国ドラマと映画』、『韓流音楽』など31種類も刊行されています。

　韓国文化が定着しにくかった日本で韓国ドラマが日本人の心を捕らえていることは画期的なことといえます。これはボーダーレスで伝わる超国籍的なテレビドラマの威力であり、また制限的な構成で成り立った映画とは違い、何カ月にわたって放映されるテレビドラマの魅力ともいえるでしょう。日本でも放映された「冬のソナタ」、「長今の誓い」など はテレビドラマの威力を遺憾なく発揮した良い例といえます。

6．「冬のソナタ」と韓流ブーム

　日本に韓流ブームを起こしたのはいうまでもなくテレビドラマ「冬のソナタ」です。日本での「冬のソナタ」の熱風は日本文化の隙間市場を開発したものといえます。今日では、大衆文化の消費者はどの国でも主に女性です。このドラマはドラマの完成度より中年女性の郷愁を刺激したのが的中したといえます。このブーム以前の台湾と香港でも日本の大衆文化の流入を女性が主導していましたが、日本ではこの傾向がもっと強く感じられます。実は韓国国営放送局のKBSがはじめに「冬のソナタ」をNHKに譲渡したときは輸出金額が4400万円位でした。DVD、小説の版権を入れてもNHKの利益はそれほど多くないはずでした。しかし、「冬のソナタ」の輸出は日韓両国に心理的な変化とともに、思わぬ経済的効果をもたらしました。「冬のソナタ」の人気を予測することができず、良い条件で輸出

第1部　文化・教育・歴史分野における日韓交流

することができませんでしたが、これと関連した他の商品が良い条件で売れるようになりました。2004年7月16日付の韓国の連合ニュースによると、「冬のソナタ」の経済効果が特に大きかったことが分かります。NHKの2003年決算で、DVD、ビデオ、関連書籍販売などで、可視的な効果が35億円にのぼっていました。韓国を訪問する日本人観光客も急増して2004年5月末現在で87万名であり、前年比21％の増加となりました。その他に韓国俳優とドラマ関連書籍、画譜、全集、OSTアルバムも飛ぶように売れています。「冬のソナタ」の人気要因は、ペ・ヨンジュンとチェ・ジウなどの俳優に対する好感とともに、心の琴線に触れるセリフ、美しい映像だといわれています。笑顔の貴公子ペ・ヨンジュンと涙の女王チェ・ジウの演技力、そして率直な対話、並木通り、雪景色など、ロマンチックな場面を心のなかに描きながら、映画ロケ地を訪問する旅行パッケージが、人気を呼んでいます。

　NHKが2004年8月14日のアテネオリンピック中継のために「冬のソナタ」を午前2時に放送したにもかかわらず視聴率は10.7％でした。最終回を控えてNHKが企画したソナティアンの集まりには、およそ8万通の参加申込書が届いたといいます。NHKはその後も土曜日の夜11時台に韓国ドラマ「美しい日々」を放送していました。NHKの独走を阻止するために日本テレビでは「ドラマチック韓流」シリーズとして、韓国のドラマを放送していました。「愛の群像」がそれです。また、イ・ビョンホンとコン・サンウが日本のテレビに時々出演しています。

　韓国では、テレビドラマはいわゆる純粋文学ではなく、暇な人々がみるものであると思われる場合が多いです。それで、家にいる時間の多い主婦がみるものと考えられていました。ドラマも女性が対象になっていることが多いのです。テレビという媒体の特性上、テレビドラマは時間的に制限される演劇や映画と異なる内容と構成方式を取るしかありません。テレビドラマは同時代大衆と呼吸をともにしながら、さまざまな芸術体験ができる媒体といえます。「冬のソナタ」もその中の一つです。2002年2月28日付の韓国の『毎日新聞』は「冬のソナタ」が韓国で放送されたとき、次の

第 1 章　韓流でみた日韓文化交流

ように伝えていました。

　　今、「冬の恋歌（韓国でのタイトル名）」というドラマがシンドロームを起こしています。若い恋人たちが先を競って男女主人公を真似しています。チェ・ジウ式のおかっぱ頭とペ・ヨンジュン式のバラムモリ（風になびく髪）という新しいヘアスタイルも誕生しました。そして、男女主人公のデートのロケ地であった南怡島と竜坪スキー場は恋人たちのスポットになっています。

ところで、これとまったく同じ現象が、「冬のソナタ」が日本で放映されて以来日本にも現れました。初恋に失敗した主人公が10年の歳月を経て、結婚を控えていながら、初恋の人と出会って、恋に落ちていく、という話はみる人々に初恋のイメージを思い出させました。また、主人公の愛がどうなっていくかが心配で目がはなせなかったと思います。

2004年11月25日、ペ・ヨンジュンの2回目の日本訪問で日本列島が熱気につつまれたことは日本の韓流のすごさを物語っています。来日したヨン様ファンの5000人余りが成田空港を麻痺させました。ペ・ヨンジュンが警護員に取り囲まれたまま明るく微笑みをみせると、空港ロビーはファンの歓呼と取材陣のカメラフラッシュで一瞬別世界のようなパニック状態となりました。何がこのように中年女性を熱狂させたのでしょうか。

「冬のソナタ」以前に「イブのすべて」、「フレンズ」などが放送されましたが、あまり興味を引くことはありませんでした。2004年8月28日付の『週間朝鮮』に掲載された記事を通して「冬のソナタ」の魅力に迫ってみましょう。

　　堀口照美さんはBS放映の前に友達からのさそいがあって、「今韓国ドラマが放送されているからぜひ見なさい」といわれたのでみるようになったといいます。しかし初回はみなかったが、また友達から電話があって、「今放送されているからみなさい」といわれたのでみた

17

といいます。本格的にはまるようになったのは、チェ・ジウが山で迷う場面からでした。その後、友達に電話をかけて「初回がみられなかったが録画したものがもしあれば、貸して下さい」といいました。あのときから完全にはまってしまったというのです。

また菊池信子さんは友達がわざわざ貸してくれたので、みるようになったといいます。彼女ははじめみたとき、率直にいって昔の漫画みたいな印象だったといいます。ところで、何でそんなに偶然に出会うのが多いだろうか、4・5回になるとこれは絶対ありえない設定である、と思いながらもすっかりその世界にはまっていたといっています。また新野悦子さんは韓国ドラマをみるとき、必ず最初の主題歌からみなければならないといっています。彼女には主題歌がそのドラマの世界へ完全に落ちていく入口であるというのです。

そして、ドラマをみた後は、このドラマについて誰かと話し合う必要があったといっています。周知のとおり、日本人はすぐ仲良く付き合うことは普通しません。それでドラマの話しを誰かとしたくて、その人にビデオを貸すようになります。借りる人は、はじめは貸してくれた友達のことを考えて形式的にみようとしますが、そのままはまってしまうことになります。そしてすべてをみた後、知り合いが集まって感想を互いに交換し始めます。一応ドラマをみたという理由だけで、すぐ親しくなるようになります。それで「冬のソナタ」のために嫁姑の間の付き合いが良くなったという話もあります。また、家族の間に共通の話題があまりなかったのに、「冬のソナタ」の話をしながら関係が良くなったという場合もあります。そして、家族の全員がはまった場合が多いといわれています。

以上の話しを要約すれば「冬のソナタ」の魅力は俳優の演技、映像、家族愛、率直な対話などに整理できます。日本のドラマの場合、ドラマにおける初恋は人々の心を捕らえることがむずかしいといわれています。しかし、「冬のソナタ」は恋愛時代に聞きたかった話が、ドラマのセリフに多

く含まれており、視聴者自身がドラマのなかに自己投影されるようになります。それで夢をみるようにしてくれるということです。衛星放送でこのドラマが終わったとき、虚脱感を感じたという人々がとても多かったそうです。

　ところで、珍しいのは「冬のソナタ」のファンの大部分が若いとき、タレントなどを追い回した人々ではないということです。つまり、映画でもドラマでもそのようにまで感動した経験がなかったという人々が大部分ということです。直説的な話や、また恋愛の話だけではなく相手を思いやる心、家族愛の雰囲気、といったものがもっと心を引きつけます。年を取った人は1970年代以前に放送された日本のドラマに似ていたといっています。またたくさんの人々が韓国ドラマをみるために衛星テレビを取りつけるといいます。韓国が近くなったといえます。果たしてこのシンドロームがいつまで続くでしょうか。もうちょっと長続きするという意見、それとも今がピークだという意見、韓国が近いからさまざまな分野で多くの人々が往来するはずだという意見もあります。

　小倉紀蔵氏は『韓国ドラマ、愛の方程式』で「冬のソナタ」の魅力の要因を、人生論の披瀝、恋愛する論理力、濃い人間関係の形成、前向きな人物設定、道徳ヒューマンリレーションズの形成、道徳志向的な人物設定、成功的肖像、生まれの秘密や浪漫性、そして最新の映像美と古典的な世界観などを挙げています。「冬のソナタ」は日常的な部分をロマンチックに、コミックに表現したメロドラマです。全20回で構成されたこのドラマは最初の出会いに始まり、紆余曲折をへて、最後の再会する場面まで三角関係や四角関係で構成された恋愛ドラマです。運命的な初恋に縛られながら複雑な構成を持ったこのドラマは10年の歳月の後、また会えた初恋の男にひかれていく過程を2人の若い新人作家の尹銀京と金銀姫が無理なく描いています。このような意味で「冬のソナタ」は若い世代の趣向に合うトレンディドラマの典型といえます。ドラマはシナリオとともに演技者とスタッフの呼吸がピッタリ合ったとき、最高の作品になると思います。このような意味で「冬のソナタ」は初恋の主題に相応しく可愛らしい詩的なセ

第1部　文化・教育・歴史分野における日韓交流

リフに編まれ、視聴者、特に女性視聴者の心の琴線に触れていきます。

　連続ドラマの視聴者の大部分は不特定の人々です。ドラマは視聴者の立場からみると一過性に終わります。したがって、偶然にみるようになった一編のドラマのなかで、何か魅力のポイントがなければチャンネルを回してしまうでしょう。テレビドラマは共同作業によって完成されるのでよくオーケストラ演奏に喩えられます。完成された五線譜を置いて、名指揮者の正確な解釈とともに、多くの楽器とメロディーで生命力のある音楽が再現できるように、ドラマの演出家も努力しなければなりません。このような意味で「冬のソナタ」を演出した尹碩浩監督は、自分なりの独特の哲学と眼目を持っている才能のある監督といえます。彼が一貫して追い求めるものは愛です。そのなかでも純粋な初恋をとても好んでいます。初恋は本能によって愛するから純粋だと思います。彼にはまた季節に対する感覚とその色を調和させる才能があります。季節が与える心理的、情緒的な感覚をよくかもし出しています。「夏の香り」で真夏の情緒と並木のイメージ、「秋の童話」では秋が与える叙情的な雰囲気を生かして正統メロドラマを作り出しています。"生まれの秘密"に連結させた穏やかで柔らかい色、そして「冬のソナタ」で真っ白い雪を純粋な愛で昇華させた白色のイメージなどがそれです。

　文学とテレビドラマははっきり媒体が異なるのですが、作品が類似した方法を通じて表現される共通点を持っています。一編のドラマというのはテーマの本質と関係なく、その焦点が構成、情緒効果、人物、アイディアのなかでいずれかに比重が置かれて展開されます。ジョセフ．M．ボーグは、いい映画にするための要素のなかで、プロットの一貫性、迫真性、興味的要素、サスペンス、活劇、単純性と複雑性、情緒表現の節制などを挙げています[8]。またこれは同じ映像媒体であるテレビドラマにも適用できます。しかし、構成の一貫性が問題となりますが、韓国のテレビドラマの場合、作家がはじめから意図したとおり完成されるのではなく、製作過程で視聴者の反応をみながら、ドラマを完成させるということです。これが、日本人視聴者がおかしいと思いながら、興味を持ってしまう要因の一つと

いわれています。とはいえ、マスコミであるテレビドラマをみる視聴者が、劇にはまるためには、その話が真実だということを感じさせることが欠かせないと思います。ここで真実というのは、あくまでも相対的なことなので、作家ごとに多様な方法で創造するようになります。ジョセフ．M．ボーグによると真実には、見る人がそれを直接経験するか観察したかのように、感じさせる外延的真実、または、夢のような話にもかかわらず信憑性がある内面的真実、または、視聴者を現実世界から引っ張り出し、作家の想像的世界へ没入させ、詩的信頼を構成するのに十分な本音の外形を創造する芸術的真実の3つのケースがあるといいます。

「冬のソナタ」はまさにこの3種類の真実を適切に混ぜて、真実の恋愛を経験している若者の痛みを知的に表現して多くの視聴者の共感を得ています。真実の愛は、すべてのものを制圧するメッセージがあってこそ心の琴線に触れることができます。それで日本人は自分を忘れてしまった純愛を「冬のソナタ」が与えてくれたと思うのです。韓国は、1980年代から1990年代前半に全地球的映像言語を消化させることができる技術的環境を調えるために、各放送局が刻苦の努力をしました。それで、韓国のトレンディドラマはハリウッド映画のみならず、日本ドラマでみる全地球的視聴覚技術と言語のレベルで、水準の高い領域に入ったといえます。「妬み」（1992年）を含めた「星よ！私の胸に」（1997年）、「秋の童話」（2000年）など数多くの作品が生まれました。このなかで「冬のソナタ」が人気を集めるようになった理由として、スター俳優、詩的なセリフ、優れた映像、挿入音楽、そして攻撃的なマーケティングを挙げることができます。そのマーケティングのターゲットは新しい文化的趣向を狙ったといえます。高度経済成長に慣れたアジアの若者と中年女性層が互いに共有するに値するものがあるからそれが的中したと考えられます。

　中年女性層の人々は「冬のソナタ」が1970年代以前の日本ドラマと似ているといいます。そのため韓国ドラマをみるために衛星テレビを取りつけたり、直接韓国を訪問する人が増えたりするようになっています。

　また、韓国ドラマをみた人には韓国語というのが新鮮に感じられたで

しょう。韓国語の響きがすごく良いというのです。吹き替えより原語で聞けばその声がすごく良いというのです。このようなことで結局韓国語を学ぶきっかけになった人が多く、短期留学にいく人もたくさん増えています。はじめから韓国の男性が好きで結婚する人もでてきました。数年前には考えられなかった現象でした。「冬のソナタ」からみたペ・ヨンジュンのイメージは今までの韓国人のイメージを完全に変えてしまったといっても過言ではないでしょう。

さらに「冬のソナタ」の波及効果は放送と文化界を越えて広がっています。つまり、韓国人に対するイメージと韓国文化に対する全般的な理解と親近感が高まり、小泉総理のヨン様人気発言、ハングル語の烈風に引き続き、在日韓国人に対する制度的差別の不合理性などまで社会全般に亘って影響を及ぼしています。

一方、日本にある14の韓国教育院には韓国語を学ぼうとする日本人が増加しています。とりわけ、大学入試センター試験の場合、受験者の韓国語選択は2002年99人であったが、2003年には165人に増加しました。今後さらに急激な増加が予想されます。また韓国ドラマの単価が上昇しており、流通も大幅に増加して、地上波、ケーブル、衛星などを合わせて29編の韓国ドラマが放送されています。またこの間、関心がなかった日本中高年の視聴者のための純愛ドラマの再放送とリメークブームもおきています。フジテレビが放送した在日韓国人女性と日本人男性が主人公である「東京湾景」も良い反応があったそうです。

また、2004年12月25日付の『朝鮮日報』によれば、ヨン様の熱風が江原道の中小都市である春川に"祝福"をささげたといいます。2004年の春川は"湖畔の都市"ではなく、むしろ、"ヨン様の都市"または"「冬のソナタ」の都市"という名前がもっとふさわしいでしょう。春川市観光振興課の統計によると、2001年春川を訪れた外国人観光客数は3万9000人であったが、2004年の9月まで23万名が来訪しました。2005年末には30万名を越すという予測もあります。わずか4年で10倍弱に増えました。「冬のソナタ」のロケ地である南怡島、春川明洞通り、チュンサンの家な

どが春川に集中しており、日本人観光客の必ず訪れるコースと位置づけられています。「冬のソナタ」を撮影した春川と竜坪スキー場、遠く慶尚南道にある巨済にも日本と東南アジア観光客が殺到しています。2004年12月初旬、日本第一生命経済研究所ではペ・ヨンジュン一人による経済的効果が韓国では1兆1900億ウォン、日本では1兆2250億ウォンにのぼると発表しました。

7．おわりに

2005年は韓国と日本が国交正常化してから40年になる年でした。したがって、日韓両国はさらなる日韓交流の発展をねがって、2005年を"友情の年"と決めました。21世紀をともにあゆむ日韓関係の礎を築くため、「進もう未来へ、一緒に世界へ」を合言葉に文化、経済、環境などあらゆる分野で交流を深めること、とりわけ、次世代を担う若者同士の相互理解を深めていくことが何より大事です。そして、活発な交流や協力が必要です。しかし、2005年はじめまで韓流による影響は頂点に達していましたが、突然島根県から「竹島の日」の制定という一方的な宣言が出ました。こういう突発的な事件によって、多くの日韓交流や協力案は大幅に縮小されました。

これをみると、昔からの"日本人は忘れすぎ、韓国人は執着しすぎ"という言葉が思い浮かびます。その背景には、両国とも偏狭なナショナリズムが今まで続いていることが挙げられます。

今後は両国間の政治・外交関係の安定が何よりも重要であると思います。これができないと、文化交流もできなくなります。両国間の草の根の文化交流が活発になりましたが、結局、このような政治問題のために、日韓文化交流が妨害されることは誠に残念です。周知のとおり、日韓関係における4つのアキレス腱は、竹島・独島問題、歴史教科書問題、靖国参拝問題、従軍慰安婦問題です。2001年夏の歴史教科書と靖国参拝問題で、日韓交流事業の中止や延期が相次きましたが、2005年も4つの問題のた

めに、計画された文化行事が取り消されました。これをみると、政治問題と日韓交流は切り離した方が理想的であると思います。

ところで、テレビドラマは2005年8月に、公共放送には「長今の誓い」、「初恋」、「オールイン」と、商業放送には「悲しい恋歌」が放映されました。毎月溢れ出る韓国映画とテレビドラマに関する雑誌や本は人気が高く、すぐに売り切れになります。こういった現象は当然韓国文化の飛躍的な発展に起因しますが、80年代の周閏発、王朝真などが出演した香港映画がアジア市場で一時期流行したように、いつかまた消えていくかも知れません。

もちろん80年代の状況とはさまざまな点で異なることが多いです。日本と韓国はお互いに違うことも多いし、似ていることも多い国です。韓流が日本で流行している間に、日流も韓国で流行しています。このように、互いに相手のいい点に関心を持ち続けば、韓流も日流も長く続くと思います。そのためには、何よりも両国間の信頼関係が必要です。現在に満足せず、スペクトロムを広げ、多様な交流と協力を通して、日韓共同体を構築していかなければなりません。この時点で何より重要なことは、これからもっと積極的な文化交流を通じて、両国に残っている緊張と葛藤を解決することです。特に今、各地方自治体で両地方間の学生などの若者同士の交流が活発になっていますが、これに対する支援がもっと必要です。いうまでもなく、次世代の交流が何よりも重要であるからです。また、地方自治体は互いの地方の固有文化を媒介として、姉妹自治体同士の交流を拡大していかなければなりません。

ここで雨森芳洲の話を再引用しながら最後にしたいと思います。「誠心とは実意ということであって、互いに欺かず、争わず真心をもって交わることこそ、まことの心です。」

注
1）辛基秀（2002）『朝鮮通信使往来』、18ページ、明石書店。

2）大国未津子（1997）『韓日の文化交流』、188－190ページ、サイマル出版会。
3）ジョンヘジョン編著（2003）『韓流とアジアの大衆文化』、108－109ページ、延世大出版部。
4）同上、32ページ。
5）この他にもマレーシアはイスラム国であり、中東進出の拠点です。イスラム教徒にアピールしたドラマや歌は中東でも拒否感なしに受け入れられ、「秋の童話」はエジプト国営放送で放映されて人気を呼んでいます。エジプトは中東とアフリカを結ぶ文化の接点です。ウズベキスタン・カザフスタンなどもイスラム系なので、これからはエジプト、中東、中央アジアを結ぶ韓流が生まれるかも知れません。
6）毛利嘉孝編著（2004）『日式韓流』、168－182ページ、せりか書房。
7）キムヨントク・リマンゼ編著（2004）『日本放送プログラムの国内受容に関する研究』、133ページ、韓国放送映像産業振興院。
8）ジョセフ．M．ボーグ（1995）『映画みることと映画読み取り』（イヨンカン訳）、41－51ページ、第三文学社。

第2章　日韓の大学における第2外国語教育

朴　大王

1．はじめに

われわれは語学の学習というと、まず学習者の立場からは「習う」ことを、一方教育者の立場からは「教える」ことを思い浮かべるのではないでしょうか。ところが、私はコトバというのは「習う・教える」ものではなく、「身につける・身につけさせる」ものであると考えています。一見どこがどう違うのか分かりにくいかもしれませんが、学習の目標を設定する場合は、後者のほうが断然効果が上がると考えています。例えば、外国語を「習う」ということは、教科書や辞書または新聞、放送などを通じて一つひとつ覚えていく過程を意味します。実は、このような学習方法はあらゆる学問に通用する古典的ともいえる学習の仕方であると思います。外国語の場合は、上記のような学習の積み重ねが必要であることはいうまでもありません。しかし、それだけではなかなか学習効果を期待できないことも事実です。本を読んだり辞書を引いたり、一生懸命に外国語を勉強しても挫折するばかりで、そう簡単に外国語は上達するものではありません。外国語を勉強したことのある人なら誰もが一度二度は経験したことでしょう。現在外国語教育の現場に立つ教員として学習者から「早く外国語をマスターしたい」、「どうすれば外国語って上手になれるのですか」といった質問を受けることが多いです。質問というよりも嘆きに近い真剣な問いに、自分自身も一教員として学習者に「どうすれば外国語を上手にできるように教えられるか」について悩まされます。習おうとする学習者がいて、それに教えようとする教師がいる以上、この難問に両者は悩み続ける

ことでしょう。ところが、「習う」から「身につける」へ、「教える」から「身につけさせる」へと考え方を変えれば、少しばかり荷が軽くなるような気がします。外国語学習のために、あらゆる方法を取り入れながら身につけようとすると、思ったより早く上達したり楽しくなったりするからです。教科書に載っている単語や文法事項などを覚えることも大事ですが、まず、外国語をなぜ学ぼうとしているのか目標意識をしっかりしておくことが最優先であると考えます。これは何事にもいえると思いますが、特に外国語のように時間と労力が必要な場合は学ぶ目標により学習成果が決定されるといっても過言ではありません。

さて、私達が外国語として韓国語を学ぶ際に、学習面の他にもさまざまな疑問を抱くことになると思います。本章では、まず両国における外国語の現状を踏まえ、改善策としての課題について考えてみることにします。

2．第2外国語教育の現状

ここ数年インターネットをはじめ各種のメディアの飛躍的な発展に伴い、世界中の情報がとても簡単に手に入るようになりました。今までは言語に興味のある人が学習の場を求めて行かないと、外国語と身近に接することは難しい時代でした。ところが、インターネットの普及により自分の部屋からあまりにも簡単に世界中の言語と接することが出来るようになり、外国語自体に幼い頃から自然と向き合うことになってきたのです。こういう時代にはどのような外国語の学習方法が適しているのでしょうか。外国語の習得も勉強の一つとして考えれば、今までの本や辞書による学習方法もずいぶん効果があると思いますが、情報媒体の発達は何らかの形で外国語教育の現場にもさまざまな影響をもたらしていることは間違いないようです。

2.1　韓国における日本語教育

韓国における日本語学習者の概要について、中川かず子（2002）により

ますと、「日本語学習者の圧倒的に多い高校では、1973年に初めて第2外国語として認められ、翌年1974年の第3次教育課程で正式に第2外国語としての日本語教育が始まった。1975年には大学の入試科目に選定され、その結果、1993年まで増加の傾向をたどった。(中略) 1998年の教育部統計が示すように、高校の第2外国語を選択する生徒が前年度に比べ飛躍的に伸び、日本語学習者数は一般系高校で30万1076人、実業系高校では43万340人にも上った。つまり、一般系高校生の27％、実業系高校生の87％が日本語を選択していたことになり、特に実業系高校で日本語の履修率が他の外国語よりはるかに上回っていることを意味している」としています。ここでお分かりのように、韓国における第2外国語は高校から必須科目となっており、大多数の高校に英語の他にも学校によって自由に選べる外国語は、とりわけフランス語、ドイツ語、ロシア語、スペイン語、中国語、日本語などがあります。もちろん高校3年間の教科課程に組まれていますし、大学入試科目として第2外国語を選択した場合は、かなり高レベルの実力を身につけることができます。たとえ大学入試科目から第2外国語を選択しない場合でも自分の意志さえあれば当然のことながら授業を受けることができます。ただし、厳しい大学受験を控えている高校生にとって大学入試科目として選んでいない科目を3年間履修することは容易なことではないと思います。

　高等学校における外国語教育は、英語を含めて大学入試において高得点を取るための教科課程であるといっても過言ではありません。しかし、大学における第2外国語は、高校に比べますと、実用的な面がより重要視され実務会話やビジネス日本語など卒業後すぐ役に立つ授業を設けている大学も少なくありません。これは学習者にとって高校までとは違って外国語に対する意識の変化を反映してのことではないかと思われます。要するに、大学生にとって外国語とは大学4年間、専門科目の他に自分の付加価値を高めていくための手段として定着していることを意味します。10年ほど前まではいわゆるその言語による文学作品あるいは古典を取り上げる授業などに興味を持つ学生が多かったように思いますが、今は時代も変わり学生

自身もすぐ使える会話中心の科目を好む傾向が見られています。それにしても学生の履修傾向が変わってはいるものの、外国語そのものに対する関心は一向に変わっていません。むしろ就職難やグローバル化などの影響により外国語学習はかつてないほど熱気が高まっていると思います。キャンパスのなかでも留学生を目にすることも珍しくなくなった時代のことを思えば、彼らが外国語の授業に期待していることは分からなくもないです。

大学の授業だけではなく大半の大学生は在学中に日本の外国語専門学校のような外国語専門学院などに通っています。さらに外国語の実力を向上させようと語学研修や海外旅行など自費留学もなんら珍しいことではありません。在学中に1年か2年ほど語学研修のため、留学することも一般化しています。そのため、4年間で大学を卒業する学生もほとんどいなくなったそうです。外国語を身につけてもっといい会社への就職または自分の目標に少しでも近づくための日々の涙ぐましい努力はすさまじいほどです。

2.2　日本における韓国語教育

日本における韓国語教育に関する最新の報告としては、2005年5月に発行された小栗氏の報告書が挙げられます。この報告書はここ数年のなかで最も膨大な資料を詳細かつ具体的にまとめたものです。本章の焦点となる日本における韓国語教育について、より詳しいデータが必要な場合は、この報告書をご参照くださることをお勧めします。

さて、日本における韓国語教育の現状について、小栗（2005）によりますと、「高等学校で開設されている外国語授業の開設率（全学校に対する開設校の割合）は2003年度において、最も多い中国語が9％、フランス語と韓国語が4％、ドイツ語とスペイン語が2％となっている」としています。さらに、「4年制大学では2002年度において、ドイツ語が84％、中国語が83％、フランス語が79％の大学で開設されているのに対し、韓国語の開設率は47％でしかなく、他の外国語と比べて30ポイント以上の差がある。」と記しています。この結果は、比較的新しく大々的な調査であるため、全体像を把握するにふさわしい資料であると判断されます。

第1部　文化・教育・歴史分野における日韓交流

　前述したように、韓国の高等学校における第2外国語の現状は、高校から選択必須科目として設定されているのに対して、日本の場合は、第2外国語が開設されている高校も極めて少ないことが分かります。
　それでは、大学における第2外国語の位置づけはどうでしょうか。そこで、一例ではありますが、広島修道大学の場合を紹介することにします。広島修道大学における第2外国語、とりわけドイツ語、フランス語、スペイン語、中国語、韓国・朝鮮語、ロシア語の6言語は「初修外国語」という科目に分類され1年次に履修可能です。この中で韓国・朝鮮語は1991年度から初修外国語として開設されており、当初は全学部を対象にしてはいなかったものの、日本の大学において比較的早い時期から実施されたといえるでしょう。
　また、言語別履修者推移について調べてみますと、再履修者を含む第2外国語履修者の合計に対する韓国・朝鮮語の割合は1999年度の5％から現在の2005年度には24％に上っています。おおよそ4人に1人は韓国・朝鮮語を履修していることが分かります。これは6言語のなかで中国語の41％に次いで履修者数の多いことを表します。入学者数が一定しているなかで1年次配当科目である韓国・朝鮮語がこれほど履修者数の比率が上がっていることは、著しい進展であることは間違いありません。学部ごとに履修者推移をみても、日韓共催ワールド・カップが開催された2002年度の翌年から履修者数の大幅な増加が目立っています。いまだ記憶に新しい日韓共催ワールド・カップは韓国・朝鮮語の履修者数の増加につながったことは否定できません。また、拍車をかけるように始まった日本での韓流ブームも追い風となり履修者数の推移に影響を及ぼしています。しかしながら、広島修道大学における第2外国語の言語別履修者数の変動を見る限り、毎日のようにメディアを賑わす韓流ブームの影響はさほど大きいものではないように思います。
　次に、履修形態について見ますと、韓国語を専門科目として開設している日本の大学は、東京外国語大学、大阪外国語大学、神田外語大学、富山大学、天理大学などが挙げられます。最近の例としては今年4月から姫路

第2章　日韓の大学における第2外国語教育

独協大学に韓国語学科が開設されました。これを見ると、みなさんは韓国語を専門とする大学が多いと思うのか、少ないと思うのか分かりませんが、私としては決して多いとはいえないと思います。大多数の大学では、いわゆる全学部対象または一部の学部を対象とする教養科目として開設されているのが現状です。しかも各大学の教科課程および単位認定などが異なるため、一概に履修形態をまとめることは容易なことではありません。しかし、履修者の大半は大学に入ってから第2外国語としてはじめて韓国語と接するという共通点を持っています。たとえ大学によって履修形態や単位認定、受講者数などさまざまな面において違いがあるにしても学習者の履修傾向はどこか似通っていると思われます。

　私は、毎年学生に履修動機や目的などに関する簡単なアンケートを取っていますが、外国語を担当している教員として最も気になる点があります。それは履修の動機が不明確な学生が非常に多いことです。高校までは英語しか習っていない学生がほとんどである現状を考えますと、大学入学時の手続きと同時に外国語の科目を選択させられたら、学習目標の不明確な学生が多いことも当然のことかもしれません。選択必須科目だからとりあえず受講する学生がいるとしてもおかしくないと思います。ふだん外国語に関して学生自身も真剣に考える時間もないまま高校の教科科目としての英語を学んできた学生に第2外国語教育の信念をはじめ、外国語を学ぶ意義や必要性など分かってもらえるわけがありません。外国語の学習目標について考えてみましょう。私の授業に出る学生は実にさまざまな理由で韓国語を履修しています。しかし、みんなに共通していることは、まず「ハングルの読み書きができるようになりたい」から「韓国の友達と自由に会話ができるように勉強したい」まで自分なりに目標を設定しています。学生たちの履修傾向は多岐にわたっているため、みんなの期待に答えられない歯がゆい思いをしています。教育の現場において学生と教員の思いが常に一致するとは限りませんので、徐々に学生の学習意欲を引き立たせる努力が教員に求められています。

第1部　文化・教育・歴史分野における日韓交流

3．第2外国語教育をめぐる状況の変化

　最近の大学における第2外国語教育の現状について考えることにします。どうでしょうか。ここ2・3年前から韓国語学習のブームともいわれています。しかし、これは一般社会におけるある現象にすぎないと考えています。といいますのは、外国語の勉強はそれほど流行の波に乗りやすいものではないと思うからです。たとえば、世界中のある地域のことばが急に流行りだしたということを聞いたことがあるでしょうか。もしあるとしても、みなさんのなかにどれほどの人がその言語を学ぼうとするでしょうか。ある地域のあるものが流行するということはあっても、ある言語が流行っているなどということを耳にすることはほとんどないのではないでしょうか。外国語を学習するという自分の意志さえしっかり持っている人であれば一時のブームとは関係なく、何らかの形で学習に取り組むはずです。要するに、学習の目標さえきちんと設定していれば、いかなる時代の流れにもかかわらずマイペースで挑戦し続けていることと思います。
　ことばというと、身近な感じがすると思うのですが、ある地域の言語がある日から突然脚光を浴びることは考えにくいので、世界情勢などの大きな時代の流れによる転換期を迎えていることは間違いないようです。だとすれば、最近の韓国語学習者の著しい増加はブームというよりも、かつてない日韓両国における新たな時代の到来と受け止めなければなりません。ある社会的現象と外国語学習者の増加への関連性をみますと、全く影響がないとはいえませんが、単なるブームと呼べるほど単純な関係ではないと考えています。

3.1　学習者の学習動機の多様化
　ここ数年の著しい変化として挙げられるのは、韓国語学習者の学習動機が多様化しているということです。ほんの10年前までは、今日における両国間の文化交流や人的交流などが、これほどまでに身近なものになると

は想像すらできませんでした。

　今年の4月に日本人の大学生にアンケートを取り、韓国語の履修動機や関心度などを調べてみました。そのなかで韓国に関するイメージや認知度を把握するために、次のような質問をしました。

　まず、大学1年生425名を対象に、韓国といえば思い浮かぶものあるいは出来事を3つ書いてもらいました。その結果を、回答数の多かった上位10位までまとめてみますと、第1位にキムチ（315名）をはじめ、次に俳優のペ・ヨンジュン（132名）、焼肉（105名）、冬のソナタ（83名）、日韓共催ワールドカップ・サッカー（63名）、竹島・独島問題（53名）、民族衣装のチマチョゴリ（40名）、韓国映画・ドラマ（35名）、韓流ブーム（19名）、ビビンバ（17名）の順になります。みなさんはこの結果をどう受け止めていますか。ある意味予想通りの結果ではありますが、韓国語の教員としてはどこかさびしいような気がしないでもないです。

　竹島・独島問題と韓流ブームに関する回答が上位を占めるのは、時代の流れを反映したものであり、また、キムチ・焼肉・ビビンバのような食べ物とチマチョゴリについては、マスコミによる観光やグルメ番組などに頻繁に取り上げられたからでしょう。この結果を見るかぎり、かなり偏ってはいるものの、今どきの大学生にとって韓国のイメージというのは非常に身近な隣国として受け止められていると思われます。5・6年前に同じ質問をしたことがありますが、そのときはほとんどの学生が3つ全部を答えることさえできず、学生にとっては難問のようでした。このように偏った答えでさえ以前に比べますと、認知度の面においては大躍進かとひそかに喜んでいます。

　そして、学習動機と目的について調べるために、韓国人の大学生に同じ質問をしてみました。日本語を選んだ理由についての答えとして「日本語が好きだから」という意見が最も多かったです。これは高校のときから日本語を学習してきたために、日本語そのものへの関心が高まったと思われます。そして日本のアニメやアーティストなどへの関心が高いことに驚きました。今や日本の衛星放送は一般家庭でも楽しむことができるようにな

りました。インターネットを通じた日本文化への関心は著しく高まり、日本文化に対する意識変化も急激に変わりつつあります。ちょうど日本文化開放と時期を同じくして、青少年期を迎えた世代でもある彼らにとって、何の違和感もなく日本文化に自然と接してきたことがうかがえます。今日に至るまでのさまざまな日韓関係をめぐる情勢を考えますと、日本文化に対する韓国国内の評価は決して好意的ではありませんでした。ところが、今の若者たちは諸外国の文化となんら変わりないものとしてとらえているように思えました。つまり、このような現象は生まれ育った自国の文化と異文化としての外国の文化を接する際、最も健全かつ自然なことであると思います。

3.2　学習内容と使われている教材

　最近の韓国語の学習者の増加を反映するかのように韓国関連の書籍や韓国映画のDVD、音楽ソフトなどあらゆる韓国関連商品が本屋の陳列台を飾っています。韓国関連書籍の特設コーナーが設けられている本屋さんも珍しくなくなりました。このような勢いは韓国語教育の現場にも徐々に現れ始めています。韓国語教育に関する語学教材も出版ラッシュを迎えています。各出版社から新しく出版された教科書の献本が次から次へと届けられています。

　それぞれの教科書は筆者の教育方法や教育目標により書かれたものであり、特に異論はありません。むしろ学習者の立場からすれば、自分の学習スタイルに合う教科書を選べるので結構なことであると思います。しかし、同じ教室の中で授業を担当する先生と学生との間で必要とされる教科書が必ずしも一致するとは限りません。そのため、韓国語の教育の現場で使用する場合は、教科書の趣旨や内容などを確認の上、選択しなければなりません。また、受講者の多い大学ほど各クラスによるレベルの差をなるべく小さくするためには、全体的なバランスを考えて教員同士の授業方針を統一する必要があると考えています。まだ韓国語の場合、文法用語や定義などに不統一が多く見られるため、どの教科書で学習したかによって学

生たちのレベルはともかく韓国語そのものの理解に大きなばらつきが生じる恐れがあります。例えば、1年次においてクラスごとに違う教科書を使用した場合、その学生たちが2年目以降の中級クラスに進み混乱することは目に見えるからです。日本の大学における韓国語教育は今始まったばかりではないのですが、今までにはなかった学習者の増加に伴い、教科書を選ぶ際にも緻密に計画を立てておかなければいけないと思っています。したがって、韓国語教授法に関する研究会の活性化を図り、担当教員の再教育や韓国語教育の一貫性を目指す共同体の創設など新たな局面に差しかかっていると思います。

4．第2外国語教育の問題点と課題

　韓国語学習者の増加は、その目的についても多様化をもたらしたと思います。日本人の大学生の場合、多くの学生にとって、第2外国語は選択必須科目であるから受講するという学生も少なくありません。しかし、学習を積み重ねるにつれて、学習意欲および学習目標も次第に形成されていくことがうかがえます。そこで、韓国語学習者の履修傾向から、今後の韓国語教育のあり方や教育方法などが見出せるのではないかと考えられます。
　それでは、韓国語教育の新たな進展のために、問題点や課題について考えてみることにします。

4.1　韓国語教育の科目名称

　まず、日本の大学で「韓国語」がどのような名称で呼ばれているかについて話してみましょう。例えば、みなさんが韓国語を学ぼうと思い、インターネットのホームページや各種案内などを調べたり、あるいは韓国語関連の書籍を購入しようと本屋さんに行ったりすると、「韓国語」というタイトルの他にも予想外にさまざまな名称があることに気づくと思います。例えば「朝鮮語」、「ハングル」、「コリア語」、「韓国・朝鮮語」などがあり、どこがどう違うのだろうと誰もが一度は首をかしげることでしょう。

第1部　文化・教育・歴史分野における日韓交流

このような言語名の不統一は大学の現場においてもさほど違いはないのです。むしろ、教育機関の諸々の事情により大学における科目名の不統一はみなさんの想像を越えるほどはなはだしいのが現状です。

　上記の科目名の他にも、「朝鮮・韓国語」、「ハングル語」、「朝鮮語（韓国語）」、「韓国語・ハングル」、「韓国の言語と文化」などが挙げられます。これらは「韓国語」と「朝鮮語」との組み合わせによる名称が目立つなかで、韓国語あるいは朝鮮語の文字を意味する「ハングル」を科目名に使用している大学も少なくありません。このような名称は当然のことながら韓国国内では使用されていません。韓国では「韓国語」という名称のみで通用します。一方、北朝鮮（朝鮮民主主義人民共和国）では「朝鮮語」と呼んでいます。このような統一性のない名称は、いかにも日本ならではの科目名であるということが分かるでしょう。このようにわずらわしい名称を避け、より分かりやすく科目名を統一させるため、1つに絞って使用すべきであるという意見がないわけではありません。しかしながら、韓国の立場からは「韓国語」と、また北朝鮮の立場からは「朝鮮語」と呼びたがることは否定できません。それにしても言語そのものより政治的・政策的な見解を言語教育に紛れ込ませようとする向きのほうが不自然な気がしてなりません。いずれにしても韓国人の場合は、韓国語しか話せないし、教えられないことを考えれば科目名は単なる用語にすぎないと思います。とはいっても名称の重みを軽視しているのではなく、それこそ日本ならではの背景があって付けられた名称であることを認識させることでいいのではないでしょうか。

　ところが、文化センター、公民館、個人レッスンなどの民間レベルの韓国語教育現場においては、韓国から来日した留学生の急増とともに、日本語話者の韓国語学習者の増加があいまって最近「韓国語」という名称が増えているように思えます。これはあくまでも北朝鮮との関係による相対的なことにすぎないのですが、今後もこのような傾向が一層強まるのではないかと推察されます。

4.2　韓国語教授法

　韓国・朝鮮に関連する全国規模の学会としては朝鮮学会があり、韓国語あるいは朝鮮語関連の研究会としては大きく朝鮮語研究会、朝鮮語教育研究会、名古屋韓国語と韓国文化のつどいなどがあります。この他にも各方面から地道に韓国語教育のための活動が行われています。韓国語教育を行う教育機関が増えることによって当然教育を担う教員数も増えてきています。韓国語教育に対する教員の熱意は同じ教室にいる学生たちにまっすぐ伝わるものと信じています。授業というものは熱意だけではなかなかうまくいかないことを日頃痛感しています。より良い教育を目指すためにも韓国語教授法をいかに教室の現場に取り入れられるか教壇に立つ教員なら誰もが頭を悩ます課題ではないでしょうか。

　すべての教科科目に当てはまる段階的な教科レベルの設定は韓国語教育においても例外なく求められています。私たちは中学校に進学してはじめて英語を習いますが、その後も高校卒業までの6年間、教育効果の向上のために段階的にカリキュラムが組まれています。どの教育機関においても韓国語教育は文字と発音から始まる初修外国語なのです。学習者の年齢が中学生か大学生かという違いはあっても外国語教育の観点からはまったくゼロからのスタートであり、レベルとしては英語をはじめて習う中学1年生同然であると思います。それに英語の場合、6年間という長い教育期間が与えられていますが、韓国語をはじめ他の第2外国語の場合は、せいぜい2年間ぐらいの期間限定の場合がほとんどです。このような現状を考えますと、まさに今こそ韓国語教授法の必要性が問われる時期であるといわざるをえません。

　また、学習者の学習効果の向上のために、韓国語の教授法に関する研究会や集会などで研究や発表などが盛んに行われています。特に、第2外国語として1年次においてのみ開講している大学が多い現状を考えますと、より学習効果を高める教授法が求められることがお分かりでしょう。2年次以降も履修可能な大学においてはなお1年次の学習目標を計画的に設定する必要が出てきます。

少なくとも1年次においてどのような方法でどこまで教えるかということを教育方針として打ち出さなければなりません。教育内容については教員同士で事前に綿密な打合せをする必要があります。さもなければ各教員による教育内容のばらつきが目立ち、2年次以降の中級クラスへ進んだ学生の理解力に支障が生じると思われます。このような格差を防ぐためにも教科書の統一も不可欠になってきます。1年次のクラスが一クラスか二クラスの場合や、2年次以降の中級クラスが開講されていない場合などは教員数もそれほど必要はなく非常勤講師1人で対応できるでしょう。だからといって、教育方針が不必要というわけではありません。しかし、広島修道大学のように1年次向けのクラスが14クラスで週2回の授業がある場合、単純に週に28コマの授業が行われることになります。とてもではありませんが、教員一人二人で授業ができるわけがありません。少なくとも10人程度の教員が要るわけで、大人数の教員がそれぞれ自分のペースで授業を進んでいては2年次以降の中級クラスでは学習者間の実力差による混乱を招きかねません。それは教育する教員のほうにも相当な負担となることでしょう。

4.3 教員をめぐる状況の変化

　教員をめぐる状況について、崔・飯田（2003）「韓国における外国語としての韓国語教育の実態調査」の一部を引用しますと、「非常勤教官と専任教官の教育者としてのレベルの差に問題があるというのではない。おそらくその点ではほとんど差はなく問題はないであろうと思われる。しかし、言語教育は教育・学習の現場だけで成立するものではない。教育・学習効果を上げるためには明確な目標を持った綿密な授業計画を伴わなければならない。そのような授業計画立案と授業運営の核として専任教官は不可欠である。また、教授法の研究や教材の開発にとっても専任教官はなくてはならない存在である」としています。
　特に韓国国内における韓国語教育というのは、2000年度に入ってから盛んになってきているために、その教育環境は必ずしも充実しているとは

いえません。古くから韓国語教育を立ち上げている大学の場合は、その歴史にふさわしい環境が整っているといえますが、教育機関の大半はいまだ専任教員すら不在のところがほとんどです。このような状況からも韓国語教育の現場とは、いかに時代の流れに遅れまいという発想で構成されたのかがうかがえるところです。

上記の参考資料は、韓国の大学における韓国語教員をめぐる調査ではありますが、日本の大学における韓国語教員に関する状況とそれほど変わりはないといえます。

5．まとめ

今まで日韓両国における第2外国語の現状を踏まえて問題点と課題について言及してきました。それでは第2外国語としての韓国語を通して、日韓両国における新たな交流への提案をすることにします。

ことばを介しての交流というと、コミュニケーションをはかるための語学学習や達成度などが重要視されがちです。特にこれに異論があるわけではありません。しかし、言語というのは、あくまでも交流のための手段に過ぎず、交流そのものではないのです。何を誰にどうやって伝えるかを考えますと、むしろことばでなくても身振り手振りのジェスチュアだけでもずいぶんコミュニケーションは取れる場合もあり得るからです。しかし、語学学習は交流のために欠かせないことも事実であります。そのため、語学を担当する教員の役割としてことばはもちろんのこと、ことばを通じての交流がよりスムーズにできる環境を構築していかなければなりません。より効果的な教育を目指すためにも、日韓両国における教員同士の共同研究や教材開発や意見交換などの日韓教員協力体を構成することを提案します。しかし、教育現場に立つ教員の一人として日韓教員同士の協力体を構成することは、決して容易なことではないことはよく分かります。そして教育・研究の面においては、日韓共通の教材開発および教師の相互派遣、共通の教授法などに取り組むことが求められていると思われます。

さらに、教員同士の交流を深めるとともに、大学間の交流の活性化をはかるために、教員同士が主体となって学生の参加を積極的に呼びかけ、学生に新鮮な刺激を与えることも必要であると思います。こうすることによって日韓協力のための模索として民間レベルの交流を含めて、短期の語学研修や長期の交換留学などの大学間の交流へ自然につながることを期待しています。

高等学校から第２外国語の授業として韓国語が履修できるような環境を整備することを提案したいと思います。ただ単に高校教育に負担をかけるという意味ではなく自由に選択できるようにして、単位や成績などに縛られることなく外国語を身に付ける意義などについても一度考えてもらいたいのです。

外国語の習得により自国の言語や文化について、より客観的な視野を持つことや見直すきっかけにもなることなどを考えますと、第２外国語の早期導入は欠かせません。大多数の人にとって必ずしも必要というわけではありませんが、英語教育を小学校から取り入れようとする動きに比べますと、高校からでも決して早いとは思えません。

最後に韓国語に関する新しい動きについて一例を挙げてみますと、英語、ドイツ語、フランス語、中国語に次いで韓国語は、大学入試センター試験の外国語科目として2002年にはじめて加えられました。これは韓国語の教育において大きな転換期を迎えたと受け止めていいでしょう。高校から大学まで継続的な学習ができるように、第２外国語教育においても新たな時代が訪れようとしていると期待しています。

参考文献
小栗章（2005）『日本の学校における韓国朝鮮語教育：大学等と高等学校の現状と課題』、財団法人国際文化フォーラム。
田中慎也（1994）『どこへ行く？　大学の外国語教育』、三修社。
崔昇浩・飯田秀敏（2003）「韓国における外国語としての韓国語教育の実態調査」、『ことばの科学』第16号、167－182ページ、名古屋大学。

趙南星（1999）「日本人大学生の韓国に対する質問分析」、『日本語文学』第6輯、157－184ページ、韓国日本語文学会。

中川かず子編（2002）『NIRA研究報告書：日韓の文化交流を深めるための日本語テレビ・ビデオ教材の研究と開発』、総合研究開発機構。

第3章　日韓の姉妹大学間の国際交流

藤　井　正　一

1．はじめに

　20世紀は世界大戦を2度も経験し、戦後の世界経済重層化の拡大・深化により、富の世界一極集中化、貧困層の拡大や壊滅的な地球破壊を生み出した世紀でした[1]。この世界経済重層化の拡大・深化は世界経済にいくつかの弊害をもたらしました。

　第1の弊害は市場原理主義が暴走するなかで、世界規模での金融の自由化が国境を超えた投機的資金の資本取引を急速に拡大させ、世界経済を震撼させました。1997年タイ・バーツの急落を契機とするアジア通貨危機、翌年のロシア金融危機といった世界金融危機を招きました。

　第2の弊害は富の世界一極集中化に伴う貧富の格差が挙げられます。戦後、世界経済は量的に成長しましたが、その成長がすべての人々に均等に行き渡ったわけではありません。約63億の世界人口のうち、現在なお12億の人々は貧困状態のなかで生活しています。

　第3の弊害は環境問題の深刻さのことで、大量生産過程で消費されるエネルギー、土地、水、空気、その他の天然資源の莫大な量は地球生態系を崩壊させています。ある環境学者は、毎日、50種類の動植物が絶滅しており、1秒ごとに約1000トンの温室効果ガスが大気中に放出されるといっています。

　今日では、情報関連産業を頂点とした産業間の世界重層化と各国の規制撤廃や競争原理の導入により、超国籍資本間の世界覇権争いが激化しており、富の世界一極集中化は一層進んでいます。同時に世界規模で社会危機

が蔓延し、地球環境破壊が深刻化しております。このような現段階世界経済において疎外された大多数の弱者はグローバル化する世界でどう連帯していったら良いでしょうか。とりあえず、超国籍資本主導の新しい世界経済体制の再構築過程に立ち向かって、私達東アジア人が国境を超えた連帯の絆を構築していかなければなりません。

日韓の文化交流の歴史は長いですが、真の友好関係を築くためには、日韓の姉妹地方自治体住民同士の相互理解と信頼構築が不可欠です。

日本と韓国は一衣帯水の地理的位置にありながら、7世紀末の白村江の戦い、16世紀末の豊臣秀吉の朝鮮半島への2度にわたる侵略、1910年から36年間の日韓併合による朝鮮支配、中学校歴史教科書問題、竹島・独島問題、小泉首相の靖国神社参拝問題などの最近の政治問題により、市民交流がスムーズに進んでこなかったのが現状です。

今日、大きなグローバル化の波を受けて、日本では製造業の空洞化と失業問題が大きな経済・社会問題となっています。このなかで、日韓両地域住民は地球市民の一員として、国境を超えて助け合う市民交流の広がりを通じて、ヒューマニズムに基づいた新しい東アジア歴史共同体の実現に向けた着実な活動がますます重要になっていくと考えられます。

現在、日本政府、地方自治体、民間団体などがさまざまな日韓文化交流を展開してきています。特に、地域住民各層がさまざまな分野で参加する、いわば「民際交流」という形の、地方自治体、NGO（Non Governmental Organization：非政府組織）、NPO（Non Profit Organization：非営利組織）主導の交流や協力活動が注目を集めるようになっています。

第1節では、日韓文化交流の重要性を、2001年に広島市と韓国大邱広域市で実施したアンケート調査をもとに述べます[2]。第2節では日韓の大学改革の現状と国際交流の取り組みについて述べます。第3節では、国際学術や教育交流の一環として、姉妹大学である広島修道大学と大邱広域市啓明大学間の国際交流の現状とあり方についての提言を行います。

2．日韓民間交流の必要性と課題

　米国主導のグローバリズムが、大量生産と大量消費の企業内世界分業の加速に伴い、富の一極集中化と飢餓・貧困の世界化の弊害をもたらす状況下で、日本は景気減速の波に揺れています。さらに、大量廃棄による環境破壊の世界化に直面して、日本はその解決策を真剣に講じなければならない時期にきています。世界規模でFTAの動きが活発化するなか、新しい世界経済の仕組みが着実に構築されつつあります。1980年代後半にバブルが崩壊して以来、構造改革を唱えながら、「失われた15年」を費やした日本の真価が問われています。経済のグローバル化が進み、世界各国は以前にもまして市場原理に基づいた構造改革を加速させています。日本は、途上国に経済状況の悪化や貧困層の拡大による社会環境の一層の不安定が拡大しないように、今までの開発援助と構造調整プログラムを見直す必要があります。また同時に、アジア各国は自国の経済的利益のみを追求するのではなく、過去の歴史認識のずれを乗り越えて、未来のアジア共生のための政治・経済・社会的諸条件を見出せるように尽力すべきであると、筆者は考えます。

　今後一層の厳しさを増すグローバル社会の裏に、超国籍企業・銀行が世界の富の一極集中化を加速させながら、その独占的な支配力を一層強めています[3]。世界各国で社会危機が拡大し、私達の生活環境でも絶対的・相対的貧困と、環境破壊が悪循環しています。このような経済的氷河期に疎外されている大多数の弱者であるグローバル市民はどのように連帯していくでしょうか。今、私達東アジア人には、ナショナルな空間を超え、新しい連帯の絆をいかに築いていくのかが問われています。

　筆者は、広島市と大邱広域市で両市民が双方の地理、文化、政治、経済、歴史、姉妹都市間交流をどう理解しているかを把握するため、アン

ケート調査を実施しました。2001年5月から7月の2カ月間で10歳代から80歳代までを対象にし、広島市で693名、大邱広域市で691名の回答が得られました。日韓交流の基礎知識の理解度として、相手国の地理、文化、政治などをどのように理解しているか、また、それらの意識を形成した要因は何であるかを検討しました。

　ここでは、日韓双方の歴史認識のずれを確認した上で、日韓双方の経済と日韓関係の現状と今後の方向性についてふれることにします。

　以下、アンケート調査のなかから、7つの設問とその調査結果を取り上げて、検討します。

設問1　「文禄・慶長の役（壬辰倭乱・丁酉再乱）で日本が朝鮮に出兵しましたが、結局失敗に終わりました。その理由はどれであると思いますか」
　①豊臣秀吉が死んだから　　②明軍が朝鮮を支援したから
　③朝鮮側の抵抗が強かったから　　④分らない

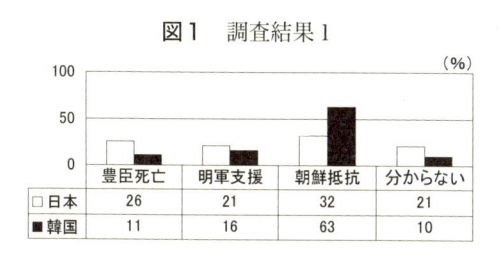

図1　調査結果1

	豊臣死亡	明軍支援	朝鮮抵抗	分からない
□日本	26	21	32	21
■韓国	11	16	63	10

　周知のように、1592年と1597年の2回にわたり、豊臣秀吉が朝鮮に侵略しましたが、この文禄・慶長の役（壬辰倭乱・丁酉再乱）は結局失敗に終わりました。図1で分かるように、この失敗の理由について、日本人は朝鮮の人々の抵抗と豊臣の死亡であると答えていますが、韓国では63％が朝鮮の人々の抵抗を挙げています。この認識のずれの背景には、日韓のみならず、今日の東アジアで、国家や民族のナショナリズムが高揚していることが挙げられます。どの国も自国史の記述で民族の強さと優秀性を強調する傾向が強まっています。それだけに国家間の歴史問題の解消は困難

第1部　文化・教育・歴史分野における日韓交流

であると考えられます。

　次に、日本帝国の朝鮮植民地支配に関する４つの項目を、併せて紹介しましょう。

設問２　「日本が朝鮮の植民地支配を行うために設けた機関はどれですか」
　①任那日本府　　②朝鮮統監府　　③朝鮮総督府
　④東洋拓殖株式会社　　⑤分からない

図２　調査結果２

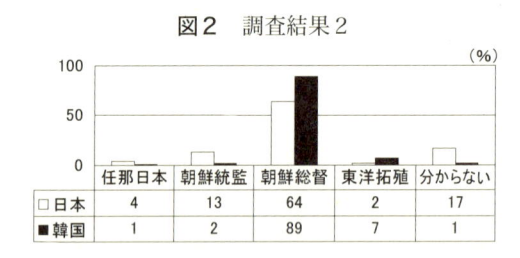

	任那日本	朝鮮統監	朝鮮総督	東洋拓殖	分からない
日本	4	13	64	2	17
韓国	1	2	89	7	1

設問３　「日本が朝鮮を植民地として支配していたことについてどう思いますか」
(1)　日本は植民地支配に対する反省を
　①十分している　　②ある程度している　　③不十分である
　④全くしていない　　⑤分からない

図３　調査結果３

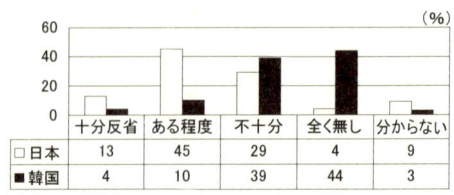

	十分反省	ある程度	不十分	全く無し	分からない
日本	13	45	29	4	9
韓国	4	10	39	44	3

第3章　日韓の姉妹大学間の国際交流

> 設問4　「日本の植民地支配に対する償いについてどう思いますか」
> ①十分している　②ある程度している　③不十分である
> ④全くしていない　⑤分からない

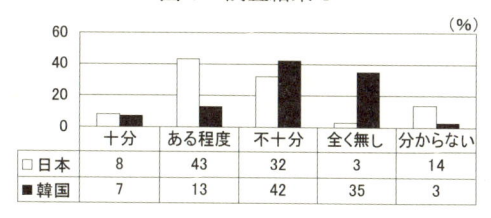

図4　調査結果4

	十分	ある程度	不十分	全く無し	分からない
□日本	8	43	32	3	14
■韓国	7	13	42	35	3

> 設問5　「日本の植民地支配は戦後韓国の工業化にどう影響したと思いますか」
> 　①大いに貢献した　②少しは貢献した　③少し妨げになった
> 　④大いに妨げになった　⑤分からない
> （韓国版）「日本の人々が、日本の植民地支配が戦後韓国の工業化にどう影
> 　　　響したと考えていると、思いますか」
> 　①大いに貢献した　②少しは貢献した　③少し妨げになった
> 　④大いに妨げになった　⑤分からない

図5　調査結果5

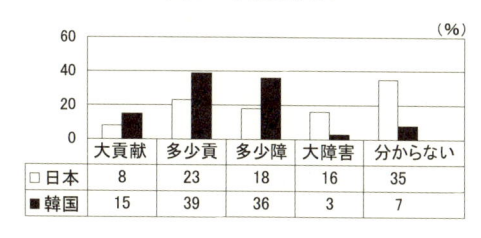

	大貢献	多少貢	多少障	大障害	分からない
□日本	8	23	18	16	35
■韓国	15	39	36	3	7

　以上、設問2から設問5までについて検討しましょう。まず、図2で分かるように、日本の64％しか正確に答えていないのに対して、韓国では正解が90％近くにのぼっています。

47

また、日本による朝鮮の植民地支配の反省について、図3で日本側の58％が反省していると答えています。その一方で、韓国の83％は日本人が反省していることを否定的にみており、大きな差がみられます。今後、この認識の格差をどう埋めていくかが共通課題といえるでしょう。

設問4についてですが、日本の51％がある程度まで補償していると答えています。その一方で、韓国の77％が日本側の償いが不十分、または全くしていないと答えています。ここでも相互に大きな差がみられます。日本側の意識の背景には、1965年の日韓基本条約締結の際、戦後賠償問題として、5億ドルを支払い、国際法では解決したと主張する日本政府の公式見解があると思われます。とりわけ、日本の精神的・道徳的な賠償問題については後回しにしてきたことが日韓での認識の格差を生み出したといえます。

そのしこりが21世紀まで続いて、文化交流の障害となっています。この解決にはまず両国政府が共通課題として解決の道を模索し続けなければなりません。同時に未来日韓文化共同体に向けた相互理解と信頼構築を醸成していく努力を続けていかなければならないのです。

次に、設問5の日本帝国の朝鮮支配が韓国工業化に貢献したかどうかについてです。図5で分かるように、日本の31％は36年間築いた日本の朝鮮工業化が韓国経済の工業化に貢献していると思っており、その一方で、日本側で韓国工業化に貢献していると思っているだろうと、答えた韓国の人々が54％にも上がっています。やはり、戦後の韓国工業化の原因をめぐる認識の差が明らかになっています。

ところで、日韓の差より、むしろ、日本の植民地支配が韓国の戦後の自律的な発展を妨げたと答えた日本人が34％にも及び、日本人のなかで評価が分かれていることが注目に値します。なぜなら、戦後の韓国工業化をめぐって、日本側で意見が2つに分かれているということは、今後、北朝鮮との国交正常化交渉と経済協力の枠組みづくりをめぐっても認識の二極化が予測されるからです。

次は、日韓文化交流の現状と今後の方向性に関する検討に移りましょう。

設問6 「今後の日韓友好関係を進めていく上で最も障害だと思われるものはどれですか」
①在日朝鮮人問題　②経済摩擦　③韓国のナショナリズムの高揚
④歴史認識のずれ　⑤日本の軍事大国化　⑥南北分断問題
⑦北朝鮮の軍事的脅威　⑧その他（　　　　　　　）

図6　調査結果6

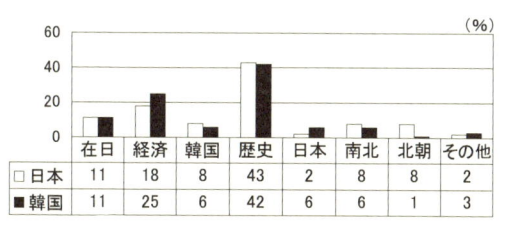

	在日	経済	韓国	歴史	日本	南北	北朝	その他
日本	11	18	8	43	2	8	8	2
韓国	11	25	6	42	6	6	1	3

設問7 「東北アジア経済が成長する場合、一番期待するものはどれですか」
①世界経済の成長に貢献できる　②地域の平和と繁栄が進む
③国際交流が盛んになり、相互理解と友好親善が進む
④近隣諸国の人々の生活が豊かになる
⑤悲観的になる（その理由を具体的に：　　　　　　　）
⑥その他

図7　調査結果7

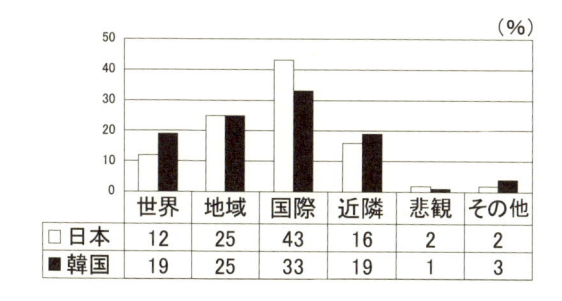

	世界	地域	国際	近隣	悲観	その他
日本	12	25	43	16	2	2
韓国	19	25	33	19	1	3

まず、図6の調査結果からみてみましょう。日韓の友好関係の障害になるものについて、日本の43％、韓国の42％が歴史認識のずれを挙げています。次の2番目の経済摩擦が日本側では18％、韓国側では25％となっています。したがって、主に20世紀に生じた歴史認識のずれと経済摩擦を今後どのようにして解消するかが日韓両地域住民の共通課題といえます。

また、自由記入項目として「あなたが日本、または、韓国と聞いてすぐに思い浮かべるものを3つ書いてください」について、韓国側は「日韓併合、植民地支配、歴史歪曲問題」を上位3項目として挙げています。一方、日本側では「キムチ、焼肉、チマチョゴリ」の順になっています。つまり、韓国側は日韓の歴史問題に、一方、日本側は食物、民族衣装などの文化的なものにそれぞれ関心が向いていることがよく分かります。

このような意識の格差も、日本の朝鮮支配と戦後補償などの日韓の歴史教育の内容や目標に依るものである[4]といわれています。

最後の設問7の東北アジアの経済発展で一番期待するものとして、日本側の43％、韓国側の33％が国際交流の推進に伴う相互理解や友好親善の進展を希望しています。

以上のアンケートの分析から、友好の歴史のなかに不幸なページがあったとしても、2002年ワールドカップ・サッカーの日韓共同開催を契機にして、積極的な日韓両地域住民の民間交流への期待が一気に高まってきたと、筆者は強く感じました。

3．日韓の大学改革の現状と課題

大学は学問研究を保障するための自治があり、教員がそれぞれの立場から自由に研究を行い、その一部を授業として学生に教授するというのが、従来の日本の大学でした。そこには、研究上の切磋琢磨の成果が学会などを通じて発表され、それなりに学問発展に貢献してきました。しかし、教育内容では教員各自の方法や裁量に任されたままで、教育内容が外部から評価を受けるという環境はほとんどありませんでした。大学行政のあり方

や、教職員の閉鎖的な思考様式も反映して、大学教育は高度情報化時代[5]の進展に適応できず、大学評価は学歴と受験時の偏差値の形でしかなく、社会的評価はほとんどなかったように思われます。

　ところが、1990年代以降のグローバリゼーションの進展に伴い、日本の大学システムにも、海外の大学と比較・検討しながら、大学教育の質や水準を見直す取り組みが高まってきました。米国からアクレディテーション（認証）手法が導入され、イギリス、ドイツ、韓国でも大学評価のランキングが公表されるようになりました。日本では1991年の大学設置基準の大綱化が示されました。また、大学進学率が50％近くなり、大衆化や価値観の多様化が進むなかで、学力格差がある大学生を受け入れ、教育する必要性が生じています。各大学で教育内容の組織的見直しと自己点検・評価の動きが広まってきました。

　総じていえば、1990年代に入ってからの日韓の大学では、少子化による入学者の減少と情報化やグローバル化に対応するために、大学や大学院を改革することが早急な課題となってきました。ここでは、主に大学改革に焦点をしぼって論じることにします。

　日本人の18歳人口は1992年の205万人をピークに減少に転じ、2005年には137万人となり、33.2％も減少しています。

　文部科学省によると、全国の国公私立大学数は2000年現在、649校あります。このうち、公立大学は38都道府県72校と増えています。しかし、全員が入学できる時代を迎えた21世紀には、地域に根ざした特色ある大学でなければ、存続が危うくなると思われます。2005年10月25日付の『日本経済新聞』によると、4年生大学は今後5年間で、15校のうち1校の割合で破綻するとの厳しい見通しとなっています。その一方で、統廃合や新設が増えて、5年後の大学数は国立大学約80校、公立大学は約75校、私立大学は約508校と予想されています。

　このような社会的な変化を受けて、日本の大学教育も改革されつつありますが、依然として、知識の授受を単位取得の指標で評価し、単位の積み

上げ型を前提としつつ、テキストを中心とした成果が主な評価システムとなっています。

　ところが、最近になって、大学教育の質や水準の妥当性、大学評価[6]の海外との比較など、改革の動きが急速にでてきました。

　つまり、大学教育は個別科目の単位の積み上げだけでなく、個々人に創造と力を身につけさせるために、4年間の大学教育期間に一貫した知的財産形成を目標に設定し、学内の教育力を結集・実現していく教育システムを構築する必要が認識され始めています。

　学生がグローバル化の環境で活躍できるように国際的な連携・協力体制を整備する必要性も強調されています。また、学術・教育研究の交流促進のための全学的体制を整備・拡充し、学生や教職員の海外研修を通した海外授業システムの導入も求められています。

　広島修道大学は1993年以降、自己点検・評価委員会を設置して、『広島修道大学白書』として教育・研究の内容、入試、学生生活、施設準備などをまとめて公表してきました。それらをまとめて、『2003年度広島修道大学点検・評価報告書』として公表しています。

　大学設立の経緯を踏まえて、「地域社会の発展に貢献する人材の育成」、「地域社会と連携した人づくり」、「地域社会に開かれた大学づくり」を大学改革の教育目的と人材育成の目標においています。さらに、グローバル化の進行のなかで「地球的視野をもつ人材育成」、「個性的で自律的な人間の育成」を明確化しており、各学部・研究科ごとのカリキュラム改革、入学者選抜制度の多様化、きめ細かな履修指導など、さまざまな取り組みを推進しています。このような改革努力の結果、広島修道大学は2005年3月に大学基準協会から同協会が定める大学基準に適合しているとの認定を正式に受けています。また、学校法人修道学園としても、R＆I社（財団法人各付け投資情報センター）より、A＋（シングルAプラス）という格付けを取得し、高い評価を受けました。

　国際交流については、「地球規模の学びを実現する海外大学とのパートナーシップ」を掲げ、7カ国19の大学と大学間提携を結んで、交換教員、

学生の短期語学留学、交換学生の派遣や受け入れ、海外インターンシップなどを実施してグローバルな人材養成に取り組んでいます。

　主要な国際交流プログラムとして、まず交換留学では、海外の提携大学と学生を相互に派遣し合うプログラムが挙げられます。学部学生と大学院生が選考対象であり、1年間交換留学生として派遣先大学に在学し、正規の講義を受講できます。修得単位は、広島修道大学の単位として認定されます。派遣先は、アメリカ、オーストラリア、韓国の各2大学、イギリス、カナダの各1大学、計5カ国8つの大学です。

　次に、海外セミナープログラムでは、商学部・経済科学部・人間環境学部のサマープログラム、人文学部の英語セミナー、法学部のニュージーランドセミナーがあります。全学対象の海外セミナーとしてはアメリカセミナー、中国セミナー、韓国セミナーがあります。各々個性ある内容となっています。そして、留学生の受け入れのプログラムでは、1977年に台湾から3名の留学生を受け入れて以来、これまでに約900名にも及ぶ留学生を受け入れてきました。留学生の受け入れは国際交流事業の重要な一環であり、留学生フォーラムや留学生交流バスツアーなどのイベントの開催、留学生の世話をするアシスタント学生の活動などを通じて、学生同士の交流が深まり、双方の国際理解に大きく貢献しています。

　また、人文学部を除く新入生全員に英語のプレイスメント・テストを実施し、学生のレベルに合ったクラスを編成し、コミュニケーションの手段として実際に「使える」英語力の養成に力を入れています。さらに中級や上級クラスは少人数クラスで、ネイティブ・スピーカーを多数配置し、徹底的に4技能（聴、話、読、書）を鍛えています。海外セミナー準備クラス、インターネット英語、さらに英語による授業など多彩なクラスを提供し、また海外セミナーや交換留学で修得した単位を積極的に認定するなど、学生の多様なニーズに応えようとしています。

　一方、18歳人口の減少や高度情報化社会からの要求などで韓国の大学も今大きな転換期を迎えています。1945年以後、約50年間持続されてきた

第1部　文化・教育・歴史分野における日韓交流

教育部の大学教育政策が、最近になって全面的に改革されようとしています。現在推進している韓国の大学改革[7]は、1945年以来約60年間にわたって、量的な成長を主として指向してきた韓国の大学を質的な成長の方向へと転換させようとするもので、有意義であるといえます。今後の大学改革の推進に伴って、4校のうち1校が廃校に追い込まるといわれています。

政府統制時代の大学から抜け出すために、韓国の大学改革の一番大きな目標は「自律」であるといわれています。その内容は大学の多様化と特性化、専門大学院の設置、大学設立準則主義の導入、大学の定員自律化、研究の世界化と要約できます。

ここで、韓国の大学改革の一例として、広島修道大学と姉妹大学提携を締結している啓明大学の改革案を紹介します。この大学は、学生数2万4000人を有する韓国第9番目のマンモス大学です。「啓明大学校 K-UP (Keimyung University Upgrade) 戦略プログラム」によると、2004年から全学をあげて、大学改革に取り組んでいます。

大学改革の概要は以下の通りです。

まず、大学の世界化を図るために政府に330億ウォン（約30億円）の助成を要請し、啓明大学が韓国内で中位圏の大学になるように、戦略を立てています。

具体的には、産学が提携して地域社会と一体化しながら発展していくこと、教育研究機関として、29カ国132の機関との連携をとり、外国の教育や研究との交流を深めて、学生の国際感覚を養成していくことを挙げています。具体的には、選択と集中の戦略を進め、文化コンテンツ、ゲーム、モバイル、デザイン、アニメーションなどのデジタル分野に教育や研究を特化していくこと、大邱広域市が政府から270億ウォン（約24億円）の助成を受け、周辺の工業団地に200の企業や研究所を誘致する産学協働プログラムに参加することが進められています。

そのために、まず大学内で以下のように取り組んでいます。大学は文化センターと考え、7学科で英語の集中講義を計画し、外国人教授や講師を

招聘します。外国語学習は英語、中国語、ロシア語、ドイツ語、フランス語を備えており、留学生250名を対象に、130講座を英語で講義を行っております。ケリーハウス（Kelly House）という寄宿舎は英語学習専用寮であり、外国人50名と韓国人学生100名が共同住居しています。さらに日本語、中国語などの語学も提供されています。

　また、全国で最大の博物館を所有していますが、さらに朝鮮王朝時代の両班住居の伝統家屋を建築して、地域の小中学校の生徒の社会科の学習に役立てています。このように、地域社会に奉仕する大学をめざしています。

　そして、未来の産学協働のために現代自動車との協力関係を築いていくとともに、織物産業、IT・ET・BT産業の地場企業との関係を強化しています。このように、大学生存競争の勝ち残りをかけて、積極的な改革を加速させています。

　最近の韓国のある新聞では、「大学入試で知識の単純な暗記能力ではなく統合的な思考能力を測定して、創造的な人材を選抜しようとするソウル大学の方針について、教育部から認めないことになっている。また、国際競争力がきびしくなっており、国家の将来が大学教育の優秀さにかかっているということは切実に認識されているが、最近の国立大学法人化案にみられるように、現在の韓国社会では生産的な競争の必要性を認めない均等主義がはびこっている。ソウル大学をはじめとする国立大学は、これまでの成果に安住するのではなく、世界的な大学へ跳躍するための新たなパラダイムへの転換が必要である」と論じています。

　日韓の国立大学の改革についてはここでは論じませんが、上記の両私立大学の国際化の取り組みの検討から、それぞれが21世紀型の新しい教育目標に基づいた改革を進めていることがうかがえます。

4．広島修道大学と大邱啓明大学間の国際交流

　世界経済のなかで、東アジア経済の比重は増してきています。現在、

ASEAN（東南アジア諸国連合）10カ国、NIES（新興工業経済群）、日中を合わせたアジアの域内貿易比率は約55％とNAFTA（北米自由貿易協定）を上回っており、EU（欧州連合25カ国）に近づこうとしています。このように、企業活動は活発であり、グローバル化が急速に進んでいます。日本とNIESが非常に技術水準の高い部品をつくり、それをASEANと中国で安く組み立てて、世界市場に販売することで国際競争力を発揮して、経済成長を促進しています。東アジアが一つの工場であるかのように、東アジア間分業システムが構築されており、中国が日本にとってよい生産工場となっており、このことが世界で競争力を維持する上で非常に重要となっています。

しかし、このような経済協力は企業利益と国益中心になりがちです。東アジア域内での経済活動が一層高まっていけば、民族、宗教、文化など、多くのハードルを越えなければなりません。今後、東アジア歴史共同体を構築していくために、企業・政府主導の交流や協力より、草の根の地域住民レベルでの「民際交流」の活性化が求められます。

前節で、情報化とグローバル化が加速する社会に対応するために日韓の大学が改革に取り組み、その戦略として、卒業した学生が国際社会で適応し、自己実現ができるように、大学の教育内容の質的向上、語学力や国際感覚を醸成するための大学間の国際交流を進めていることをみてきました。これからの大学はますます、国際的な性格と役割をもつNPOであり、NGOとして、地域社会の中核となって、経済格差、環境問題、教育問題などを解決する使命を果たすことが期待されています。

このような観点から、広島市とその姉妹都市韓国大邱広域市にあり、姉妹大学関係にある広島修道大学と啓明大学の交流実例を検討しましょう。

ここで改めて、両大学の概要を簡単に述べておきます。広島修道大学は1960年に広島商科大学としてスタートして、1973年に人文学部を増設して、大学名を広島修道大学と改名しました。その後、5学部9学科、4研

究科と法科大学院の構成となっており、学生数は6300名を有しています。

　啓明大学は1954年に設立され、19学部83学科と13大学院で、上述のように学生数2万4000名と韓国で第9番目のマンモス大学です。その大学がある大邱広域市は250万人を有しており、韓国で第3番目の大都市です。

　交流内容をみていきますと、1997年に修道大学が啓明大学の韓国セミナー（韓国語学研修）に学生を派遣し、啓明大学から交換留学生を受入れています。また、修道大学からの交換留学生は1998年から派遣を開始しました。毎年、交換留学、各種セミナーへの派遣や受入れを行っています。派遣した交換留学生は今までに17名となっており、受入れ交換留学生は18名を数えています。また、啓明大学主催の韓国セミナーへの派遣人数は36名となっています。交流を促進するために、修道大学では受入れ交換留学生への経済的な支援を行っています。具体的には、宿舎使用料金を半額にしており、また、交通経費の支援と大学から広島国際空港、広島－下関国際フェリー港往復の貸切バスの運賃補助などです。また、2001年からは、修道大学で日本語・日本文化セミナーを体系化して実施しています。夏季日本語・日本文化セミナーには、5年間で112名を啓明大学から受入れています。一方、両大学の交換教授の数は3名だけとなっています。

　8年間の両大学間交流での現状と問題点について、まず学生についてみていきましょう。交換留学生達は、入学時は考え方、生活習慣などで相違はありますが、それを短時間で解消してもらうため、大学側も日常的に頻繁に接触の機会を持つよう取り計らっています。例えば、交流パーティー、野外活動への参加、また日本人学生のなかで韓国の文化、生活、考え方などを発表させるなどして相互理解を深めるように努めています。また、個々人が今何を考え、どんな問題を抱えているかを把握し、解決することに努めています。学生間では文化間の相違はありますが、交流を通じて考え方、お互いの相違を相互理解して、教育効果を挙げています。交流に参加した修道大学学生は、韓国文化および韓国語に対する興味を飛躍的に増大させ、日韓の交流事業に積極的に参加するようになりました。

　次に、交流事業に携わる実務者が抱える問題についてみていきましょう。

第1部　文化・教育・歴史分野における日韓交流

コミュニケーション方法では、国際電話による通話、E-mail での交信などでそれほど問題を感じません。しかし、実務の窓口である国際センターでは、交流事業の調整に際して、交流事業への認識をめぐる相違があり、時間を要することもあります。組織的には、修道大学では国際センターが留学生の面倒をかなり手厚くみていますが、啓明大学の国際交流センターでは、中国からの留学生200名の対応で精一杯という現状です。

筆者が2004年に1年間、啓明大学国際学部日本学科招聘客員教授として教鞭をとった経験と、広島修道大学と啓明大学との交流を側面的に支援してきた経験から思い切った提案をします。

両大学間の交流目的は、日韓の友好親善関係の一層の深化を目指すものであってほしいと思います。特に、日韓の政治、歴史の分野での学術共同研究を通じて、両国の明るい未来を開く扉の鍵を見つけることも、両大学の使命であると思います。

具体的な提案として、修道大学と啓明大学間での交流協定は、学部交流協定の内容に留まっており、啓明大学では基本的には日本学科の学生だけが修道大学に派遣されています。今後の交流協定の改正時に両大学間で全学部の学生を交流対象にするように希望します。そうなれば、両大学において、姉妹大学間提携の効果が一層高まると考えられます。

また、留学した大学での履修科目がその国の言語、文化などだけに留まらず、その国の政治、歴史、社会など幅広い分野の科目を履修できる体制を整備することが望まれます。現時点では、両大学に準備された語学学習、文化セミナーで学習するだけに留まっています。大学は前述したように、近隣諸国間で共通課題である経済格差、環境問題、教育問題など、私達を取り巻く諸問題を解決し、平和を構築していく地域社会の NPO になり、NGO になることが期待されています。そのために語学学習、両地域住民の文化の相互理解のみならず、歴史・経済・環境認識の共有などを図っていく必要があります。

語学学習についても、両大学が協働で共通の日韓言語テキストを作成し、実用化できれば、学生、いずれは両地域住民の語学学習の促進につな

がるでしょう。また、歴史・経済・環境問題では、地域社会で活動している他のNGO／NPOとも交流するなどして、大学での研究成果を他の市民団体の活動に貢献するものであってほしいと思います。特に、環境汚染地域での監視、調査、改善などの活動を協働で行っていくことが望まれます。

このように、草の根の新しい東アジア歴史共同体づくりに向けた基盤づくり、つまり、東アジア人文化共同体の構築のための研究と活動を日韓の姉妹大学が協働で行うことを通して、日韓大学間交流のモデルになってほしいと願っています。

8年間の交流事業は当初の目的を果たし、よい成果をあげました。今後の交流事業においては、交流事業関係者、留学した学生達に交流内容の是非を再評価されることで、次の発展につながると思います。大学間の交流事業については、学生が主役であるので、学生の代表を交えて、交流事業の内容を検討されると、一層創造的で効果的な交流計画が開発されると思います。

5．おわりに

筆者は本章を通じて、日韓両地域住民の相互理解を深め、友好親善を推進することこそ、新しい日韓関係を築くために重要であると述べました。グローバル社会に対応するために日韓の大学が教育改革に取り組んでいる実状と、姉妹大学間の国際交流の現状と課題についても言及してきました。そのなかで、大学は地域社会貢献できる最大のNPOであり、NGOであり、そうあるべく今後の教育改革と国際交流を進めていく必要があることを強調しました。

最後に2つの日韓市民交流の活動についてふれておきます。

2005年10月、日本ではじめて、韓国式伝統大綱引き祭りが開催されました。東アジアに共通する農耕文化を基盤に日韓両地域住民の連帯感を触発させる目的で、2003年12月に広島で教鞭を執っている韓国国籍の先生

7名によって企画され、実現までに2年を要しました。この国際的な事業を実施するにあたり、広島修道大学の学生たちは5月に田植えに参加し、9月には脱穀作業を手伝って、4トンの藁づくりをしました。10月中旬、韓国霊山韓国伝統文化保存会から金淙坤会長および指導者7名が広島を訪問され、その指導の下、啓明大学学生40名と修道大学学生30名が4日間協働で額に汗して、綱を作り上げました。綱を編み上げる作業はまさにこれからの日韓交流のあり方を象徴している感がありました。

10月16日に広島市中央公園で開催された国際イベント「広島ペアセロベ（"Peace Love"のスペイン語読み）」で全長70メートルの綱引き大会が実現しました。当日は啓明大学サムルノリ部の学生20名がパレードに参加して、伝統的な韓国のお祭りの雰囲気をもりあげ、3回にわたる綱引き大会は多数の市民も参加して、感激的な交流活動となりました。今後この大綱引き大会が日韓市民交流のモデルとなり、日本の各地で実現することを願っております。

もう一つの活動は、2004年に上記の韓国籍の先生が中心となって開いた市民講座のことです。地域社会の人々が日韓関係の理解を深める一助となるように、それぞれの専門の分野についてわかりやすく講義され、市民から好評を博しています。また、その内容をベースとしたものが、2005年11月に、ラジオ教養番組として地元の民間放送局で放送されました。「Think Globally. Act Locally」（世界規模で考え、地域で行動する）という考えに基づいて、このような地域社会に密着した形で活動しています。

日韓両国は長い歴史のなかで、不幸な歴史があり、それが今でも両地域住民の間に濃い陰を落としています。しかし、前述したように、少数の人々による地味なものではありますが、未来を拓くための努力が続けられています。草の根の東アジア歴史共同体を実現するには、多くの時間と英知とエネルギーが必要でしょう。しかし、「継続は力なり」といいます。「民際交流」は必ず力になり、広がっていきます。まずは、日韓の姉妹地方自治体住民同士が文化交流を通じて、相互理解や友好親善を深めながら

東アジア人文化共同体を構築することが求められています。これこそ、東アジアの真の平和構築の「第一歩」であると、筆者は確信しています。

　草の根の東アジア歴史共同体の実現への道は険しいものですが、大学で学ぶ東アジアの青少年が東アジア地域住民の一人として、観衆でなく、アクターとして、これからの人生のなかで自分自身のメッセージを持ち、実現に向けて努力を続けていくことを期待しています。

注

1) 李東碩（2004）「世界経済体制の過去・現在・未来」、朝倉尚・布川弘・坂田桐子・西村雄郎・安野正明（共編）『21世紀の教養4：制度と生活世界』、191－209ページ、培風館を参照して下さい。
2) 藤井正一「広島市と韓国大邱広域市間の市民交流モデルプランづくり：「黒潮を護る会」設立を目指して」、広島大学大学院社会科学研究科『社会文化論集』第8号、185－203ページを参照して下さい。
3) 李東碩（2000）「グローバル化する経済と国民国家の行方」、冨岡庄一・浅野敏久・於保幸正・開發一郎・小島基・水羽信男（共編）『21世紀の教養2：異文化／Ｉ・ＢＵＮＫＡ』、191－198ページ、培風館を参照して下さい。
4) 李東碩（2004）「在日韓国・朝鮮人青少年を取り巻く社会環境と民族教育の新しい課題：世界経済体制の現段階認識に基づいた「超国籍人」教育の模索」、広島大学大学院社会科学研究科『社会文化論集』第8号、75－121ページを参照して下さい。
5) Ｍ．トロウ（2000）『高度情報社会の大学：マスからユニバーサルへ』（喜多村和之訳）、143－180ページ、玉川大学出版部を参照して下さい。
6) 天野郁夫（2001）『大学改革のゆくえ：模倣から創造へ』、73－104ページ、玉川大学出版部を参照して下さい。
7) 朴孟洙（1998）「韓国の大学教育改革：ミニ大学を中心に」、北海道大学高等教育機能開発総合センター『高等教育ジャーナル』第3号を参照して下さい。

第1部　文化・教育・歴史分野における日韓交流

第4章　日韓共通の歴史教材制作からみた日韓交流

児　玉　戒　三

1．はじめに

　文部科学省は2001年4月、翌年の2002年度から使用される中学校社会科歴史分野の教科書として、これまでの7社の教科書とともに、新しい歴史教科書をつくる会が主導し、扶桑社より刊行された『新しい歴史教科書』を検定合格としました。この扶桑社版中学歴史教科書は、アジア太平洋戦争を大東亜戦争と呼び、さらに侵略戦争ではなく、自衛の戦争であったと記述し、戦争を容認する歴史教科書です。文部科学省のこの決定に対して、国内からだけでなく韓国、北朝鮮、中国から強い反発と抗議の声があがりました。そして、採択の段階では東京都立養護学校などで、きわめて少数の生徒しか使用しないという結果に終わりました。
　韓国など近隣諸国からあがった強い反発と抗議の声は、再度歴史教科書問題として日本と韓国、北朝鮮、中国との間に亀裂を生みました。そうした亀裂を修復し、なんとかして共通の歴史認識を構築しようと、関係国の市民たちによって新たな行動が始まりました。1つは日本、韓国、中国の歴史教育に携わる人や教科書問題に関わる人たちが集まって、2002年3月から取り組んだ「日中韓3国共通歴史教材委員会」の取り組みです。2つ目は、広島県教職員組合（以下広教組）と韓国・全国教職員労働組合大邱支部（以下全教組大邱支部）とその組合員が取り組んだ共通歴史教材制作の取り組みです。
　さらに、日本と韓国両政府はこのたびの歴史教科書問題を契機に、歴史認識の相互理解を深めるための日韓歴史共同研究を進めることを合意し

第4章　日韓共通の歴史教材制作からみた日韓交流

て、2001年10月に約20人の専門の歴史研究家が参加して日韓歴史共同研究委員会を発足させました。この委員会の具体的な活動は2002年5月から始まりました。

　そしてこの3者の取り組みは奇しくも時期を同じくして、2005年4月、6月にその成果を世に問いました。日中韓3国共通歴史教材委員会は『未来をひらく歴史』を5月に刊行し、日韓歴史共同研究委員会は両国の歴史学者の意見をそれぞれ報告書として6月に提出しました。そして、広教組と全教組大邱支部は同一の内容のものを日本と韓国で『朝鮮通信使：豊臣秀吉の朝鮮侵略から友好へ』という題で4月に刊行しました。

　広教組は教育活動の中心となる柱として、平和教育と人権教育を据え、全組合員が実践に取り組み、これまで多くの成果を上げてきました。何より、被爆という過去を踏まえて、核の悲惨さを全世界に訴え、核兵器廃絶を目指す教育内容を創造し、実践してきました。とともに、被爆という被害に目を向けるだけでなく、軍都広島としてアジア諸国への侵略に荷担した加害についてもしっかりと目を向けて、日本と朝鮮の関係史や在日コリアンに対する差別・迫害を少しでも解消すべく、教育実践や組合活動のなかで積極的に取り組みをくり広げてきました。その活動は合わせて、従軍慰安婦問題や戦後補償問題などで広島だけでなく、韓国大邱市の市民団体とも連携しながら進められてきました。そうした活動が広教組と全教組大邱支部を結びつけたといえます。2001年8月に韓国・全教組大邱支部と広教組との間で「相互交流と協力に関する議定書」を取り交わしました。

　韓国全教組は1999年に、初等学校から高等学校まで、公立・私立の教職員が結集されて組織された教職員組合です。そして全教組大邱支部は大邱広域市の教職員で組織され、平和、人権、環境を守る教育を「チャム（真）教育」と名付け、チャム（真）教育の確立のために、教育内容の創造と実践に全力を注いできていました。そうした活動が広教祖との出会いを生みました。

　両教組の連帯を強いものとするために取り交わされた議定書は、両国教職員が連帯して平和の確立に取り組んでいこうというものですが、そのた

63

第1部　文化・教育・歴史分野における日韓交流

めに議定書の3番目の項目に「……正しい歴史教育を推進するために、共同事業の一環として両国の教職員で構成される執筆委員による共通の副教材作成にとりくむ……」と明記しました。このことから、日韓の現場教職員が協力しあいながら、共通の歴史教材を作成するという画期的な取り組みが始められることとなりました。

以下で、広教組と全教組大邱支部が取り組んだこの共通歴史教材制作の経緯にふれておきます。

2．制作に携わった日韓の執筆者の思い

広教組と全教組大邱支部の組合員である教員が取り組んだ日韓共通歴史教材『朝鮮通信使：豊臣秀吉の朝鮮侵略から友好へ』は2002年2月から作業が始められ、3年をかけて2005年4月に刊行されました。この本の大邱側の執筆者である姜泰源（カンテウォン）氏と広島側の執筆者児玉（筆者）がそれぞれを代表して「あとがき」を担当しました。その「あとがき」で、取り組みへの思いをまず振り返ってみたいと思います。

　　○韓国・全国教職員組合大邱支部執筆者代表のあとがき
　　2001年12月、日本・広島県教職員組合と韓国・全国教職員労働組合大邱支部が共同で教材を編纂する事に合意しました。韓・日両教職員組合の執筆者は両国を行き来しながら、何回も協議をし、試行錯誤を重ねながら作業を進めました。その間、果たしてこれがうまくいくだろうかという疑念でいっぱいでした。しかし今やこの作業も仕上げの段階へとたどりついたのです。
　　今の気持ちを「不安」「惜しい」「感謝」という言葉で表現することができるでしょう。
　　まず「不安」を感じるのは本の内容についてです。私たちは専門的な研究者ではありません。ですから、この教材を深みのある内容にできたのかどうか不安なのが正直なところです。また、客観的歴史事実

が正確に表現されているだろうかという不安もあります。さらに、国家の枠を乗り越えて韓日で共通歴史認識を持つという目標で行った作業が、十分成果をおさめることができただろうかという不安もあります。同じ国の人々でも共通の歴史認識を持つことは非常に難しいことです。それを、過去に支配と被支配の経験を持ち、言語も文化も異質な日本の人々と行うということは大変困難なことでした。しかし、共通教材は完成を迎えたのです。さまざまな批判について、私たち執筆者は責任を負わなければなりません。その責任の重さに、不安と怖さを感じます。

　次にあまりにも「惜しい」という気持ちでいっぱいです。もっと多くの人々が十分な時間をかけて議論をしていたら、より多くの共通点を見出し今以上の良い成果をあげることができたのにという心残りはあります。また、言語と文化についての深い理解があれば、もう少し優れた成果をあげることができたかもしれません。また、共通教材の内容が古代から現代にいたる全過程を扱うことができず、壬辰倭乱・丁酉再乱と朝鮮通信使という限定された部分しか教材の内容にできなかったことも「惜しい」と思う一つの理由です。

　(中略) しかしこの韓日の共同作業は終わりではなく、始まりの第一歩なのです。(中略) 広島の先生方と初めて出会った時に感じた不安も、今は、故郷の兄や長くつき合った隣人に会う時のような懐かしさと暖かさに変わりました。共通教材づくりを一緒にすることによって、言語も文化も違う国の私たちがお互いに対する信頼という大きな宝物を持つようになりました。このような信頼こそが過去の痛ましい傷と、お互いの不信を乗り越える種子になるのだと思います。今もテレビでは日本の歴史教科書の歴史歪曲に対する内容が放送されています。また日本の文部科学大臣の「歴史教科書の中で最近、従軍慰安婦とか強制連行という言葉が減ってきたのは良かった」という発言も聞こえています。この共通教材が、そのような発言を跳ね返す力に少しでもなることを願っています。

第1部　文化・教育・歴史分野における日韓交流

○日本・広教組執筆者代表のあとがき

　今回の試みの最大の課題は、日韓双方における歴史認識の大きな開きを克服できるかどうかということでした。歴史上深い関わりを持ってきた日本と韓国ですから、共同して歴史共通教材を作るという作業は可能なはずです。（中略）今回の共通歴史教材刊行の試みは、平和と友好を目指す日韓両国の教職員の連帯をさらに深めてくれたと思います。この連帯の輪をいっそう広げるためにも、この共通教材を授業の副教材として積極的に活用していただき、さまざまなご意見を寄せていただければ幸いです。そして、この教材を読んだ生徒の皆さんが、共通教材のテーマである「豊臣秀吉の朝鮮侵略と友好親善の朝鮮通信使」の理解だけにとどまらず、朝鮮と日本の深い関わりの歴史を学び、両民族の平和と友好をさらに強固なものとする姿勢を培っていただければと願っています。

　私は広島側を代表してあとがきを書かせてもらいましたが、この文章を書いたとき（2005年3月）の私の心境は、「とにかく刊行までこぎつけることが出来た。やれやれ。」と安堵の気持ちばかりの状態でした。
　一方、大邱側執筆者代表の姜泰源氏（大邱市内の高等学校の歴史の先生）は安堵感はあるものの、より大きな不安感と不満足感を表明されています。このような感想が述べられた背景には、教科書問題が大きく取り上げられている韓国社会において、この本の刊行が社会的に大きく注目されていて、日韓の間での共通歴史認識の構築＝共通歴史教材作成という目標に対して、それなりに評価される内容のものを作らなくてはならない、という大変なプレッシャーがあったようです。
　私は姜泰源氏のあとがきを読ませてもらって、あらためて韓国での、日韓の歴史認識に対する思いや日本の歴史教科書への関心の深さを再認識しました。

3．日韓の学生の歴史認識の違い

　共通歴史教材制作の具体的な取り組みが行われる前の2002年2月に、日本と韓国の高校生、中学生に対して、歴史認識を問うアンケート調査をお互いに取り組むこととしました。アンケートの質問は、日本と朝鮮に関係することがら、人物について「知っているか」「どう思うか」ということを尋ねるものでした。

　広島側としては、教職員組合が主体となって行われる調査活動であり、管理職の了解がなかなか得られないということと、2月という年度末の多忙な時期という2つの理由で、調査に協力してくれる学校が非常に少なく、結果として高等学校のみ、260人のサンプルでしか実施できませんでした。大邱側では市内の中学・高校の学生960人を対象とした調査結果をまとめていました。そして、このアンケートで明らかにされた実態は予想をはるかに超えるものでした。そのなかで、特に際だって異なった結果を出したものをあげてみます。

A．豊臣秀吉の朝鮮侵略に関しての設問
・設問(2)壬辰倭乱の発生と展開について
　○よく知っている、少し知っている：広島10.0％、大邱70.4％
　○あまり知らない、全然知らない：広島68.9％、大邱24.4％
・設問(3)豊臣秀吉について
　○よく知っている、少し知っている：広島44.2％、大邱47.7％
　○あまり知らない、全然知らない：広島45.7％、大邱44.7％
・設問(4)壬辰倭乱を起こした豊臣秀吉について
　○とてもよくやった、よくやった：広島3.1％、大邱4.9％
　○間違っている、大変間違っている：広島34.0％、大邱79.6％
　△分からない：広島62.3％、大邱15.5％

・設問(5)李舜臣について
　　○よく知っている、少し知っている：広島9.6％、大邱95.9％
　　○あまり知らない、全然知らない：広島73.5％、大邱3.4％

　以上の豊臣秀吉の朝鮮侵略に関係する設問で、「壬辰倭乱」という表記で問うているので、広島の高校生には分かりにくかったのかも知れません。また日本の教科書には「秀吉の朝鮮侵略」というタイトルが付けられ、戦争の展開についての記述はほとんどなく、李舜臣についても名前の記載だけに留まっている教科書がほとんどです。扱う量を比較しても韓国の教科書の記述は日本の5・6倍あります。この設問の結果を見て、加害の側がその実態を知らなさすぎるということを強く感じさせられました。

B．日本の朝鮮侵略に関しての設問
・設問(7)江華島条約について
　　○平等の条約である：広島2.3％、大邱1.4％
　　○朝鮮が不利な条約である：広島11.5％、大邱87.4％
　　○よく知らない、全然知らない：広島83.0％、大邱10.1％
・設問(8)明成皇后殺害事件について
　　○よく知っている、少し知っている：広島5.4％、大邱77.3％
　　○あまり知らない、全然知らない：広島80.0％、大邱19.2％
・設問(13)伊藤博文についてどう評価しますか。
　　○とても立派、大体立派：広島40.8％、大邱3.1％
　　○悪い、とても悪い：広島15.0％、大邱76.8％
・設問(14)安重根について
　　○とても立派、大体立派：広島16.5％、大邱95.7％
　　○悪い、とても悪い：広島11.6％、大邱1.3％
　　○関心がない：広島68.8％、大邱2.9％

　江華島条約や明成皇后殺害事件について、広島側で知らないと答えた生

徒が8割以上に上っています。この2項目は日本の高校日本史A（2単位）教科書では「日朝修好条規」「閔妃暗殺（明成皇后といわず、閔妃と皇后の称号を使わない表現にしていることに意図めいたものを感じます）」と表記されていることが多いことも一因かも知れません。特に明成皇后殺害事件については触れていない教科書もあります。伊藤博文と安重根についてはまさに両者は正反対の状況にあることを示しています。

C．日本の植民地支配に関しての設問

- 設問(10)日本の朝鮮植民地支配について
  - よく知っている、少し知っている：広島49.2％、大邱92.1％
  - あまり知らない、全然知らない：広島44.6％、大邱6.6％
- 設問(11)日本の植民地支配の評価について
  - とてもよくやった、大体よくやった：広島5.4％、大邱2.7％
  - 悪い、とても悪い：広島69.2％、大邱91.7％

広島の教育現場ではこの項目について最もよく時間が割り当てられ、教科書に記述にとどまらず、投げ入れ教材なども多く使用されて学習されています。それに加えてロングホームルームなどでも学習しているので、全設問のなかで最も高い理解度を示しています。

D．従軍慰安婦に関しての質問

- 設問(18)日本軍性奴隷について
  - よく知っている、少し知っている：広島28.9％、大邱71.2％
  - あまり知らない、全然知らない：広島62.3％、大邱24.5％
- 設問(20)日本軍性奴隷は強制だと思うか、自発的だと思うか
  - 強制だと思う：広島55.8％、大邱87.8％
  - 自発的に志願して：広島3.1％、大邱2.0％
  - よく分からない：広島38.8％、大邱10.2％

第1部 文化・教育・歴史分野における日韓交流

　広島では日本軍性奴隷という表現はなじみがない表現でしたが、「従軍慰安婦問題」として、歴史での学習以外にホームルーム活動での学習やマスメディアによって知る機会が多く、数字的には少し低いものの認識の傾向は大邱の学生と同じような傾向を示しています。しかしながら、2001年改訂の中学校歴史教科書で、かなりの教科書から削除されたという状況が生じたので、今後は大きく開くかも知れません。

　歴史認識を共通のものとするための第1段階は、事実の歪曲を正すということはいうまでもなく、事実を正しく理解することにあります。その点で、広島側の生徒の回答に「分からない」「関心がない」という回答が多くありました。この実態は、歴史学習のなかで取り上げられていない、あるいは簡単にしか取り上げられていないということを示しているわけですから、教科書にどのように記述されているかということと同時に、教える側の意識的な授業の展開がより必要とされているということを示しています。

　さらに、事実についてどのように評価するかという問題があります。この評価については国益や民族的優越意識が介入して、対立的な評価が生まれ、論争となります。しかし、その対立の元凶が国益や民族的優越意識であるということをしっかりと押さえておけば、対立の解消は可能ではないかと考えています。このように、粘り強く取り組んでいくことにこそ、日韓共通の歴史教材作成の意義があると思います。

4．日本の中学校歴史教科書に対する韓国からの指摘

　扶桑社版中学校歴史教科書が検定に合格した、という状況が生まれた後、韓国からは日本の教科書に対する厳しく、また真摯な研究報告が出されました。もともと、日韓両国の関係史について、両国の歴史教科書は扱う量の差こそあれ、それなりの記述をしていましたが、2001年の検定以後、韓国における教科書研究は大変活発に行われているということを知らされました。その報告書『韓国から見た日本の歴史教科書：中学校歴史教

科書の韓国に関する内容の分析と検討』(韓国教育開発院、2001年12月発行)に掲載された例を1つ紹介します。

◯倭館について

①扶桑社版『新しい歴史教科書』の記述

　鎖国下、朝鮮の釜山には宗氏の倭館が設置され、約400～500人の日本人が住んで、貿易や情報収集にたずさわった。

②韓国史と関連した問題点

　釜山倭館を「宗氏の倭館」であると記述し、朝鮮で設置した事実を隠している。また、「宗氏の倭館」という表現はあたかも日本や対馬が外国に設置した行政機関であると誤解される恐れがあるので、修正されなければならない。

③検討

　「倭館」とは朝鮮にあった日本人の居留地域であり、日本から渡ってきた使者を応接する使館であり、客館である。また、朝鮮と日本間の商館であった。倭館が創設された当時の15世紀の初期に朝鮮政府は貿易上の利益を求めるために殺到する日本人渡航者を統制し、牽制する必要があった。それで朝鮮は朝鮮に渡航してくる日本人を統制し、さらに国家的な機密の漏洩、密貿易の横行等の多くの問題が発生すると、朝鮮政府は日本人の渡航場と滞在のための別途施設を用意した。その結果、1407年、朝鮮政府は日本人の入港所を富山浦(釜山)と薺浦(現在の熊川)に決め、応接儀礼に必要な施設を設置して彼らを接待させた。入港所は1426年監浦(現在の蔚山)が追加され、「三浦倭館」と呼ばれた。

　また上京する日本使者のためには首都漢陽に東平館を別途設置してもてなした。当初朝鮮には三浦に滞在する日本人を60戸に約定したが、日本から渡ってきた人の中には帰国せず、倭館に滞在しながら、妻子とともに永住する人が増加した。その数は15世紀後半にいたって、男女3000人以上になったために相当な規模の日本人村を形成す

ることができた。このように抵抗倭人が当初の約束を守らずに増え続けると、朝鮮では治安と国防上の問題を理由に倭人を統制し始めた。これに倭人は反発し、1510年に三浦倭乱を起こしている。

このようにして朝鮮では倭館は閉鎖したが、貿易が断絶すると生存に脅威を受けざるを得ない対馬の要請によって、倭館の業務が再開された。

このようにして浦所に位置した倭館は1419年の対馬征伐、1510年の三浦倭乱、1544年の蛇梁鎮倭変など、朝鮮・日本間の激動の歴史のなかで閉鎖と開設を繰り返しながら16世紀中盤には釜山浦一箇所に限定する先例が定着した。

壬辰倭乱によって倭館を閉鎖した朝鮮は、講和交渉のために殺到する日本の使者を迎え入れるため、1601年には絶影島（現在の影島）に臨時倭館を設置して接待した。その後、朝鮮・日本両国間に国交が再開され、貿易と外交交渉のための場所として倭館の設置が必要になると朝鮮は1607年、豆毛浦に１万坪規模の倭館を設置し、1609年にはソウルにあった東平館を廃止した。

豆毛浦倭館の成立以後、釜山に位置した倭館が対日外交や貿易等の業務を担当し、浦所倭館が占める割合は朝鮮前期よりは異なり大きく強化された。そして、朝鮮前期に渡航してきた日本使者の上京ルートが壬辰倭乱のときに侵略経路として利用されると、朝鮮は日本からのすべての使者に対し上京を禁じた。よって、朝鮮・日本の外交や貿易業務は釜山にある倭館に限定された。

これにより、倭館は朝鮮の対日交渉における接待所として、貿易先として、宿泊先としての機能をすべて遂行するようになったのである。しかし豆毛浦倭館は設置当時から水深が浅く、場所が狭いだけでなく、船窓が南風を受ける位置にあって、船を停泊させるには不適切な場所であった。それで対馬島側は数回にわたって倭館を富山（釜山）城内に移転するよう求めてきた。このような倭館移転要求は1640年から始まって1673年草梁に倭館を移転するまで33年間8回にわたっ

て行われた。対馬の移転要求を拒否していた朝鮮は1673年草梁への移転を決定し、1678年には草梁倭館に移転することで、朝鮮・日本の交渉は草梁倭館の時代を迎えた。朝鮮が移転を不可とした既存の立場を覆し、草梁への倭館移転を決定した背景には対馬島の要求を受け入れるとともに、倭館統制の再整備と己酉約條以後、累積されていた対日政策上の問題点を、倭館移転という事案を通じて相対的に解決するための目的があった。このように、釜山草梁倭館は朝鮮での対日交渉のために設置していた機関であるので、これを「宗氏の倭舘」であると記述するのは史実上の誤りである。

　以上のように、事実の間違いの指摘だけでなく、歴史的な考察・検討が加えられたこの報告書は、私達広島側の執筆者として韓国の研究成果を積極的に取り入れながら執筆していく必要性を感じさせてくれました。

5．共通歴史教材のテーマ

　2002年2月、福岡で全教組大邱支部の先生達とはじめての顔合わせをしました。大邱の先生達は姜泰源氏を始め初等学校（小学校）、中等学校の先生を含め5名、それに対して広島は小、中、高1名ずつの3名でした。大邱の先生は2日間の会議のレジュメを携えて来ていました。明らかに両者には共通歴史教材作成の意気込みに差がありました。
　最初の会合ですから、会議の中身は、共通歴史教材の枠組みについての協議でした。大邱から、教材作成の視点をどこに置くのか、教材としてどの年齢の子ども達を主たる対象とするのか、あるいは教員中心にするのか、学生中心にするのか、また古代からのすべての時代を取り上げるのは難しいが、それではどの時代を取り上げるのか、さらに発刊までの大まかなスケジュールについてどうするのか、などについて協議していこうと提案されました。
　広教組と全教組大邱支部では組織的な協議を行い、この共通歴史教材づ

くりを目指すにあたって、日韓の過去の歴史を批判的に認識し、日韓の歴史に対して共通の認識を構築し、これからお互いがパートナーとしての関係を築き上げられるような教材を、という確認が2001年12月に為されていました。大邱からの提案はその確認に基づいたものでしたが、私達は自分たちの力量不足や、広島の教育状況などを理由に大幅な変更をお願いしました。

教材づくりにあたっての視点として、地域的な特性、つまり、広島、大邱という地域に密着した関係史を取り入れる、また権力者のみの歴史像ではなく、民衆の姿も出来うる限り取り入れたものとする、などについては同じ意見でしたが、取り上げる時代について変更をお願いしました。大邱の先生は今の時機、日韓の間で問題となっている歴史認識の主要な部分は、近・現代史にあるわけですから、当然、近・現代史を中心とした教材を作ろうと考えていました。そしてその考えをもとに、本の構成について大邱側から次のような案を示されました。

○大邱の内容構成（案）
第1章　韓日相互理解に対する視点と方法
第2章　韓国と日本の文化、地理の紹介
第3章　相互認識の変遷
　　　　韓国人の日本・日本人観、日本人の韓国・韓国人観
第4章　侵略と戦争、そして民衆
　　　　全体的な流れを理解できるように内容を作る。
　　　　大邱と広島の共通的な地域史内容を編成する。
　　　　個人の生活史と韓国と日本の民衆の苦痛と抵抗を中心にする。
　　　　例えば、学生運動、労働運動、農民運動、民族独立運動など。
第5章　反省と連帯の継承
　　　　(1)何を反省するのか。
　　　　(2)何を継承するのか。

第4章　日韓共通の歴史教材制作からみた日韓交流

　近・現代史を取り扱うとしたならば、このような構成で作っていくことに同意するのですが、私たち広島側としては執筆者の力量と人数などが問題となりました。執筆者を増やすことは簡単なことでしたが、日韓の近・現代史を取り扱うとなると、これまで成された膨大な研究成果をどのようにまとめたらいいのか、韓国人被爆者問題や強制連行についての地道な調査、研究は行われてはいるものの、それらは全体の一部分に過ぎず、日本の侵略と植民地支配、そして敗戦・解放後の日韓関係までをお互いの共通の歴史認識できちんとまとめうる力量があるのか、という問題に参加した3人の執筆者は頭を抱えました。結局、この提案については次回まで決定を棚上げしてもらいました。

　2002年6月に、私たちは共通歴史教材制作チームとして始めて韓国に行きました。会合は全教組大邱支部の地元ではなく、ソウルのホテルで行いました。その会議に私たちが携えていったテーマは、近世の「豊臣秀吉の朝鮮侵略と江戸時代の朝鮮通信使による日本と朝鮮の友好」でした。またこの取り組みの助言者に金両基氏（常葉学園大学客員教授）をお願いすることにして、ソウルまで同行してもらいました。

　日本と韓国で、歴史認識のズレを克服するべく、これまで多くの取り組みがなされてきていました。お互いが交流し、発表しあいながら1つにまとめようとしてきましたが、成果を上げることは出来ていませんでした。それぞれの歴史学会の思惑や歴史教育の専門家という気持ちが衝突したり、取り組む組織の財政やスタッフの力量の問題があったのだろうと思います。

　そういう状況のなかで、単なる交流に終わらせず、ことばや認識の違いをのりこえてとにかく1冊の本にまとめ上げること、それが私達に課せられた任務でした。このことは両者ともに充分自覚していました。そしてこの自覚が大邱の先生の考えを変えさせたのだと思います。第2回の会合で、本作成の基本であるテーマが「豊臣秀吉の朝鮮侵略と友好の朝鮮通信使」と決まりました。このように決まったとき私達は、広島側が取り組み

やすいようにという大邱の先生方の配慮を感じました。

　私達が「豊臣秀吉の朝鮮侵略と友好の朝鮮通信使」をこのたびの本のテーマにしようと考えたのは、広島という地域に下蒲刈や鞆の浦という朝鮮通信使関係の遺跡がたくさんあるということだけでなく、16世紀末の文禄・慶長の役といわれる豊臣秀吉の朝鮮侵略の実態が日本の教科書では不十分にしか扱われていないので、この歴史事実をしっかりと理解することが出来るようにという思いがありました。また、朝鮮通信使については日本での通信使の残したもの、迎えた日本側の記録から、もっと両者の友好親善を、特に韓国の子ども達に知ってもらいたいという思いがありました。そして、両国が秀吉の侵略・戦争がもたらした敵対と憎悪という関係を克服して、2世紀半におよぶ友好と親善の関係を維持してきたこの歴史をもう一度見直して、これからの日韓の関係を考えていけるのではないかという思いもありました。

　さらに内容を具体的に文章化していくにあたって、お互いに確認したことは、百科辞典的な記述にならないようにする、難しい語句は避け、分かりやすい文章になるよう最大限の努力をする、教条的、あるいは説教的な語句・文章にならないようにする、などを確認しました。

　また本として出版することを決めてはいても、そのイメージはおぼろげなものでしかなかったのが、金両基氏の取り計らいで、日本側は明石書店から出版されることになりました。広島を中心とした狭いエリアで読まれる本になるのだろうと考えていたのが、明石書店という大手の出版社が加わり、一気に全国区になりました。そのときは「大丈夫かな、大赤字になるのではないか」という心配しかありませんでした。

6．親日派と親韓派

　助言者として、時には通訳者として精力的に関わってくださった金両基氏が本の「まえがき」に書いてくださった一文を紹介します。

第4章　日韓共通の歴史教材制作からみた日韓交流

　共通歴史教材づくりに取り組む間、一人の落伍者も出さず、喧嘩別れにもならなかったが、相手方を説得するために熱弁を振るい、反論し、そして行き詰まり沈黙するシーンを繰り返してきた。それを乗り越えた秘訣は問われたら、わたしは「信頼」の二文字をもって応えたい。相手に対する不信感がわずかでもあったら、初めての試みであるこのプロジェクトはまちがいなく頓挫したにちがいない。相手をうっちゃるとか、弱点を突くとかいったアンフェアな言動はまったくないというよりは、そもそもそういう発想がなく、共生時代を構築するためにどちらにも偏らない教材を作ろうという気持ちが支えになっていた。

　折り返し点を過ぎてからおぼろげにゴールが見え始めたころ、今回のテーマである文禄・慶長の役（壬辰倭乱・丁酉再乱）と修交回復をめぐって意見の相克がおきた。朝鮮王朝が徳川家康からの朝鮮通信使の回復要請を受け入れたのは、複数の要素が絡み合っていたと大邱側の執筆者が力説し始めた。

　明国の東北部ではのちに清国を形成する女真族が各地で内乱を起こし、東アジアの国際秩序が乱れる兆候があり、豊臣秀吉軍の急襲で国力が疲弊した現況では、自力で日本と戦える状況ではなかった。さらに日本に連行された俘虜を帰国させる案件を抱えるなど、複数の重要な要素が重なり合ったことが通信使を送る要因になったという自説を大邱側の執筆者が交互に述べ、接点がみえてこなかった。思えばこのプロジェクト最大の難所であった。相克は沈黙へとかわり、大邱側の執筆者は天井を仰ぎ、広島側の執筆者は目を床に落とし、重い空気が会議室に漂った。

　清国は1616年に建国されるから、通信使の派遣と清国とは関係がない。中国東北部各地で起きた内乱の多くは女真族によるものである。認識論ではなく、事実に基づいた議論に戻そう。民族や国家を背負わず、一人の教師として次世代を担う子どもたちに何を伝えたいのかという原点に立ち返ってほしい。みなさんは教師であり、学者では

ないのだから、仮説を立てる必要はないと思う。いま、手に入る資料をもとにして、教育者として歴史的事実と向き合って考察してほしい。今後、新しい資料が出てきたら、それをもとにして再検討する機会をつくればよい。

　私は助言者としてこのように発言すると、大邱側から「これでは親日派と言われる」と言い、広島側からは「わたしたちは親韓派と呼ばれる」と応じる。全員が爆笑し、会場にさわやかな空気が漂った。限りなく歴史的事実と向き合いながら作業を進めてきたはずなのに、無意識のうちに民族や国家を背負い、発表後の社会の反応を意識していたようである。

　金両基氏の「民族や国家を背負わず、一人の教師として次世代を担う子どもたちに何を伝えたいのか」という助言は、これまで日韓の関係史、文化について卓越した研究成果を著されてきた人の、時機をえた助言でした。何より大邱の先生方にとっては、知らず知らず、肩肘を張って気張っていた姿勢をやわらげてくれた言葉ではなかったかと思います。そして私達にとっては「自分は研究者ではないのだ。目の前に座っている生徒達が日韓共生時代の担い手となるべく、一番に伝えたいことを大切にして本作りをしよう」という基本姿勢を強く確認させてくれた言葉でした。

　それにしても、「親日派」というレッテルは大邱の先生達にとって気になる言葉だったのでしょう。日本と韓国の間で歴史を語るとき、それは加害者と被害者の歴史として、侵略と被侵略の歴史として語られるときが多くありました。そうした状況のなかで、韓国において、望ましい歴史教育は愛国的でなくてはならないし、それは必然的に反日的な意識を育てるものでした。一方、「親日派」という言葉は「売国」と同じ意味を表し、時としてその人の社会的地位を奪いかねない大きな影響を持つ言葉です。大邱の先生からこのように「親日派」という言葉が出たとき、単なる言い返しのように「親韓派」とはいったものの、両者の言葉の重みには格段の差があるのだということを感じざるを得ませんでした。

また韓国のマスコミも何度かこの取り組みを取り上げていました。そうした世間の注目度は大邱の方がはるかに大きなものでした。

○『中央日報』：韓・日歴史教科書副教材共同制作を推進

韓国と日本の教職員が正しい歴史認識のために歴史教科書副教材共同制作を推し進めている。

両国教職員は、この会議を通じて副教材制作と関連する具体的な推進日程と方法を決めると発表した。全国教職員労働組合大邱支部と広島県教職員組合は2001年8月、広島で「相互交流と協力に関する議定書」を締結し、毎年数回の相互訪問及び教育関連研究事業を起こすことにした。

副教材制作は、日本の極右保守勢力が歴史を歪曲・捏造する教科書を作って採択させようとすることに立ち向かって、生徒たちに正しい歴史を教えるために両国教職員団体が推進しようとする研究事業だ（当初は共通歴史教材を歴史教科書副教材と言っていました）。

第2回の会合を終えた後の2002年9月、私達にとって最良の友人となる人が大邱から広島にやってきました。

広教組は、これまで大邱で活動していた李昇勲氏を平和教育研究所の研究員として位置づけ、大邱支部との連絡調整、韓国側資料の日本語訳や日本側資料の韓国語訳、通訳などをお願いすることにしたのです。大邱の状況に精通し、韓国の教育事情にも詳しいだけでなく、日本の市民団体や労働団体との交流で、ある程度日本の事情が分かり、日本語も出来るという李昇勲さんの存在は大変に頼もしく思えました。彼の日常の居場所が広島（広教組）であるという仕組みが、その後のさまざまな行き違いや誤解を短時間に解決することが出来、さらには大邱と広島の会合をスムースに行わせてくれたと思います。

実は、私達は大邱と会合する事前に必ず2回ないし3回の打ち合わせの会合を持ちました。その会合では、大邱から送られてきた原稿を読み合わ

せたり、広島側で作成した原稿のチェックをしたり、次回の課題について協議しました。この協議の前、あるいは後での原稿の翻訳、送信、電話でのやりとりはすべて李昇勲さんが引き受けてこなしてくれました。長期間にわたる作業を一つ一つ積み重ねながら継続していくためには、なくてはならないスタッフでした。

7．原稿執筆と討論

第3回の会合から、「豊臣秀吉の朝鮮侵略と友好の朝鮮通信使」というテーマでの、章立てとその内容の検討やもとになる原稿の執筆分担はどうするかを決めて、原稿執筆に入りました。

書き上げた原稿が翻訳されて、会合の事前に相手に送られます。その原稿をまずそれぞれだけで検討し、問題点を明らかにして、会合に臨みました。

取り上げた時代が近世であったということが、歴史的事実を、距離をもって眺めることが出来、意見の衝突があっても、なんとか合意に至ることが出来ました。意見の衝突は主に、自分たちがこれまで実践してきた歴史教育や原稿執筆のもとになった研究に対してのものでした。事実を歪曲しているということでの議論はありませんでしたが、それぞれに都合の良いように解釈しているのではないか、もう一方を視野に入れていない内容になっていやしないか、という指摘がしばしば出されました。自分たちに都合の良い解釈、記述をめぐっての議論になると、その背後には民族や国家が、あるいは自国中心主義の歴史教育が見え隠れしていました。そのようなとき、「民族、国家を背負わず、生徒に一番伝えたいことを大切にして」という金両基氏の助言を思い起こし、協議していきました。

また、相手を視野にきちんと入れて考察するということは、一つの歴史事実を多面的に見ていくことになります。そうした点で、いろいろ教えてもらうことがありました。

お互いが分担した原稿を持ち寄り、協議を重ねた第3回から第6回まで

の討議のなかで、印象に残っていることがらについて、羅列的になりますが、記しておきます。

○今まで「民衆」を中心に描かれた朝鮮通信使の歴史はあまり多くありません。それでも「民衆」の姿を掘り起こすためにどんな資料があるのだろうか。大邱の先生方は大変苦慮したようです。大邱は通信使のコースから外れているし、何より韓国では通信使についての研究が始まったばかりという状況のもとで、資料の掘り起こしが大変でした。この難問をなんとか解決しようと大邱の先生は、膨大な『朝鮮王朝実録』の記録に挑戦し、関係する事実を引き出してまとめました。

○地域に密着した歴史事実を、という観点から大邱では、「沙也可」という人物をより詳しく紹介することにしました。「沙也可」の子孫の方々は大邱からそう遠くない山あいの村に400年という月日を重ねて住んでいます。その間日帝時代の迫害を乗り越え、今は韓日友好の拠点として日本から訪ねてくる人も多く見られるようになりました。そうした「沙也可」の事跡とあわせて、数多くの降倭の存在を紹介して、秀吉の仕掛けた戦争がいかに無謀なものであったかを理解させることが出来るようまとめることとしました。

○章の前段に記す設問として「沙也可は、日本人か韓国人か。」という問いかけが出されました。この表現について、適当かどうか、相当時間をかけて話し合いました。民族の誇りを奪われた歴史を持つ韓国側と、民族の優位性を前面に出して侵略を進めたという、民族主義の怖さを過去に持ち、民族の誇りということに抵抗を持つ広島側で、意見はなかなかまとまりませんでした。どちらなのかではなく、なぜなのかを生徒に考えさせたいという意見に落ち着き、設問は、「沙也可はなぜ朝鮮軍に加わったのでしょう。」というものになりました。

第1部　文化・教育・歴史分野における日韓交流

○壬辰倭乱について、侵略軍をうち破り、国を守ったということだけに終わるのでなく、日本で秀吉の侵略に反対した人や、沙也可、李参平などのように戦争によって国を変えて新たな生き方を選択せざるを得なかった人々の姿を知らせていこう。

○朝鮮の通信使再開派遣（回答兼刷還使）の最も大きい目的は、壬辰倭乱（文禄の役）の当時、日本へ連れて行かれた俘虜の送還にありました。しかし、送還され帰国した俘虜に対して、（朝鮮）政府は一部の専門的な、特別な才能と機能を持つ人以外の大多数を幾ばくかのお金を与えて故郷に帰らせました。俘虜の送還が第一の目的といいながら、実際には朝鮮王朝が帰国した人々へ冷淡であったことなど俘虜とされた人の帰国後の処遇は冷淡なものでした。こうした事例を生徒たちに提示し、問題意識を呼び起こしたら、今まで見た通信使とは違う新しい面を見せることができるのではないだろうか。

○朝鮮王朝が通信使を派遣するとき、通信使が通り過ぎる星州、慶州、釜山で大規模の宴会を開くように定め、そのために民衆の負担と苦痛は大きなものでした。時には、通信使の接待の費用を捻出するために、慶尚道の全財政が２年間、回復することができないほど、地方官庁の財政が破綻した事実が「朝鮮王朝実録」に書かれています。そして、日本も当時に頻繁な凶作にもかかわらず、通信使接待で各藩の農民の負担が多く、通信使一行の1/3だけが江戸に入って、残りは大坂に泊まったりしていました。日本も朝鮮も、接待にかり出された民衆は自分たちを苦しめる通信使接待の負担を軽くするために通信使の規模を縮小するよう要請しました。こうした点をもっと具体的に示すべきです。

○朝鮮通信使に対する日本側の蔑視的な見方も新しい（現代的）ことではありません。徳川幕府が、表には朝鮮との親善友好という美名を掲げながら、本当のところは徳川幕府の支配体制を強化するために、朝

第4章　日韓共通の歴史教材制作からみた日韓交流

鮮通信使を朝貢使として表現していました。幕府の記録には、朝貢使に接待をするようにと各藩に指示していたし、鞆の浦の対潮楼の額にも朝鮮からの朝貢使という文字が書かれていることなどから見て、日本は朝鮮より優越するという中華思想を持ち、その意識を、人々を統治することに活用しました。そしてこうした意識をそのまま歴史学習の中で伝えてきたのではないのでしょうか。一方、朝鮮も中華思想を持っていました。通信使が日本各地で手厚い接待を受けたと優越意識を持ち、また儒学を教え、医学、漢詩、書道、絵画などの文化的な面で日本に大きな影響を与えたことから、文化面での優越意識を持ち、日本は文化面で遅れているという意味合いを込めて「倭」「夷」で表現しています。こうした事例は両国の支配層がともに中華思想を持って、お互い交流をしていたことを分からせてくれる例です。したがって、支配層の視点であるお互いを蔑視するという否定的な視点ではなく、さまざまな視点を示したら「私の視点がどんな人の立場で眺めていたか」という点を分かることが可能になるのではないでしょうか。そのように生徒にさまざまな視点を見せることができるような内容にしていきましょう。

○朝鮮通信使を通じて、韓国と日本両国の親善・友好的な関係を浮き彫りにするのも良いが、国家的で友好的な関係だけを強調するとき見過しやすい「民」の立場、あるいは苦痛という側面をきちんと見る必要があります。

○登場する人物の整理が大変でした。お互いが歴史の授業で扱っている人物はかならずしも共通しません。これまでの実践からついつい登場させている人物が、相手にはまったく知られていないという場合が多くありました。慶長の役に従軍し、記録を残した慶念や対馬藩士として通信使外交に大きな貢献をした雨森芳洲などのように、この機会にぜひとも知って欲しいという人物、文章の流れから登場させなければならない人

83

第1部　文化・教育・歴史分野における日韓交流

物は載せていこうということを規準にして協議、整理していきました。それで、第1次原稿にあった人物の半分以上がカットされました。

　以上のように、お互いに討議したことが、それぞれ担当する項目の文章のなかに生かされ、双方でいいでしょうということになると、原稿として採用されていきました。そうした文章の交換はほとんどメールで行われましたから、この分野でも李昇勲氏の仕事量は大変なものとなりました。
　このたびの本の作成において、共通ということがキーワードとなっていましたが、それは文章表記にも厳しく求められました。韓国版を日本語に訳せば日本版と同じ文章になる、その逆に日本版を韓国語に訳せば韓国版と同じ文章になる、そこに異なる文意があればそれは共通のものであるとはいえません。それで、文章化するにあたって、お互い勝手なことをしないということをきちんと守っていきました。ただ脚注の部分になると、双方で脚注が必要なことがらが違うので、どれに脚注を付けるかはそれぞれの判断で行いました。たとえば、「幕府」や「関ヶ原の戦い」などは日本版には脚注はなし、逆に「両班」や「郷約」などは日本版のみといった具合です。
　共通の文章が実際にどのようになっているかをあげてみます。

A．韓国版の日本語訳　P64（大邱が担当した部分＝オリジナル）
　○朝鮮に投降した日本兵士たち
　　日本兵士たちの中には、長期間にわたる戦争に疲れ、朝鮮と明の連合軍に追われる心理的な圧迫感と、食糧不足から来る飢餓に苦しめられた人が多くいました。そして一方で、この戦争が名分のない無謀な戦争だと思う兵士たちもいました。
　　反面、朝鮮政府は投降した日本軍を優待する対策を出し、積極的に日本軍兵士たちの投降を勧誘しました。その結果、壬辰倭乱では1万名にのぼる日本兵たちが朝鮮側に投降しました。朝鮮ではこの兵士たちを降倭と呼びました。

B．日本版　P41（大邱原稿を広島が翻訳）
　○朝鮮軍に加わった日本兵
　　日本軍兵士たちの中には長期間にわたる戦争に疲れ、朝鮮と明の連合軍に追われる心理的な圧迫感と、食糧不足による飢えや寒さに苦しめられる兵士たちが多くいました。またこの戦争が、名分のない無謀な戦争だと思う兵士たちもいました。一方、朝鮮政府は投降する日本兵を優遇する対策をとり、積極的に日本兵士の投降を勧めました。その結果、文禄の役の間に1万人にのぼる日本軍兵士が朝鮮側に投降しました。朝鮮ではこういった兵士を降倭と呼びました。

8．本の完成と今後の課題

　一時期、作業が停滞したこともありましたが、金両基氏の叱咤激励を受けて、もう一度アクセルを踏み込んで、2005年4月に発刊にこぎつけました。
　2005年4月には、2006年から使用する中学校教科書の検定結果が発表されます。扶桑社も歴史と公民の教科書を検定申請していましたから、この時期に日韓共通歴史教材としてこの本を世に出すことは、絶好のタイミングとなります。出版社の明石書店からも作業を急がせる連絡が何度となく入ってきました。また、日韓同時出版ということも話題となりますので、広島、大邱ともに最後の追い込みで、1月と2月は大忙しでした。
　出来上がった本は予想をはるかに超える出来栄えでした（文章を読んでの印象ではなく）。図版や地図や写真は出来るだけ自分達で準備しましたが、歴史書である以上、博物館や個人で所蔵されているものの写真などについては私達では全部が全部そろえることは出来ません。それで、準備できない図版、写真についてはことごとく明石書店にお願いしていたのですが、それらがきちんと揃えられ、しかも、これまで見たものよりはるかにきれいな写真や図版となって掲載されていることに驚きました。また、紙質やレイアウトもプロとしての技術が存分に発揮されていて、他の人が作った本ではないかと思ったくらいでした。そして、韓国での出版も同時

第1部　文化・教育・歴史分野における日韓交流

に行われました。

　私達はお互い、共通ということにこだわってきたのですが、本になると、韓国版はページ数が日本版より4割ほど多く、価格が逆に2割5分ほど安くなっていて、この点では共通という結果を出せませんでした。

　韓国では出版記念会が、大勢の報道陣を集め国会で行われたそうです。そして、本の売り上げは、歴史教科書部門第3位であり、販売部数は1万部を超える勢いだそうです。竹島・独島をめぐって、反日感情が高まっているといわれるなかでの状況を考えると率直にすごいなと思います。日本でも第3刷の印刷に入っているそうです。しかし、その扱いについては大邱と広島では相当に異なっています。

　広島の執筆者である中学校の先生が学校へ寄贈を申し出たそうです。ところが学校（校長）は受け取りませんでした。理由を直接的には言わなかったようですが、教職員組合が関わっているということがネックになったのではないかと思います。

　私達の目的は、本を作ることだけではありません。この本を日本と韓国の子ども達が使い、それをもとに意見が交わせるようにすることです。そのためには、学校の図書館に複数冊置かれ、また授業で積極的に活用されるようにならなければなりません。授業での活用は他の地域であれば、ある程度進められるだろうと思いますが、広島県では、今はなかなか難しい状況にあります。これからの課題として、学校で使うことができるようにしていくという取り組みを進めていかなければならないと思っています。

　そして、いよいよ本番となります。今回は時代を近世において、秀吉の朝鮮侵略と江戸時代の朝鮮通信使に焦点をあてて取り組みました。これは、共通歴史教科書刊行という事業の第一歩を踏み出したに過ぎません。次の歩みは、残していた近・現代史を取り扱った共通歴史教材の制作です。

　まさに日韓両国において、その歴史認識の共通性を最も求められているのがこの近・現代史の分野です。植民地支配・被支配、加害と被害という対極に位置する日本と韓国ですから、国家の思惑や国民感情がストレートに出されれば、両者の歴史認識はこれまで同様、重なることなく広くて深

い溝を間に置いたままの状態になります。それをなんとか重ね合わせるようにするには、民衆の姿や思いを出来るだけ浮き彫りにすることによって可能になるのではないかと思います。

　日本が明治という新たな国家形成の時代を迎え、朝鮮をどう考えたか、一方、列強の侵略の手が伸びてきた時代、朝鮮は近代化をどのように達成しようとしたか、という主題を出発点にして、戦後間もない1950年代までを視野に入れて、共通の歴史認識が構築できるよう今その取り組みを始めたところです。

　これからは、執筆者としてもっと多くの人の参加を得て、事前の研究を充分に行い、これまで以上に激論になろうとも、今回の取り組みで培ってきた信頼と共通の目標達成という気持ちを大事にしていかなければなりません。お互いが納得のいく共通歴史教材を再び作り上げ、共通歴史教科書刊行に一歩近づけたいと思っています。

参考文献

日韓共通歴史教材制作チーム編（2005）『日韓共通歴史教材・朝鮮通信使：豊臣秀吉の朝鮮侵略から友好へ』（日本語版）、明石書店。
日韓共通歴史教材制作チーム編（2005）『日韓共通歴史教材・朝鮮通信使：豊臣秀吉の朝鮮侵略と友好の朝鮮通信使』（韓国語版）、ハンギル社。
日韓中３国共通歴史教材委員会編（2005）『未来をひらく歴史：東アジア３国の近現代史』、高文研。
韓国教育部編（2003）『国定韓国高等学校歴史教科書：韓国の歴史』、明石書店。
新しい歴史教科書をつくる会編（2005）『新しい歴史教科書』、扶桑社。

第5章　東アジア人の文化共同体構築のための日韓交流

李　　東　碩

1．はじめに

　1980年代以降のグローバル社会では、世界経済の仕組みのみならず、グローバル・ガバナンス（＝世界統治）の形態も含めて、大きな転換点を迎えています。この過程で、経済のグローバリゼーションの波に乗れなかった貧しい世界大多数の人々は、人間らしく生きられる生存権と、次世代に命をつなげられる生命権（以下、併せて環境権と称す）の縮小・剥奪という厳しい状況に追い込まれています。その結果、貧富の格差、飢餓や貧困の蔓延、少子化と高齢化、鳥インフルエンザやSARSなどの伝染病の蔓延、「種の終焉」の危機が叫ばれています。さらに、先制的自衛権を行使したイラク戦争などの大量殺戮戦争が絶えなく起こり、大量難民が急増しています。まさに、世界「反平和」的状況が全地球規模で顕在化しています。
　このような世界「反平和」的状況が加速する現段階のグローバル社会だからこそ、大多数の世界の貧しい人々が環境権を取り戻すために、真の世界平和や地域住民自治を早急に構築していかなければなりません。現段階と近未来における真の世界平和は、国益を優先する国家という枠組みのなかでは実現が困難であり、グローバル・ヒューマニズムに基づいた経済・環境・文化共同体を目指す、国境を越えて地方を束ねる草の根の新しい歴史共同体の構築過程のなかでしか達成できないと、筆者は確信しています。
　まず、世界「反平和」的状況下で一層激化する人間同士の対立構図がどのような歴史的経緯をへて今に至っているかを、人類史を鳥瞰しながら検討します（2節）。その上、1980年代以降の現段階において、人間同士の

対立がどのようなメカニズムによって激しさを増しているか、そして、近未来のグローバル社会ではそれがどう展開していくかを考えます。さらに、世界社会環境・自然環境破壊の悪循環を断ち切って、真の世界平和を実現するために、私達人類がなすべき実践課題を明らかにします（3節）。そして最後で、私達東アジア地域住民が主体となる21世紀の草の根の歴史共同体を構築するために、東アジア人文化共同体をどう構築するかを具体的に提案します（4節）。

2．人間同士の対立構図の過去・現在・未来

　冒頭で述べたように、1980年代以降のグローバル社会では、産業の情報化と金融の証券化が世界経済構造を大きく変えています。かつての農業革命、商業革命、産業革命に匹敵するほどの情報革命の加速に伴い、超国籍企業・銀行（以下、超国籍資本と称す）間での富の生産・配分・蓄積をめぐる覇権争いが一層激化しています。超国籍資本は新たな蓄積体制を求めて、その組織形態や行動様式を、今まで自分を育んできた国民国家の殻を突き破り全地球規模で再構築しています。

　世界各国政府も、この超国籍資本の再構築過程を支えるために、規制緩和と構造改革を推し進めています。その過程で、「国民国家」の看板が降ろされ、弱肉強食の市場原理に基づいた「市場国家」という看板に立て替えられています。さらに、世界経済・環境・危機管理体制が、IMF、WTO、国連などの超国家的機関の手によって新たに構築されています。このようなプロセスをへて、グローバル社会の経済の仕組みのみならず、世界統治の形態も大きく転換しつつあります。

　まず、現段階世界経済の仕組みと世界統治の形態がどのような歴史的連続性や断絶性をへて今に至っているか、また、私達が現在の国家の出発点と考える民族国家が、いつ、どのような世界経済や世界統治のメカニズムのなかで形成され、それがいかに変容しながら今に至ったかを検討してみましょう。

第1部　文化・教育・歴史分野における日韓交流

　著名な社会学者Ⅰ．ウォーラーステインは、16世紀以降から現段階までのグローバル社会に限って、基本単位である諸国民国家を地球規模で包括する単一のシステムが存在しているとし、それを「世界システム」と呼んでいます。これは、従来の国民経済学の考え方、つまり、すべての国民国家が工業化を通して最終的には豊かな国になれると想定した上で、国民国家相互間の関係を捉えようとしたアプローチとは大きく異なるものでした。彼のいう「世界システム」には国民国家のほかにも、都市国家、帝国などが含まれており、これらを束ねた単一の分業体制という世界経済の仕組みが機能しています。彼は、このように、16世紀以降の世界経済の存在を認めていますが、その一方で世界統治形態は存在していないとしています。要するに、大航海時代以降のヨーロッパを中心とした世界経済の拡大・深化過程において、複数の統治形態が一度も単一の世界統治形態に転化しなかったとしており、まさに、この単一の世界統治形態の不在こそが、世界経済のグローバル化を500年もの長期間で持続させた主因であると主張しています。

　ちなみに、彼は、15世紀以前の人類史に関しては、一定の領域においてのみ分業体制が時々存在しており、その一定の領域を覆う単一の統治システムが作動した体制、つまり、帝国と呼べるものが時々存在したとしながらも、決して、単一の世界経済と単一の世界統治というべきものは存在しなかったと断言しています。

　これに対して、筆者は以下の2点で、彼と異なる捉え方をしています。
　まず、1点目ですが、筆者は紀元前にまでさかのぼって、世界の各地域を束ねた分業体制、すなわち、単一の世界経済が存在しており、またそれを維持・強化するための単一の世界統治というべきものが存在していたと捉えています。
　15世紀以前の人類史、とりわけ、紀元前1200年頃以来、ほぼ800年周期で中央ユーラシアをはじめとする「北の民」の越境と定住が繰り返されており、またそれによって、農業をベースとした定住社会が、経済と政治の両面で動揺と変化をほぼ同時期に繰り返してきたことを、どう説明したら

第5章　東アジア人の文化共同体構築のための日韓交流

良いでしょうか。まず、経済の面において、青銅器から鉄器へと、4大文明の発祥地でほぼ同時期に富の生産・配分・蓄積の主な手段が替わっており、それに基づいた農業生産力がほぼ同水準で展開していたのは一体なぜでしょうか。また、新しい統治形態として紀元前後の5－6世紀間というほぼ同時期に、民族国家や帝国が誕生していたのはなぜでしょうか。同様な経済や政治システムが遠く離れていた東西ユーラシアでほぼ同時期に展開していたことについて、単一の世界経済と単一の世界統治の存在を認めず、従来のような偶然の一致として片づけて良いでしょうか。筆者の答えはノーです。紀元後11世紀以降の商業、工業、情報を基盤とする世界経済構造とは異なる、紀元前後のおよそ2000年間を通して農業をベースとした独特な仕組みがあり得るし、また同時に、民族国家や帝国というそれぞれ一定の空間に分かれた経済・政治・文化の共同生活圏が世界各地で簇生しながら、ユーラシア大陸全体で独特な世界統治が機能していたと、捉えるべきではないでしょうか。

　2点目に挙げられるのは、世界経済構造と世界統治権力の規定関係を解明しながら、紀元前・後を通史的に捉えようとする筆者独特のアプローチです。世界統治権力といったら、専制期のローマ帝国に典型的にみられるように、中央集権の専一的で、なおかつ排他的な支配力をもつ統治権力をイメージしやすいが、そもそも世界統治権力というものは、必ずしも特定な時期の固定的イメージで捉える必要はありません。富の生産・配分・蓄積のための中核産業が農業、農業から商業へ、商業から工業へ、そして、工業から情報へと次々と交替してきた人類史を考えれば、それぞれ異なる中核産業によって成り立った世界経済の仕組みが、それぞれ異なることは当たり前といえます。そして、その異なる世界経済の仕組みを維持・強化するために再構築された世界統治権力の形がそれぞれ異なっているのも当然ではないでしょうか。もちろん、同じ中核産業の上に成り立った世界経済といっても、常に変化を続けており、その経済構造の変化に合わせて、グローバル・ガバナンスはいくつかの連続した変化を余儀なくされます。

筆者は、紀元前後の5－6世紀の間、例えば、ローマ帝国と漢帝国には
ほぼ同水準の農業生産力が存在しており、それぞれの定住社会で農民を支配
しながら、同時に、中央ユーラシアの遊牧民をコントロールできた、人類初
の世界統治権力が存在していたと捉えています。この捉え方によってはじめ
て、中央ユーラシアの遊牧民が周期的に移動したこと、またこれに伴い東
西ユーラシアの帝国が盛衰をほぼ同時期に迎えたことが説明できます。
　筆者は、紀元前9世紀の都市国家（王政制Polis）成立からローマ帝国の
共和制までの世界経済の仕組みや統治形態の変化を、紀元後と同じ線上の
歴史的段階として捉えています。つまり、ローマ帝国の専制帝国への転換
と崩壊、ビザンティン帝国と唐帝国の盛衰、その後の10世紀までを、主
に農業生産力に基づく、紀元前9世紀から連続した世界経済構造と世界統
治形態の変化として捉えています。要するに、およそ2000年間に及ぶ人
類史が、農業を中核産業としながら拡大・深化する、同質で連続した世界
経済構造と、それによって規定される、異質で断絶的な世界統治権力の萌
芽・形成・確立・成熟・衰退期として捉えているのです。

　次に、歴史共同体の崩壊と国家の起源について論を進めたいと思います。
　筆者は、紀元前後の5－6世紀の間、東西ユーラシアでそれぞれ農業を
中核産業とした世界経済の仕組みが形成・確立し、それを維持・強化するた
めの統治形態の一部としてのローマ帝国と漢帝国が誕生した、まさにその時
期に、世界各地で民族国家という現在の国家の原型が簇生したことに注目し
ています。これは、世界に連なる諸民族国家と東西ユーラシアの帝国を包括
した世界統治権力が当時どのような働きをしていたか、また、現段階におい
て、その世界統治権力たるものが一体何であり、それがどう機能しているか
を知る上で重要な手がかりになるからです。
　周知のように、農業をベースとした人類史上初の世界経済構造と、その
富の生産・配分・蓄積のメカニズムによって規定された世界統治権力が
ピークに達したときに、富の世界一極集中化と貧富の格差や飢餓・貧困の

第5章　東アジア人の文化共同体構築のための日韓交流

世界化が加速し、その結果としての人間同士の対立や戦争がユーラシア全域にまで顕在化するようになりました。これは一体何を物語るのでしょうか。この２つの出来事を総合的に考えれば、富の世界一極集中化を一層加速させるとともに、貧しい世界の大多数の人々の反乱や反抗を押さえるために、覇権帝国とその傘下にある世界各地の諸民族国家が、一つの世界統治権力として、その機能を請け負っていたことが理解できます。

ここで筆者のいう民族国家とは、農業や牧畜用の土地を富の源とする世界分業網のなかで、度重なる越境による玉突き的な戦や定住に伴う部族間の葛藤や融和が交錯しながら、複数の部族が一定の領域内で共通の経済・政治・文化をもつ共同生活圏を指しています。この時期の東アジア地域では、遼東の遊牧騎馬民族の移動と定住による戦争と平和が絶えず繰り返されるなかで、複数民族間の緩やかで不安定な民族国家の形態過程が長く続けられていました。民族国家が確立した後も、大多数の草の根の東アジア人にとっては、民族国家形成以前の東アジア歴史共同体の一員という共通認識が根強く残されていました。その一例として、紀元後３世紀頃にまで東アジア歴史共同体の一環節であった、韓国南部の伽耶を仲介地とした中国沿岸の港と北九州の地域住民を結ぶ「海洋の民」の歴史共同体意識が、現在も当該地域住民のなかで依然として受け継がれていることが挙げられます。

以上を総括すれば、民族国家をはじめとする現在までの国家は、長い人類史のなかで、主に紀元後の2000年という特定の人類史に限って存在していること、また、世界統治権力を構成する基本要素の一つとして機能している各地域独特な統治形態であること、さらに、世界経済構造の変化によって、常に形を変えながら今に至っていることがいえます。このように、時空の制約によって生まれ変わる国家というものの相対化こそが、私達東アジア人が21世紀の諸問題を解決するために、国家に頼らない共同生活圏としての新しい歴史共同体をつくる際に役に立ちます。つまり、国境を越えて各地方を束ねると同時に、東アジアに閉ざされず世界に開かれた新しい経済の仕組みと地域住民自治の確立に向けた第一歩になるといえます。

第1部　文化・教育・歴史分野における日韓交流

　ここで、注意しておくべきことが2点あります。その1つは、私達人類史の過去・現在・未来のなかで、ある特定の時代の特定の地域で、中央集権の専一的で、なおかつ排他的な国家や帝国が存在するか、あるいは、多極に分権化した相互協調的な統治権力が存在するかは、まず、それぞれの歴史的段階における世界経済の仕組みのなかで、どの主体がどのような中核産業をベースにして、富の世界一極集中化を加速させるかによって左右されている点です。そして、2つ目が、グローバル・ガバナンスの萌芽・形成・確立・成熟・衰退というものは、世界規模での貧富の格差などに伴う人間同士の対立構図の激化によって左右される点です。つまり、当時の世界大多数の貧しい人々自らが主体であることを自覚し、各地域住民の自治権を取りもどそうとするか否かによって決定される、ということです。特に、この2つ目を軽視してはなりません。

　筆者は、人類史を4つの異なる世界経済構造と、それらによって規定される世界統治形態に分けています。さらに、各歴史的段階のなかでも、世界経済の仕組みが連続線上での展開過程に伴い、常に形を変えざるを得ない世界統治形態を萌芽・形成・確立・成熟・衰退期といった5つの段階に細分化して捉えています。
　以下では、世界経済構造と世界統治形態を総合した世界経済体制という概念を新たに使いながら、紀元前9世紀以降の4つの世界経済体制を、中核産業の違いをメルクマールにして、世界農業経済体制、世界商業経済体制、世界工業経済体制、世界情報経済体制と定義することにします。

　11世紀から18世紀末までの間における世界商業経済体制は、世界商業をベースにして新たに形づくられた第2の世界経済体制として考えられます。世界統治形態の基本要素である国家の形は、民族国家から君主国家へと変容していたと考えられます。11世紀から15世紀の間に東西ユーラシアでそれぞれ萌芽期をへた後、大航海時代以降に次々と形成・確立・成熟・衰退期を迎えた世界商業経済体制の4つの段階をまとめたのが表1です。

第5章　東アジア人の文化共同体構築のための日韓交流

表1　16世紀以降の世界商業経済体制の展開過程　（↑：規程関係、↓：重層関係）

世界商業経済体制の諸段階	形成期 重商主義 (16世紀)	確立期 重商主義 (17世紀)	成熟期 重商主義 (18世紀前半)	衰退期 (18世紀後半)
世界統治の維持基盤	神聖ローマ帝国の軍事力	絶対君主王国の軍事力	立憲君主王国の軍事力	覇権君主国の軍事力
世界全矛盾の顕現形態	宗教戦争	王位継承戦争	植民地争奪戦争	植民地拡大戦争
人類の対立構図	君主 vs ローマ教皇の対立	君主 vs 貴族・地主の対立	君主 vs 君主の対立	帝国 vs 植民地間の対立
資本間対立（主要矛盾）	特権商人間競争	商人資本間競争	商業資本間競争	マニュファクチュア資本間競争
階級間対立（基本矛盾）	特権商人 vs 鉱山労働者	商人資本家 vs 農村労働者	商業資本家 vs プランテーション労働者	マニュファクチュア資本家 vs 労働者
富の世界集中	特権商人への集中	オランダ商人への集中	商業資本家への集中	マニュファクチュア資本家の集中
世界通貨体制	金による決済網	金による決済網	金・銀による決済網	手形による多角的決済網
世界貿易体制	統制貿易体制	自由貿易体制	管理貿易体制	保護貿易体制
中核国の国家体制	君主国家の形成期	君主国家の確立期	君主国家の成熟期	君主国家の衰退期
中核国の中核産業	鉱山業	毛織業	雑工業	綿工業
世界分業網の拡張形態	遠隔地貿易	中継貿易	三角貿易	多角的三角貿易
（以上、世界統治形態／以下、世界経済構造）				
商品の世界重層構造	新大陸鉱産品による世界重層化	東南アジア特産品による世界重層化	ヨーロッパの雑工業品による世界重層化	イギリス産綿織物による世界重層化
商品間の規定関係	新大陸貴金属 ↓ 農村加工品	東南アジア特産品 ↓ 毛織物 ↓ 農村加工品	雑工業品 ↓ 西インド熱帯作物 ↓ 東南アジア特産品 ↓ 農村加工品	イギリス産綿織物 ↓ インド産綿織物 ↓ 雑工業品 ↓ 西インド熱帯作物 ↓ 東南アジア特産品
資本の世界重層構造	特権商人間重層化	商人資本間重層化	商業資本間重層化	マニュファクチュア資本間重層化
支配的銀行形態	スペイン商人資本	オランダ商人資本	オランダ金融業者	イギリス投資銀行
支配的企業形態	再配分企業体	オランダ東インド会社	イギリス東インド会社	イギリス投資会社

95

そして、18世紀末以降は、産業革命から始まった機械制大工業化をベースとした、人類史第3の世界経済の仕組みと世界統治の形がつくられ、全地球規模にまでその影響力が拡大・深化していた世界工業経済体制が出現しました。この体制下の各国国家体制は国民国家であったと捉えられます。

以下では、世界工業経済体制にしぼって詳しくみることにしましょう。

18世紀半ばになると、フランスとの7年戦争（1756－1763）で勝利したイギリスが、アフリカ奴隷貿易、新大陸植民地での食糧生産、西インド諸島のプランテーション農業を結ぶ大西洋経済圏の新たな覇者となりました。これをベースにしてはじめて、産業革命による機械制大工業化が可能となり、大量に生産された綿製品の新たな輸出基地を求めインドを植民地化しました。そして、インド綿を駆逐した後、中国産お茶を輸入するための銀を手に入れるために、インド産アヘンの対中国輸出を軍事力でもって進めることになりました。この過程で、イギリスは、綿工業に加えて、鉄道業を新たな中核産業とした世界経済構造を強化していきました。このようにして、1820年代から1870年代までは、世界工業経済体制の形成期、いわば、「世界産業資本体制」が形づくられたと考えられます。

そして、1870年代の世界大不況のもとで、高付加価値品の開発を目指して重化学工業化が急速な進歩を遂げました。そして、1882年に、イギリスがエジプトを保護国化したことを契機に、原材料の調達、資本の輸出先、商品の輸出先としての植民地獲得競争が帝国間で激化していきました。つまり、1880年代以降、国際企業・銀行による重化学工業化という新たな富の蓄積体制が築かれるなかで、帝国主義と呼ばれる新たな世界統治形態が確立していったといえます。帝国の国際資本間の競争が激しくなるなかで、人間同士の対立は、帝国間の覇権争いにすり替えられて顕在化しました。筆者は、1880年代から第1次世界大戦を挟んだ1920年代までの時期を世界工業経済体制の確立期とし、その名を「世界覇権帝国体制」と呼んでいます。

第5章　東アジア人の文化共同体構築のための日韓交流

　1920年代は再び大不況が世界規模にまで波及していきました。保護貿易への政策転換と金本位制からの離脱が帝国間で相次ぐなかで、新たな富の源泉としての機械関連製造業が急速に発達しました。米国を皮切りに、先進諸国は、保護貿易、財政支出の拡大、通貨増発による低金利など、国内市場の確保と拡大を優先する「内包的工業化」路線へと政策を転換しました。しかし、この政策では、機械関連製造業の著しい生産力発展に比べ世界市場の拡大が追いつかず、過剰生産能力が両戦間期を通して急拡大することになりました。自ずと各国間での資本間競争が激化し、そのあげく、究極の市場拡大策といえる第2次世界大戦が勃発しました。
　戦後では、米国のブレトンウッズの国際会議の場で、世界資金循環の自由度を制限する固定相場制が金・ドル本位制という形で採択されると同時に、市場拡大を求める米国多国籍企業主導の漸進的な自由貿易体制が採られました。1950年代後半から60年代にかけて、米欧日相互間で企業の多国籍化が活発となりました。そして、再び大不況に見舞われた1970年代になると、多国籍企業・銀行の対途上国進出が本格化してきました。この過程で、先進国と途上国間での所得格差が拡大し、また、飢餓や貧困が一次産品の輸出国である途上国で蔓延するなど、国民国家を単位とした「南北問題」が顕在化してきました。1930年代以降、機械関連製造業を新たな中核産業とした「世界覇権国家体制」、つまり、世界工業経済体制の成熟期に当たるこの時期は、1970年代の先進国の脱工業化と産業の空洞化とともに急速に衰退することになりました。

　以上の歴史的諸段階をへながら、私達人類は、富の生産・配分・蓄積をめぐる人間同士の対立を一層激化させてきました。1980年代は、情報革命が始まるまったく新しい段階に入り、世界情報経済体制の萌芽期として位置づけられると、筆者は考えています。続く1990年代は、早くも世界情報経済体制が形成されることになり、筆者はこの体制を「世界覇権資本体制」と呼ぶことにしています。2000年代以降では、世界の富を独占す

る一握りの超国籍資本家と、飢餓や貧困に喘ぐ大多数の人々との間で、所得格差がさらに開き、その両極分化が一層進むことが予想できます。そのなかで、このような世界経済の仕組みを維持・強化するために、世界経済・環境・危機管理体制が超国籍資本と超国家的機関の協力のもとで次々構築されつつあります。ところが、そのコストは世界各国の貧しい人々にのしかかることになっています。

　繰り返しになりますが、これをすべて統括できる世界統治権力が、どのような形で、いつ確立するかは、世界労働可能人口がそれを受け入れるか、または、抵抗しつづけるかによって、大きく左右されることになります。また同時に、世界各国の国家体制が国民国家から市場国家へと大きく転換していますが、それがいつ、どのような形で、世界統治形態の一環節に組み込まれるかについても、世界各地の貧しい地域住民の実践が21世紀の新しい歴史共同体の構築として実るか否かによって、左右されるといってよいでしょう。

　次は、人類史をふりかえりながら、人間同士の対立構図の展開過程を鳥瞰することにしましょう。
　およそ1万年前の農業革命以来、商業・産業・情報革命を次々と成し遂げてきた私達人類は、富の生産・配分・蓄積をめぐっての争いも繰り返してきました。現段階世界経済体制に至るまでの全過程を、中核産業の交替、統治形態の転換、人間同士の対立の激化を中心にまとめたのが表2です。

第5章　東アジア人の文化共同体構築のための日韓交流

表2　人類の歴史的諸段階における人間同士の対立構図

B.C. 3万3000年	Cro-magnon Man、Grimaldi Man
B.C.8000年	新石器使用、農業革命
B.C.5000年	4大文明、農耕法・灌漑の開始、部族国家・局地農業経済体制の萌芽
B.C.3000年	青銅器と文字使用、部族国家・局地農業経済体制の形成・確立・成熟
B.C.12－10世紀	鉄器を持つ「北の民」の大移動、部族国家・局地農業経済体制の衰退
B.C. 9世紀	王政制のPolis、農業・商工業の発達、「海の民」フェニキア、ギリシア、西周
B.C. 8世紀	貴族寡頭制のpolis、ギリシア文化（多神論、合理的）、奴隷制 東周（春秋：B.C.770－476）、儒教（Confucianism: 無神論、現実的）
B.C. 5世紀	アテネ・スパルタ・ペルシア、東周（戦国：B.C.475－221）、民族国家・世界農業経済体制の萌芽
B.C. 3世紀	ヘレニズム、秦、民族国家・世界農業経済体制の形成
B.C. 2－A.D. 3世紀	シルクロードによる世界商業の発達、ローマ帝国、漢帝国 民族国家・世界農業経済体制の確立
A.D. 4－8世紀	「北の民」Hun族の大移動、西ローマ帝国の崩壊 「北の民」主導の南北の大融合、五胡十六国・南北朝時代 ・西ユーラシア:Hellenismに対して、Hebraism（一神論、超歴史）の優位 ・東ユーラシア:Confucianismに対して、Buddhism（有神論、超歴史）の優位 フランク・ビザンティン・イスラム・唐帝国、民族国家・世界農業経済体制の成熟
A.D. 9－10世紀	「北の民」バイキング・ハンガリー族の大移動、神聖ローマ帝国、五代十国

第 1 部　文化・教育・歴史分野における日韓交流

11－12世紀	商工業の萌芽、貨幣経済の活性化、十字軍運動（1096－1270）東西ユーラシアで Hellenism と Confucianism の復権
13世紀	「北の民」蒙古による大陸シルクロードの復元、世界商業網の復元
14－15世紀	東西ユーラシアのルネサンス、商工業の発達、商品・貨幣・私有経済の発達、ポルトガルによる大航海時代、海のシルクロードによる世界商業の活性化、君主国家・世界商業経済体制の萌芽
16世紀	宗教改革、重金主義、商業革命、価格革命、<u>君主 vs ローマ教皇の対立</u>、君主国家・世界商業経済体制の形成
17世紀	重農主義、オランダ（ネーデルラント）・フランス・イギリス帝国の東インド会社を通した世界商業の本格化、<u>君主 vs 貴族・地主の対立</u>、君主国家・世界商業経済体制の確立
18世紀前半	重商主義、イギリスとフランス間の植民地争奪戦争の激化、イスラム・東アジアの中国商人によるアジア商業網の発達、<u>君主 vs 君主の対立</u>、君主国家・世界商業経済体制の成熟
18世紀後半	イギリス帝国による大西洋貿易網の掌握、貿易差額制度、産業革命の開始、アメリカ・フランス革命、君主国家・世界商業経済体制の衰退
18世紀末－1810年代	イギリス産業革命（綿工業）の完成、イギリス帝国による世界経済圏の支配、国民国家・世界工業経済体制の萌芽
1820年代－1870年代	機械制大工業化（綿工業・鉄道業）、イギリス帝国による世界経済の空間的拡大の完了、東インド会社の権限縮小、<u>資本家 vs 労働者の対立</u>、国民国家・世界工業経済体制の形成（＝世界産業資本体制）
1880年代以降－1920年代	重化学工業化、金本位制による多角的決済網の確立、植民地の再分割戦争の激化、<u>覇権帝国 vs 覇権帝国の対立</u>、帝国本国と植民地間での基本矛盾の激化、国民国家・世界工業経済体制の確立（＝世界覇権帝国体制）
1930年代以降－1960年代	機械関連製造業（自動車・家電）への中核産業の交替、国家主導の内包的工業化、インフレ政策、南北問題の激化、<u>覇権国家 vs 覇権国家の対立</u>、国民国家・世界工業経済体制の成熟（＝世界覇権国家体制）
1970年代	金・ドル本位制と固定相場制の崩壊、国民国家・世界工業経済体制の衰退
1980年代	産業の情報化、金融のグローバル証券化、多国籍企業・銀行の超国籍化、世界通貨危機に対する管理体制構築、市場国家・世界情報経済体制の萌芽
1990年代	企業・金融構造改革の世界化、WTO・IMF による世界貿易・通貨体制の構築、飢餓・貧困の蔓延、環境破壊の世界化、DNA 操作による生命改造、<u>超国籍資本 vs 超国籍資本の対立</u>、市場国家・世界情報経済体制の形成（＝世界覇権資本体制）
2000年代以降	富の世界一極集中化と飢餓・貧困の世界化、階級の両極分化、世界経済・環境・危機管理体制の構築、人類初の「世界帝国」誕生の可能性、<u>超国籍資本家 vs 世界労働可能人口の対立</u>、市場国家・世界情報経済体制の確立（＝世界超国籍資本体制）

第5章　東アジア人の文化共同体構築のための日韓交流

　今後、経済のグローバル化が一層加速していけば、一握りの超国籍資本家と大多数の貧しい人々との間の所得格差は極限にまで開き、世界規模で両極分化された人間同士の対立は最高潮に達するに違いありません。そのなかで、次に誕生する世界統治権力の形は、国境という垣根を乗りこえ人類史上はじめて全地球を覆う単一の「世界帝国」のもとで、一握りの超国籍資本家が世界大多数の人々の環境権を直接奪い取るものになる可能性が濃厚です。2001年の9.11以降、私達はこのような人間同士の新しい対立構図と「世界帝国」への方向性を肌で感じるようになっています。このような2000年代以降の世界経済体制は、超国籍資本家という一握りの人間集団が世界大多数の貧しい人々を完全支配できる体制にほかなりません。今後、環境権をめぐる人間同士の対立、つまり、グローバル・キャピタリスト対グローバル・ヒューマニストの争いはますます激化していくに違いありません。

　そうなると、現段階の世界経済体制下で、一定空間を中心に共通の経済・環境・文化を共有する国家という枠組みは、今後このような対立構図を避ける上で、有効に機能することができるのでしょうか。答えはノーです。超国籍資本のために国家体制を国民国家から市場国家へと改造する過程で、各国政府は再び自国の利益を優先する民族や国家ナショナリズムという古い旗を翻しています。国家間で互いに競い合っているようなふりをしながら、実は、国内では更なる所得格差、飢餓や貧困の蔓延に対して無策に近い自由放任政策を貫いています。その結果、各国の大多数の貧しい人々同士がむやみな対立に巻き込まれています。各国の貧しい人々が、力を合わせて自らの環境権を取り戻すためには、このような民族や国家ナショナリズムの高揚は大きな足かせになるだけです。国家の代案として、主体である地方自治体住民が教育・研究機関、NGO／NPOと協力しながら、国境を越えた新しい歴史共同体を世界各地で同時多発的に構築していく必要があると、筆者は強く感じています。

　現段階世界経済体制下で、人間同士の対立がどのようなメカニズムに

よって激化されているかを的確に捉えることが先決課題です。その上で、近未来の平和構築に向けての新しい歴史共同体をどうつくるかを具体的に析出していかなければなりません。

3．世界「反平和」を断ち切るための実践課題

　情報関連超国籍資本による富の蓄積体制の再構築から、環境権の縮小・剥奪といった世界「反平和」の顕在化に至るまでの規定関係と、近未来の人間同士の対立構図を的確に捉えるために、以下の「７つの標識」を用いて説明することにしましょう。①超国籍資本による富の世界一極集中化の再構築の加速に伴う超国籍資本を頂点とした資本間の世界重層化、②産業の情報化と金融のグローバル証券化に伴う超国籍資本主導の産業／金融間の世界重層化、（①～②：世界経済構造の転換過程）、③世界各国の企業・金融構造改革、医療・福祉・税制改革に伴う、国民国家から市場国家への国家体制の転換、④超国籍資本による富の世界一極集中化を促すための世界経済管理体制の構築、⑤大量生産・消費・廃棄に伴う貧しい大多数の人々の自然環境権の縮小・剥奪と世界環境管理体制の構築、⑥富の世界一極集中化とコインの表裏の関係にある飢餓・貧困の蔓延と「種の終焉」の危機に伴う超国籍資本家対世界労働可能人口間の両極分化、⑦人間同士の対立構図の激化に伴う世界危機管理体制の構築と大量殺戮戦争の蔓延（③～⑦：世界統治形態の転換過程）が、その「７つの標識」です。この標識相互間での規定関係を①から⑦まで明らかにしていけば、現段階世界経済体制の仕組みと近未来の世界統治権力のあり方が解明できると考えられます。この捉え方を、筆者は、世界経済体制論アプローチと呼んでいます。

　世界工業経済体制の確立・成熟・衰退期、そして、世界情報経済体制の萌芽・形成・確立期における７つの標識間の内的連関をまとめたのが表３です。これをみながら、それぞれの段階において、支配的資本による富の蓄積体制のメカニズムとその変化に伴い、最終的には人間同士の対立構図が全面的に規定されることを確認しておきましょう。

第5章　東アジア人の文化共同体構築のための日韓交流

表3　1880年代以降の世界経済体制の展開過程　　　（←：規程関係、↓：重層関係）

世界経済体制の諸段階	世界工業経済体制の確立期 (1880's～1920's)	世界工業経済体制の成熟・衰退期 (1930's～1970's)	世界情報経済体制の萌芽・形成・確立期 (1980's～?)
世界統治の維持基盤	覇権帝国主導の軍事力	覇権国家主導の軍事力	超国家的機関主導の軍事力
世界全矛盾の顕現形態	帝国内の搾取の深化→帝国間戦争	体制内の搾取の深化→国家間戦争	グローバル搾取の深化→階級間戦争
人類の対立構図	帝国内の階級の両極分化	体制内の階級の両極分化	階級の世界両極分化
資本間対立（主要矛盾）	帝国資本間の覇権競争の激化	各国資本間の覇権競争の激化	超国籍資本間での覇権競争の激化
階級間対立（基本矛盾）	帝国本国の資本家と植民地労働者間対立	体制内各国での資本家と労働者間対立	超国籍資本家と世界労働可能人口間対立
富の世界集中	国際資本家へ集中	多国籍資本家へ集中	超国籍資本家へ集中
世界通貨体制	金本位の固定相場制下での多角的決済網	金為替本位の管理相場制下での多角的決済網	ドル本位の完全変動相場制下の世界投資網
世界貿易体制	覇権帝国主導の自由貿易体制	覇権国家主導の管理貿易体制	超国家的機関主導の自由貿易体制
中核国の国家体制	国民国家の確立期	国民国家の成熟・衰退期	市場国家の萌芽・形成期
中核国の中核産業	重化学工業	機械関連製造業	情報関連産業
世界分業網の拡張形態	資本輸出	国際直接投資	M＆A＆A（買収・合併・提携）

（以上、世界統治形態／以下、世界経済構造）

産業間の規定関係	帝国内本国と植民地間の重層化	体制内各国間の重層化	各資本間の世界重層化
	重化学工業 ↓ 軽工業 ↓ 一次産業	機械関連製造業 ↓ 重化学工業 ↓ 軽工業 ↓ 一次産業	情報関連産業 ↓ 機械関連製造業 ↓ 重化学工業 ↓ 軽工業 ↓ 一次産業
資本の世界重層構造	帝国内国際資本間の重層化	体制内多国籍資本間の重層化	超国籍資本による世界重層化
支配的銀行形態	国際銀行	多国籍銀行	超国籍銀行
支配的企業形態	国際企業	多国籍企業	超国籍企業

第1部　文化・教育・歴史分野における日韓交流

　表3の右欄を取り上げて、その一番下から上へとみていきましょう。ことの始まりとして、超国籍資本自らが資本間の世界重層構造を再構築しながら、情報革命による生産力発展の成果を自社の組織形態のなかへ包摂していきます（第1標識）。そして、その過程で、情報関連産業を頂点とする産業間の世界重層化が加速していきます（第2標識）。

　さらにそれを後押しする形で、超国籍資本の意向を受けた各国政府が市場原理に基づいた規制緩和と新たな国民負担を強いる小さい政府へと政策を転換していきます（第3標識）。また同時に、WTOやIMFなどの世界貿易・通貨機構の政策転換が進められ、貿易・投資自由化と知的所有権の保護が世界規模で一気に加速します。以上の連鎖的な規定関係を通して、グローバル・キャピタリズムの確立に向けての世界経済の新たな仕組みが整えられていきます。このようにして、富の世界一極集中化過程がほぼ完成していくのでしょう（第4標識）。そして、地球環境破壊が同時進行しており、これに対する超国家的機関主導の国単位の世界環境管理体制は効果を上げるどころか、「種の終焉」の危機をますます深刻化させています。IT・ET超国籍資本による富の一極集中化に伴い、とりわけ、東アジア地域は世界一の大量生産・大量消費の集積地になり、大量の生活・産業廃棄物の投棄による陸・海・空の生態系が破壊されつつあります（第5標識）。

　以上のような世界経済・環境管理体制の構築に伴い、飢餓や貧困の蔓延といった生存権を剥奪する社会環境悪化が地球規模で同時に多発するとともに、鳥インフルエンザやSARSなどの伝染病の蔓延、遺伝子操作による生命改造の暴走、少子化と高齢化に伴う世代間格差の開き、家庭破壊や学校崩壊に象徴されるような人間性の喪失、国境を越えた出稼ぎ労働者や難民の急増などが加速します。つまり、社会環境・自然環境権の縮小・剥奪とともに、超国籍資本家と世界労働可能人口間での格差が極限まで開いていきます（第6標識）。

　さらに、環境権を奪われ生き延びるのが限界に達した世界の貧しい人々は、大量殺戮戦争の蔓延により、極限まで苦しめられることになります。貧しい人々の抵抗が次第に強められていくなかで、これを押さえるために

第5章　東アジア人の文化共同体構築のための日韓交流

世界危機管理体制が構築されていきます。またこの過程で、テロに対する報復戦争といった大量虐殺が絶えず、人間同士の対立構図は極限にまで達しています。要するに、現段階での人類の対立は、国民国家を単位とした先進国と途上国間での経済格差、いわゆる「南北問題」といわれるものに留まらず、国籍や国境によってはその格差構造を線引きできないほど、一国内での格差構造が拡大していく、いわば、「新・南北問題」が顕在化してきたといえます（第7標識）。

　以上が、世界情報経済体制下で、人間同士の対立が世界規模で顕在化しているメカニズムです。総じていえば、富の生産・配分・蓄積をめぐる超国籍資本間の覇権争いと、世界で両極分化された人間同士の争いが同時に噴出しており、その結果、一握りの超国籍資本家が、飢餓や貧困に喘いでいる世界の大多数の人々を完全支配する構造が固まりつつあると、いわざるを得ません。

　また、この過程で、国民国家に取って代わる新たな国家体制としての市場国家が出現しており、テロに対する報復や先制的自衛権の行使という名分で、超国籍資本家による、超国籍資本家のための、超国籍資本家の新しいグローバル・ガバナンス、すなわち、世界統治権力を握る「世界帝国」が形成・確立していくと考えられます。

　そして、世界の大多数の人々は、さまざまな移行コストを一方的に強要されています。例えばまず、超国籍資本の情報関連産業化とグローバル証券化に伴うリスクの最後の貸し手である各国政府がそのコストを国内の貧しい人々に間接税や住民税として徴収しようとすることが挙げられます。またこれに留まらず、京都議定書発効にみられるような世界経済・環境管理体制の構築と、テロに対する世界危機管理体制の構築に伴うコストを世界各国の貧しい人々に強要していることも挙げられます。

　このようにして形成されていく新しい世界統治権力の担い手は、全地球を覆う、文字通りの人類史上はじめてで最強の「世界帝国」と呼べるものになるでしょう。その「世界帝国」は、紀元後ほぼ2000年の間、目にみえる覇権帝国やさまざまな国家という形を通して、いわば「見える統治」をし

第1部　文化・教育・歴史分野における日韓交流

てきた世界統治権力に代わって、「見えざる統治」を担いうる世界統治権力へと脱皮した巨大な怪物（地球上には元々いなかったという意味において）といえるでしょう。その「世界帝国」のグローバル・ガバナンスの基盤は、超国家的機関である国連などを媒介とした、情報関連技術や原子力技術によって再武装された超国籍軍が担っていくことが、すでに方向付けられています。

　今後、増幅する世界「反平和」的状況を断ち切って、グローバル・ヒューマニズムの社会を構築するためには、私達世界の貧しい大多数の人々が何をすべきかについて、一緒に考えたいと思います。
　すでに述べたように「7つの標識」に沿って、第1標識から第7標識までの標識相互間の内的連関を断ち切ることが重要です。ところで、実際には、世界各国の人々が同時に取り組むべき課題（第1－4課題：A群）と、国境を越えた地域住民、とりわけ、東アジア人が協力して取り組まなければならない課題（第5－7課題：B群）に分けて、実践する必要があると思います。その実践課題をまとめたのが表4です。

表4　真の世界平和構築のための7つの実践課題

A．<u>世界各国の人々が同時に取り組むべき課題</u>
1．超国籍資本のための各国の企業・金融構造改革を阻止する。
2．超国家的機関による各国経済・環境政策への介入や監視・監督に反対する。
3．超国籍資本による富の世界独占に伴う環境権の縮小・剥奪を断ち切る。
4．世界危機管理体制の構築に伴う世界「反平和」的状況を断ち切る。
B．<u>国境を越えた地域住民が協働で取り組むべき課題</u>
5．当該地域での格差構造をくい止めるための「世界地域通貨」を創設する。
6．当該地域での大量廃棄をくい止めるための「陸・海・空を護る会」を創設する。
7．当該地域での文化共同体を構築するための「超国籍人」教育に取り組む。

第5章　東アジア人の文化共同体構築のための日韓交流

　A群の第1課題は、産業の情報化と金融のグローバル証券化を世界各国で加速させるために、情報関連超国籍資本主導のもとで、各国政府が推し進める企業・産業／銀行・金融構造改革の流れを断ち切るための課題といえます。そのためには、超国籍資本の蓄積水準、組織形態や行動様式といった富の新たな蓄積体制を的確に捉えなければなりません。続く第2課題はWTO、IMF、国連などの超国家的機関が、世界貿易・通貨体制の再構築と新たな世界経済・環境管理体制の構築を進めるために、世界各国の企業・産業／銀行・金融構造改革へ干渉することを阻止するための課題といえます。

　第3課題は、飢餓や貧困が蔓延し、地球環境破壊や「種の終焉」の危機が加速するなかで、貧富の格差が極限にまで開く背景には、IT・ET超国籍資本家による富の世界一極集中化が横たわっているという認識に立って、社会環境・自然環境破壊の悪循環を断ち切るための課題です。

　そして、第4課題は、アフガニスタン爆撃やイラク侵攻にみられるように、国連などの超国家的機関が世界危機管理体制を構築していくことに反対するための課題です。なぜなら、超国籍資本は、このような新しい危機管理体制を通して、富の世界独占を一層加速することができるし、同時に、世界の貧しい人々の抵抗をより効果的に押さえることができるからです。

　「7つの標識」と関連づけてみると、A群の第1課題は第1・2・3標識に関わっていることが分かります。情報関連超国籍企業を頂点とした企業・産業の世界重層化と超国籍銀行主導の銀行・金融の世界重層化を促す目的で、超国籍資本主導で進められる世界各国の企業・銀行構造改革に反対する必要があります。また、第2課題は第4・5標識と関わっていることが分かります。IT・ET超国籍資本が世界経済重層化を一層加速させ、世界の富を極限にまで独占するために、世界経済・環境管理体制をつくり、その監視・監督を媒介にして世界各国政府の構造改革を一層加速させようとする思惑に反対しなければなりません。第3課題は第6標識と、第4課題は第7標識とそれぞれ関わっています。上述したように、世界経済のグローバリゼーションによる人類の両極分化、つまり、一握りの超国籍資本家と

大多数の世界労働可能人口間での対立構図が激化しています。そのなかで、世界規模で貧しい人々の抵抗を抑えるために新たな危機管理体制が構築されています。この管理体制下で、貧しい人々同士がむやみな対立をすることをやめさせ、真の世界平和を実現するための実践課題といえるでしょう。

以上の7つの実践課題を通して、グローバル・ヒューマニズムに基づいた新しい歴史共同体を構築することが、今私達人類に求められています。今こそ、私達人類が「対等な人格」を認め合い、人間が人間らしく生きられるグローバル社会を構築するための第一歩を踏み出すべきではないでしょうか。

さて、B群の課題は、私達東アジア人が、まず東アジア地域において、いかにして草の根の東アジア歴史共同体を構築するかに関わる課題です。つまり、グローバル・キャピタリズムとグローバル・ガバナンスが完成していく近未来の世界経済体制に対して、私達人類が東アジア地域において、環境権を剥奪する世界「反平和」的状況に立ち向かいうるための実践課題といえます。グローバル・ヒューマニズムに基づいた東アジア人経済・環境・文化共同体構築を通して、新しい東アジア歴史共同体を築くために、地方自治体の住民が主体となって、国境を越えた地域住民自治を形成・確立していかなければなりません。以下では、それを具体的に検討していきましょう。

4．東アジア青少年のための「超国籍人」教育の課題

まず、東アジアの社会環境・自然環境破壊の悪循環を断ち切って、東アジア人経済・環境共同体を構築するためのB群の第5・6課題について、詳しくは第10章に委ねることにし、ここではごく簡単にふれることにしましょう。

第5課題は、東アジアにおける富の独占と飢餓・貧困の蔓延に伴う貧富格差の拡大を断ち切るために、ドルや円といった世界の法定通貨を使わず、「東アジア地域通貨」を媒介としたボランタリー経済圏を拡大しよう

とする取り組みです。草の根の東アジア歴史共同体を構築していく上での先決課題といえます。

　第6課題は、再生可能な自然エネルギーの共同開発・利用の枠組みを構築していくとともに、大量生産・大量消費・大量廃棄によって、世界一の最終埋立地と化した東アジア海を護るための枠組みづくりです。つまり、東アジア海を公共財とする私達東アジア人が環境権を取り戻すために、協働で東アジア循環型社会を構築しようとする実践課題といえます。世界大多数の貧しい人々が自らの環境権を取り戻すために、国境をまたがる各地方を単位とした新しい地域経済の仕組みと地域住民自治の確立を通して、各地域で草の根の経済・環境共同体を同時に構築しようとする取り組みといえるでしょう。その一軸が、「東アジア地域通貨」を介した東アジア人経済共同体の構築、そして、もう一つの軸が、国境をまたがる再生可能な自然エネルギーの技術開発と産業化を媒介とした東アジア人環境共同体の構築、ということになります。

　ところで、このような東アジア人経済・環境共同体を実現するにあたって、東アジア人文化共同体構築の取り組みを避けては絶対に通れません。つまり、B群の第7課題が緊急かつ重要なものといえます。筆者のいう東アジア人文化共同体構築の目標は、グローバル・ヒューマニストとしての新しい東アジア人の形成、すなわち、「超国籍人」の形成にほかなりません。東アジアの地域住民が、真の世界平和を構築するための主体であることに目覚め、国境を越えた連帯を強めながら東アジア地域住民自治を確立していくことが、この第7課題の核心といえるでしょう。私達東アジア人、とりわけ、既成世代の地域住民自らが「超国籍人」として生まれ変わること、そして、次世代を担う青少年のために、さまざまな「超国籍人」教育のプログラムを提供しつづけなければなりません。

　東アジア青少年の「超国籍人」教育の中身として、筆者は次の3つが重要だと考えています。

第1部　文化・教育・歴史分野における日韓交流

　第1に、現段階の民族や国家ナショナリズムの高揚によって、東アジアの貧しい人々同士をむやみに対立させる昨今の「反平和」的現状を打開するプログラムが欠かせません。その上で、東アジアの貧しい人々、とりわけ、次世代を担う青少年が、東アジアの同じ地域住民として、現在と近未来の共通問題を協働で解決しようとする共通目標が芽生えるようなプログラムでなければなりません。
　第2に、上記の東アジア人経済・環境共同体の構築と融合したプログラムとして、国境を越えた相互扶助のボランティア活動と東アジア循環型社会を目指す環境教育のプログラムが必要です。これを通して、国籍や国境をまたがった「超国籍人」としての草の根の東アジア人を養成することがとても重要です。
　第3に、一同に集まって互いの悩みや成果を報告したり、議論したりする共同祭など、草の根の東アジアの地域住民と青少年同士が連帯を強めるためのプログラムが欠かせません。
　このような3種類のプログラムを通して、新しい東アジア人文化共同体が構築できると考えられます。この新しい文化共同体の構築は、東アジア人経済・環境共同体の構築と併せて、21世紀の草の根の東アジア歴史共同体を構築する上で、絶対欠かせない緊急かつ重要な課題といえます。

　それでは、新しい東アジア歴史共同体構築を担う主体を育てる「超国籍人」教育について、上記の3種類の各実行プログラムの例を具体的に取り上げることにしましょう。
　第1のプログラムとして、東アジア各国における民族や国家ナショナリズムの暴走、さらには、地方自治体や個人のエゴの蔓延に対して、あらゆる方面で、非暴力的に取り組むのが急務です。なぜなら、これらの競争や差別によって、私達東アジア人の一体感が脅かされるからです。まず、近未来のグローバル・キャピタリズムとグローバル・ガバナンスに立ち向かいうる「敬天・敬人・敬物」のグローバル・ヒューマニストを育てるためには、東アジア人の過去・現在・未来に関する共通歴史認識をもつことが

第5章　東アジア人の文化共同体構築のための日韓交流

必要です。また、そのための共通の東アジア歴史教科書が欠かせません。その試みの1つが、2005年4月、日本の広島市と韓国の姉妹都市大邱市の中学と高校の教師11名が日韓両国でほぼ同時に刊行した、日韓共通歴史教材『朝鮮通信使：豊臣秀吉の朝鮮侵略から友好へ』です。周知のように、2001年6月、「新しい歴史教科書をつくる会」が、中学社会・歴史的分野での教科書を扶桑社から出版し、文部科学省がこれを検定に合格させました。これに対し、2001年6月に、広教組と韓国全教組大邱支部が、日韓姉妹都市の地域住民を視座に据えた共通教材づくりをスタートしました。今後、さらに、日韓の近・現代史を対象とした教材づくりも予定しています。

　第2のプログラムとして、21世紀の東アジア歴史共同体の住民としての生き方や自己目標を堅実なものにするためには、東アジア地域住民が一同に参加する、経済・環境共同体構築のための教育プログラムが数多く企画・実施されなければなりません。そのためには、私達東アジア地域住民が、国内だけの社会環境や自然環境問題に目を奪われず、国境をまたがる経済や環境問題に意識的に取り組まなければなりません。また、次世代を担う若い世代のボランティア活動や野外環境教育を東アジア地域のさまざまな現場で行う必要があります。その取り組みの良い例が、2005年8月に、日本北九州市の曽根干潟、韓国郡山市のセマングム干拓地、そして、中国大連市の干潟を回りながら、3か国の子どもが国境を越えて生きる渡り鳥の生態を調査する「東アジア干潟の学校」が、はじめて中国を入れて開かれたことです。これは、東アジアの干潟の大切さを絶滅危機に瀕した全長31㎝のズグロカモメを通して、体験学習ができるように、2003年から北九州市の小中高の教師を中心とした「日韓子ども干潟交流実行委員会」が、企画したものです。この取り組みは東アジア人文化共同体を担う草の根の東アジア人を養成する上で、とても大切なプログラムといえるでしょう。

第1部　文化・教育・歴史分野における日韓交流

　第3のプログラムとしては、東アジア人が協働でつくって一同に楽しめる「東アジア人大同祭」を毎年定期的に開催することが必要です。とりわけ、2000年前の紀元前後の東アジアで、つまり、帝国や民族国家の形成によって東アジア人がバラバラになる前に、大多数の草の根の東アジア人が共有した稲作文化を生かすことはとても良い考えです。具体的にいえば、ズグロカモメのように、国境をまたがる生活圏で共に生きる私達東アジア人が、国籍、世代、個人間のさまざまな格差をのり越え、藁を編むように相互信頼の土台を築く「大綱引き祭り」が考えられます。これは、東アジア人共通の伝統祭りを各地方の姉妹都市間で復活させることで、新しい東アジア人文化共同体、ひいては東アジア歴史共同体を構築する上で、心の拠り所や活力の源になると考えられます。実際に、2005年10月に、日本の広島修道大学と韓国の姉妹都市大邱市の姉妹大学・啓明大学が共同で主催し、戦後日本ではじめて韓国式大綱引き祭りを開きました。広島修道大学の学生が5月に田植えに参加し、9月には脱穀作業を手伝うことで、4トンの藁づくりに半年前から関わってきました。韓国慶尚南道の霊山韓国伝統文化保存会から金淙坤会長をはじめ指導者8名が広島を訪れました。その指導のもとで、啓明大学学生40名と広島修道大学学生30名が4日間で、直径50センチ、長さ35メートルの雌綱と雄綱を2本つくりました。そして、10月16日に広島市中央公園で開催された国際交流フェスティバル「広島ペアセロベ（"Peace　Love"のスペイン語読み）」で、全長70メートルの綱引きが実現しました。当日は啓明大学サムルノリ部の学生20名がパレードに参加して、伝統的な韓国の祭りの雰囲気をもりあげました。そして、多くの日韓地域住民が一同に参加して、3回の綱引きが行われました。今後、このような日韓大同祭は東アジア人文化共同体構築のための1つのモデルになると思われます。

　ここで、もう一度強調しておきたいことがあります。グローバル・キャピタリズムとグローバル・ガバナンスが同時進行する現段階のグローバルな諸問題を解決し、真の世界平和を構築するためには、東アジア歴史共同

体、すなわち、東アジア人経済・環境・文化共同体の構築を、バラバラに進めるのではなく、3つの共同体づくりを融合した形で同時に取り組まなければならない、ということです。したがって、上記の3種類の各実行プログラムを総合的に組み入れた東アジア人文化共同体を構築することが重要です。これは、現段階と近未来の世界経済体制に対抗して世界平和を構築するための「第一歩」といえます。

　このような草の根の東アジア人文化共同体の構築に向けて、その担い手になる「超国籍人」を形成・確立する上で避けて通れないのが、国境を越えて生きる少数民族の生き方と近未来の自己目標をいかに形成するかという課題です。
　以下では、このような少数民族をめぐる東アジア地域住民のコンセンサスを形成する上で欠かせない、在日韓国・朝鮮人（以下、在日と称す）青少年の教育の現状と課題に論をしぼります。そして、在日青少年を中心として、東アジア人の新しい歴史共同体構築のための実践課題を析出していくことにしましょう。特に在日3・4世が中心となる在日青少年の「脱国籍化」、ひいては、「無国籍化」傾向に対して、在日1・2世と異なる新しい生き方や近未来の自己目標は何であり、どのようにしてそれを育てていくかを、具体的に考えていきます。

　前に述べたように、現段階のグローバル社会は、情報革命に伴う文明の利便性の増大という「光」の面と、貧富の格差や人間性の喪失、地球環境の破壊、大量虐殺戦争の多発という「陰」の面が同時に進行しています、まさにコイン表裏の両面に例えられます。さらに、青少年の生きる力の喪失、学校崩壊への危機、不登校生徒の急増、青少年犯罪の増加と暴力の凶悪化など、世界の青少年に共通してみられるこれらの諸問題は、弱肉強食の世界経済体制の確立過程で必然的に生まれたものにほかなりません。
　今、世界の青少年は、反グローバル・ヒューマニズムに走る現段階世界経済の仕組みのなかで、ますます人間味を喪失する既成世代との「和解」

を求めて、学校や町で「叫び」の抗議を続けています。在日青少年も、在日、韓国、北朝鮮の既成世代との和解はもちろん、日本の人々との和解を切実に求めています。近年、日本人への帰化という「沈黙」の抗議が増加しています。現に、多くの在日青少年が国や民族のナショナリティを放棄し、自らの生き方と自己目標の社会的なコンセンサスを見いだせないまま「無国籍人」になりつつあります。

このような在日青少年が抱える諸問題の解決を、競争力や学力向上指向に傾斜する国や地方自治体の教育・文化政策に委ねてはいけないと、私は考えています。在日青少年が、グローバル・キャピタリズムとグローバル・ガバナンスに立ち向かいうる新しい歴史共同体の一員として生まれ変われるように、筆者も含めて東アジアの全地域住民が責任をもって取り組んでいかなければなりません。

周知のように、戦時中、国民国家間の覇権争いに強制的に動員され、生存権と生命権を奪われ、その利用価値がなくなった戦後においては、国民国家の立て直しに走る日本と祖国の両方から、民族的に「劣った存在」として、在日の人々は差別を受けてきました。そして、愛国心を強調する昨今の日本、韓国、北朝鮮の教育・文化政策に追われる形で、在日青少年は、21世紀を生きるための新しい依りどころを探せるどころか、今まで自分を育んできたアイデンティティさえ自ら放棄しているのです。この在日青少年の「脱国籍・民族化」傾向というのは、無限競争の世界で生き残るための苦渋の選択といえます。この流れを変えるためには、何が求められるでしょうか。

まず、日本政府が日本帝国の朝鮮植民地支配やアジア太平洋侵略戦争という歴史を清算するための取り組みが必要です。これは、日本の過去の清算のみならず、東アジアの「反平和」的状況を克服して、ヒューマニズムに基づいた新しい東アジア歴史共同体を構築するために欠かせない課題といえます。なぜなら、歴史の清算問題は、過去の被害者に対する和解のみ

ならず、現在と近未来の世代である在日青少年に対する和解も含まれているからです。

　ここで、日本政府が在日の過去・現在・未来世代に対して、今までどのような姿勢をとってきたかをふりかえってみましょう。

　1965年の日韓国交正常化交渉の過程をみると、歴史の清算問題が軽視または無視されており、補償問題は経済協力問題にすり替えられていたことが分かります。1978年の日中平和友好条約の調印による日中国交正常化段階になって、ようやく日本政府の歴史への反省が公式に表明されました。しかし、中国政府が賠償請求権を放棄したため、在日の人々に対する賠償と補償の問題は取りあげられることがありませんでした。

　植民地支配によって被害を被った人々に対する補償問題が表面化したのは1980年代に入ってからです。この時から歴史の清算問題への関心が高まっており、21世紀に入って、日朝国交正常化交渉の場において、再び日本政府の歴史の清算問題が再び表面化することになりました。2002年9月の日本政府の小泉純一郎首相と北朝鮮の金正日総書記の間で日朝共同宣言が採択されたことにより、歴史の清算問題は軌道にのるかと思われました。しかし、その直後の日本人拉致問題や北朝鮮の核兵器開発疑惑の影に隠され、合意した協議内容は棚あげされました。その後も迷走を続けていた日朝国交正常化交渉は、2003年のイラク戦争勃発により完全に頓挫しました。

　日朝共同宣言、いわゆる平壌宣言では、過去の歴史の清算を経済協力方式によって解決しようとしており、財産および請求権を相互に放棄することになっています。これは1965年の日韓基本条約とまったく同じ方式といえます。周知のように、日韓基本条約によって解決したとされた補償問題は、その後、被害者自身の告発や資料の調査・発掘によって改めて提起され、多くの訴訟が起こされてきました。1991年12月に元従軍慰安婦の金学順氏が東京裁判所に個人補償を求める訴訟を提起しました。慰安婦の存在は日本帝国の軍や政府とは無関係である、としてきた政府見解が、慰

第1部　文化・教育・歴史分野における日韓交流

安婦の徴集や管理に軍と政府が関与していた資料が発見され、関与を認めざるを得なくなりました。その後日本政府は元従軍慰安婦の人々に対する「償い金」を提供するとともに、「女性のためのアジア平和国民基金」を設けました。他にも日本政府は1990年代を通して、日韓で歴史の共同調査や共同研究を行うなど、新たな措置を採らざるを得なくなりました。

　日本政府は損害と苦痛を与えた事実を解明し、被害者に対する直接の補償を早急に実行すべきです。また、従軍慰安婦、強制連行被害者、長崎と広島の朝鮮人原爆被害者、独立運動弾圧による被害者に対する包括的な基金を日本・韓国・北朝鮮政府が共同で設けて、大学などの教育・研究機関、NGO／NPOをはじめとする東アジアの各地方自治体住民が主体となって、事実の解明や公表、賠償や補償の実施案をまとめる必要があります。植民地支配と侵略戦争によって被害を受けた人々の傷を癒すことは、日本帝国の敗戦から60年も経過した今だからこそ、日本政府は、韓国や北朝鮮政府と協力して、早急にその解決に向けて取り組まなければなりません。要するに、北朝鮮の国家体制への援助という性格が濃厚である経済協力方式ではなく、真っ先にこの被害者補償問題を解決していくことが真の和解構築のためには必要不可欠であるといえます。

　また、平壌宣言で取りあげられた在日の法的地位に関する解決も、植民地支配の清算のための重要な課題です。在日青少年は、日本帝国の植民地支配によって日本に在住するようになった人々とその子孫であることを、この法的地位を考える際に明確に認識しておかなければなりません。在日の存在と植民地支配との関係は疑う余地がありません。確かに、在日の存在をすべて強制連行に結びつけることはできません。しかし、朝鮮半島の人々が日本に渡航することになったのは、日本帝国の植民地支配によって朝鮮の富の一極集中化が進み、朝鮮半島の人々がつくりだした富が帝国本国に流出するなど、経済の支配－従属関係が確立していたからにほかなりません。つまり、日本帝国の植民地支配そのものが、朝鮮から大量の人々が日本に定住する結果を招いたことを忘れてはなりません。したがって、

第5章　東アジア人の文化共同体構築のための日韓交流

当時の在日個々人が自発的に日本に渡航したか、強制的に連行されたかを論じること自体が、歴史認識に欠けているといわざるを得ません。

　日本政府が在日に対して取ってきた差別政策を改めるためにも、私達東アジア地域住民が現在棚あげされている在日の法的地位問題、とりわけ参政権問題に真剣に取り組む必要があります。筆者は、その順序として、地方選挙権などの地方自治体の参政権確保に、まず力点をおくべきだと考えています。その理由は、日本国政への参政権確保は今国籍条項という大きな壁が立ちはだかっているからです。また、新しい市場国家への体制転換を加速するために国民負担分を一層強要していかなければならない、という日本政府の今後の行動様式を考えれば、民族や国家ナショナリズムの壁が国会の場で一層高まることは容易に予想できます。したがって、日本政府の国家ナショナリズムを真正面から取り上げるのではなく、今後中央集権の国家権力が地方自治体へと委譲されていくなかで、地方自治体での在日の参政権を確保することが急務といえます。

　以上のように、東アジア地域住民による在日の被害者補償を通じた歴史の清算と、地方自治体の一員としての法的地位の獲得ができてこそ、はじめて在日青少年が、東アジア人の新しい歴史共同体構築に積極的に参加することができると、筆者は確信します。今後、教育・研究機関、NGO／NPOをはじめとする地方自治体住民が主体となって、各国政府間協議の場で置き去りになっている歴史の清算と近未来の世代との和解に、積極的に取り組んでいかなければなりません。

　さて、戦後東アジアにおける国民国家体制の下で、在日1・2世の生き方と自己目標の形成に寄与してきた民族教育は、今後、在日青少年が東アジアの新しい歴史共同体構築の主役となっていくためにも十分な教育といえるでしょうか。結論からいいますと、不十分といわざるを得ません。今後、在日青少年が単に「脱国籍人」、「無国籍人」に流されないで、迫りくる世界「反平和」的状況に立ち向いうる「超国籍人」に生まれ変わるため

117

に、私達東アジアの地域住民が彼らとともに取り組むべき課題は何でしょうか。東アジア人文化共同体構築に向けた3種類の各実行プログラムに沿って考えることにしましょう。

　第1に、在日青少年の歴史教育の現状と課題について考えましょう。
　在日青少年のための民族教育は、民団（在日本大韓民国民団）、総連（在日本朝鮮人総連合会）、日本の公教育の現場（民族学級や民族クラブという形態）で実践されています。ところが、日韓基本条約締結以来の日本政府は、とりわけ総連系の在日朝鮮人に対して厳しい扱いを続けてきました。在日在留資格の面のみならず、民族学校の認定、国立大学への受験資格、寄付金の損金処理など、さまざまな面において差別的な扱いをしてきました。
　在日青少年の歴史教育を含めた民族教育を担ってきた両軸として、民団系と総連系の民族学校が挙げられます。まず、民団系では、大阪の金剛学園と白頭学園（建国学院）、東京の韓国学校、京都の国際学園が代表的です。東京の韓国学校を除いた3校は日本政府の学校教育法第1条が適用され、正規学校として認可されています。1950年に設立された金剛学園の場合、校長をはじめ、3人の教師が韓国政府から派遣されており、韓国国内と同じく、「国旗」の掲揚と「愛国歌」の斉唱が義務づけられています。歴史教科書は韓国から直接送られたものを使っています。このことから、祖国の「国民化」教育そのものが民族教育として行われていることが容易に分かります。生徒の80％が韓国国籍であり、残りの20％が帰化による日本国籍となっています。

　総連系の朝鮮学校は120の小・中学校と12の高等学校、大学1校があり、約1万3000人の生徒が学んでいます。教育目標は、「朝鮮人であることに誇りをもつ人材の育成」を目指しており、民族教育の柱である朝鮮語、朝鮮史、朝鮮地理をすべて母国語で学習しています。北朝鮮とは異なる在日独自の歴史教科書をつくっているが、北朝鮮の国家ナショナリズムに基づいた歴史教育に重点をおいている点ではそれほど変わっていませ

ん。要するに、民団系民族学校と同じく、祖国を理想的な民族教育の模範としています。1945年に設立された広島の小・中学校と高等学校の場合、生徒の約80％が北朝鮮籍であり、残りの20％ほどが韓国国籍となっています。帰化によって日本国籍をもった生徒はほとんど通っていないのが現状です。しかも、ここで学ぶ生徒は北朝鮮籍の児童の10％にも満たず、年々減少傾向にあります。2003年度の広島の朝鮮学校の小学校1年生は13名となっています。やはり、民団系の民族学校と同じく、生徒の確保が悩みの種となっています。その背景には、進む少子化に加えて、毎年1万人規模の帰化者の増加傾向が横たわっています。特に、生徒数の面で圧倒的に多い総連系民族学校の方が民団系民族学校より減少幅が大きいということは、今後民族学校全体の存立自体が危ぶまれていることなります。さらに、総連系民族学校の場合、日本政府の学校教育法第1条が適用されていないため、民間企業や社会団体からの寄付金の損金処理ができません。また、地方自治体からの教育補助などでも不利益を被っています。こういった事情から授業料が割高となっています。さらに、多くの国立大学への受験資格が容易に認められていないため、生徒が日本に定住する上で大変不利な状況です。

　日本の戦後高度成長期の後に生まれ、日本社会の影響を直接受けながら在日社会を受け継いできた在日青少年に対して、祖国の「国民化」教育のままの民族教育が、21世紀を生きる在日青少年の自律した自己目標の確立をかえって妨げたのではないかと、筆者はみています。今後もその教育方針を安易に続ければ、新しい東アジア歴史共同体の一員としての生き方と自己目標は芽生えられなくなり、結局は、在日青少年の「脱国籍化」、「無国籍化」の流れを止めるどころか、一層増大させるのではないでしょうか。今後、両民族学校が、日本における差別から生徒を守るために続けてきた、いわゆる日本社会からの「隔離」教育をいかに変えていくかが課題となります。

　また、日本の公教育の一部が校内で取り組んできた民族学級の閉鎖性を

どう克服するかも重要な課題といえます。さらに、その民族教育が、担当教師によって教育成果にバラつきが生じたりする問題を解消し、在日生徒と日本人生徒が新しい東アジア人としてともに生きる取り組みを模索するなど、民族教育のあり方を再検討していかなければなりません。

　次は、在日青少年の「超国籍人」教育を具体化するため、残された第2と第3のプログラムをいかに実践するかについて簡単にまとめましょう。
　第2のプログラムは、世界経済・環境管理体制の構築に立ち向かって、私達東アジアの地域住民が協働で取り組むべき実践課題です。東アジア人の貧富格差の拡大、飢餓や貧困の蔓延に対して、「東アジア地域通貨」を用いたボランタリー経済化という新しい経済の仕組みを構築する上で、在日青少年の参加が絶対欠かせません。また同時に、生活・産業廃棄物の海洋投棄から東アジア海を護るための取り組みと、環境に優しい自然エネルギーの開発と利用の取り組みに積極的に参加する必要があります。このような新しい経済・環境への取り組みを、在日青少年が中心となり、姉妹自治体関係にある日本、韓国、北朝鮮の青少年とともに、まず教育の現場から始めるのが何より大切です。
　要するに、在日民団系・総連系の民族学校と民族学級をもつ日本の学校が、まず姉妹校を締結し、さらに、その輪を韓国と北朝鮮の姉妹中学校・高校・大学にまで広げて、協働で共通目標を策定します。その上で、東アジア海の海洋環境保全・調査・監視活動などのボランティア活動をアジェンダに盛り込んで、共通の地域通貨を発行して共同で運用します。また、この在日青少年の取り組みに、NGO／NPOをはじめとする地方自治体住民が積極的に参加して、東アジア人の、東アジア人による、東アジア人のための草の根の文化共同体、ひいては、21世紀の新しい歴史共同体を築いていくことがとても大事です。

　第3のプログラムは「東アジア人大同祭」のことですが、在日青少年をはじめとする東アジアの青少年、そして、東アジア地域住民が一同に参加

する祭りを毎年恒例化することが必要です。とりわけ平和・教育都市広島で東アジア人の古代稲作文化を復活させた「大綱引き祭り」に、東アジア青少年が積極的に参加して、今後も継続的に開催することが肝要です。そして、日韓の多くの姉妹自治体間で開かれるように、在日民団系・総連系の民族学校と民族学級をもつ日本の学校と、その姉妹提携にある韓国の学校、日韓のNGO／NPOが中心となって、「日韓大綱引き祭り」を広げていくことが大切です。

　以上のような新しい東アジア人文化共同体構築への試みは、今後、在日青少年を含む東アジアの青少年が藁を編むように、国や民族や世代を超え、近未来の東アジアの困難な共通課題、ひいては世界「反平和」的状況を打開する上で非常に大切であると思います。筆者は、およそ2000年前の東アジア人共通の祭りが、2005年に広島の地で復活したことは、歴史的な出来事であると確信しています。今後、東アジア青少年の「超国籍人」教育の一環として、さまざまな「東アジア人大同祭」が開かれることを期待します。

5．おわりに

　以上、グローバル・キャピタリズムの完成と「世界帝国」の確立という近未来の世界経済体制の構築過程下で、真の世界平和を築くために、今、なぜ、東アジア人の21世紀歴史共同体が必要かを論じながら、そのための具体的な取り組みを折出してきました。

　まずは、現段階世界経済体制の到達点を捉えながら、世界大多数の貧しい人々が社会・自然環境権を剥奪される世界「反平和」的状況が加速する連鎖メカニズムを明らかにしました。その上で、それを断ち切るために、私達人類、とりわけ東アジア人が何をすべきかを明らかにしました。つまり、草の根の東アジア人の新しい歴史共同体の実現に向けて、グローバル・ヒューマニズムに基づいた新しい経済・環境共同体を構築する必要があり、そのためには、「超国籍人」教育を介した新しい文化共同体の構築

が欠かせないことを強調しました。そして、在日青少年の「超国籍人」教育のあり方に焦点をしぼって、新しい東アジア人文化共同体構築の課題を具体的に提示しました。また、2005年の日韓地域住民の取り組みを紹介し、その意義と今後の方向性について述べました。

近年になって、さまざまな東アジア共同体構想が活発に議論されるようになりました。その背景には、産業の情報化と金融の証券化のグローバル化に伴う東アジア地域社会における危機意識が横たわっていると思われます。例えば、家族愛や人間性の復元を求めた純愛物語中心の韓国ドラマのブーム、就職難からくる第２外国語としての韓国語学習のブーム、生き残りをかけた大学改革の延長戦としての日韓国際交流のブーム、国益に走る民族や国家ナショナリズムの暴走と止揚をめぐる攻防、東アジアの新たな危機管理体制をめぐる攻防、新しい共同市場創出のための経済管理体制をめぐる攻防、越境する環境破壊問題に対処するための新しい環境管理体制をめぐる攻防などが挙げられます。

筆者は第10章と併せて、東アジア人が共通に直面しているこのような諸問題に対して、協働で解決できる新しい歴史共同体が必要であることを訴えています。そして、東アジア人である私達日韓の人々が、まず各地方を、国境を越えて束ねると同時に、世界に開かれた新しい経済・環境・文化共同体を構築することを総合的に提案しています。姉妹関係にある日韓の地方自治体住民が、国単位の固定的な地域の概念と範囲に囚われない実践的な取り組みへのヒントを見つければ、何より幸いです。

参考文献
I.Wellestein（1981）『近代世界システムⅠ・Ⅱ』（川北稔訳）、岩波書店。
李東碩（2000）「グローバル化する経済と国民国家の行方」、冨岡庄一・浅野敏久・於保幸正・開發一郎・小島基・水羽信男（共編）『21世紀の教養２：異文化／Ｉ・BUNKA』、191－198ページ、培風館。
李東碩（2004）「在日韓国・朝鮮人青少年を取り巻く社会環境と民族教育の新しい課題：世界経済体制の現段階認識に基づいた「超国籍人」教育の模索」、

広島大学大学院社会科学研究科『社会文化論集』第8号、75−121ページ。
李東碩（2004）「世界経済体制の過去・現在・未来」、朝倉尚・布川弘・坂田桐子・西村雄郎・安野正明（共編）『21世紀の教養4：制度と生活世界』、191−209ページ、培風館。
A．G．Frank（2000）『リオリエント：アジア時代のグローバル・エコノミー』（山下範久訳）、藤原書店。

第2部
政治・経済・環境分野における日韓協力

第6章　韓国と北朝鮮の政治・経済協力
——日韓協力への示唆——

金　　聖　哲（訳：姜　　姫　正）

1．はじめに

　東北アジア地域の平和と安全保障のためには大きく分けて2つの問題にかかわる緊張関係を解消する必要があります。1つは、朝鮮半島における分断問題と北朝鮮の核問題の解決であり、もう1つは台湾海峡をめぐって生じている緊張関係の緩和です。この2つの問題は個別にみてもそれぞれ深刻な問題ですが、より重要なことはこれら2つの問題が互いに密接な関係を持っていることです。韓国と北朝鮮の分断状態が続き、北朝鮮の核問題の糸口もみつからなければ、日米安保同盟はより強化されるでしょう。また、日中間の競争関係が一層深刻化することになるでしょう。
　このような状況のなかで、朝鮮半島における大きな変化に注目する必要があります。その変化というのは、北朝鮮の核問題を解決するための糸口さえみえない状態で、韓国と北朝鮮との経済的な依存が進行していることです。もちろん、このような依存関係は均衡的な関係ではなく、北朝鮮が韓国に依存する形で行われています。このような変化により、重武装した約200万名の兵力が集中配置されている「非武装地帯」を横切る道路が開通したことは、大きな意味を持ちます。この道路が開通したことにより、2004年12月からは韓国の中小企業が北朝鮮地域の「開城工業団地」の試験団地で生産した台所用品が韓国に輸送され、一部は海外への輸出も行われました。また、2005年5月にはこの道路を利用して肥料支援のための韓国の車両行列が相次いで北朝鮮の開城へ向かったのです。

第2部 政治・経済・環境分野における日韓協力

　本章の目的は、朝鮮半島の問題を政治経済学的観点から考察しながら、それらが日韓協力に与える政策的な含意を分析することです。朝鮮半島の問題に対する今までの議論は主に安保の観点から行われてきました。政策決定者のみならず研究者も朝鮮半島をめぐる国際政治の構図と韓国・北朝鮮の体制の特徴こそが、韓国と北朝鮮の関係を決定付けてきたと考えてきました。さらに、このような観点は安保状況が経済関係を決定するといった決定論的な観点にまで発展する傾向をみせています。

　このような観点は、事実（ファクト）という側面からみるとまったく間違っているとはいい難いです。日本の植民地支配から解放した1945年以降、半世紀以上の分断、朝鮮戦争、冷戦を体験する過程で、韓国と北朝鮮は本来持っている潜在的な能力を発揮することができませんでした。1993年金泳三政権の発足を契機に軍部政治が幕を下ろす前までは、韓国と北朝鮮の政治家は分断状況を管理、または利用して自らの権力の正当化を訴え続けてきただけでした。このような状況のなかでは南北韓の経済交流は想像すらできませんでした。韓国と北朝鮮の取引はもちろんのこと、韓国の企業家が北朝鮮の労働力と資源を活用することは考えられませんでした。このような不安定な安保状況が、南北韓の関係の発展および韓国の北朝鮮に対する経済的支援と協力を不可能にしてきた側面があるといえます。

　一方で、不安定な安保状況が南北韓の経済関係を制約したという論理を否定するだけの根拠もあります。つまり、朝鮮半島の問題を単に安保の観点だけでは説明できない側面があるということです。金大中政権の「太陽政策」および2000年6月の南北首脳会談以降の変化が良い例です。この時期から現代峨山㈱をはじめとする韓国企業の北朝鮮への進出がはじまりました。1999年と2002年には黄海上の「北方境界線」（Northern Limit Line）で2回発生した韓国と北朝鮮の海軍による武力衝突という事件があったにもかかわらず、南北韓の経済関係は維持され、北朝鮮に対する人道主義的な支援も続けられました。

　このような朝鮮半島におけるある意味特異な状況を集約すると、「韓国の西海岸では銃口の煙が噴きあがるが、東海岸では北朝鮮の金剛山の遊覧

船が行き交う」と表現することができます。さらに、北朝鮮の核問題が進行しているなかでも南北韓の物的取引と人的往来は持続的に増加しています。

　朝鮮半島に未だに緊張関係があるにもかかわらず、経済交流が進行したのは、韓国政府の「対北朝鮮介入政策」[1]（金大中政権では「太陽政策」、盧武鉉政権では「平和繁栄政策」と呼ばれている）と企業の生存戦略との間に一種の利害の一致があったからです。それは、政府と企業との間の「国際化の提携」ともいえます。「国際化の提携」という用語は、エテル・ソリンゲン（Etel Solingen）が概念化した用語で、政治勢力と経済勢力が共に提携して他の国家との相互的または、多者的な関係を持ち、閉鎖主義および保護主義よりは開放主義および普遍主義を指向することを表します。韓国政治の国際的な生存戦略だけではなく、金大中政権のスタート以降の対北朝鮮経済戦略も一種の「国際化の提携」という観点から把握することができます。1997年のアジア通貨危機の状況のなかで、このような政府と企業の提携は必然的な過程であったともいえます。

　韓国で「国際化の提携」勢力は、安保と経済の問題をともに考えながら、南北韓関係を徐々に変化させています。すなわち、「国際化の提携」勢力は安保と経済が不可分の関係であることに注目し、どちらか一方の側面が他方を圧倒したり犠牲にしたりすることを敬遠します。特に、安保の問題により南北韓の経済関係が一方的に無視されることを望んではいません。

　本章では、金大中政権のスタートから、盧武鉉政権に至るまでの対北朝鮮介入政策を展開してきた政府と民間企業との間に「国際化の提携」がどのような形で行われてきたかを分析し、今後の南北韓関係を展望する上で、日韓協力にどのような示唆を与えるかを考えてみることとします。

2．「太陽政策」の政治経済学的性格

　まず、1990年代末に安保と経済問題に介入した行動主体が誰であり、主な論点は何であったかを考察する必要があります。経済の側面からみると、主な行動主体は企業家と金大中政権であり、彼らの間には経済の構造

改革とIMFの救済金融支援に伴う勧告条件を中心に一定の関係が形成されていました。1997年の通貨危機の際には、財閥企業だけではなく、中小企業も経営および財政構造の改革を行わなければならない状況に追い込まれていました。1990年代半ばから強まる世界化の流れのなかで、韓国企業は国内の銀行と外国銀行から借入する際に、政府に依存する既存の慣行を踏襲している状況でした。通貨危機が発生する直前、企業に対して高利の短期融資償還の圧力が深刻になり、結果的に企業の喉頸を締め付けることになりました。しかしながら、金大中政権はこの危機を最大の機会として活用しようとしました。IMFの厳しい構造改革の勧告条件にしたがい、政府は私的部門、公共部門、労働部門、銀行部門の改革を断行しました。この改革政策は、経済の国際化と呼ぶに相応しいものでした。特に、政府は企業の生存能力を高める政策を実施する一方で、雇用創出のために外国直接投資も奨励しました。

経済の構造改革は「国際化」を指向することにほかなりませんでした。財閥企業に対して政府は透明な経営、純利益を創出する経営、負債軽減、M＆A（企業間の吸収・合併）を強調しました。公共部門に対しても政府は行政組織の縮小、国営企業の民営化、年金及び退職金制度の改善などを要求しました。労働部門では、労使政協議会を発足し労働市場の柔軟化、企業の構造改革に伴う大量解雇を容認する措置を次々と導入しました。銀行部門では、市中の商業銀行の自己資本率の向上とともに、銀行の収益率と安全のために負債を減少させるように圧力をかけました。このような構造改革政策は外部の圧力からはじまったものの、世界化と経済自由化を指向する政策でもありました。

安保問題に目を向けると、3つの行動主体がありました。主な行動主体としては、金大中政権、韓国企業グループ、NGOグループ、そして消極的に応じた主体として北朝鮮が挙げられます。金大中大統領は1998年2月就任直後、北朝鮮に対して「太陽政策」という名の北朝鮮への介入政策を実施しました。この政策の核心は、まさに「政経分離」ですが、安保状況が不安定であっても経済的な側面から北朝鮮に介入するという政策で

す。実際に、太陽政策の元では企業が良質の労働力と地理的・文化的な利点を活用するために北朝鮮に進出することが奨励されました。

　太陽政策は南北韓が独自に民族統一を指向する政策であると同時に、北朝鮮問題を国際化するための政策でもありました。2000年6月、韓国の金大中大統領と北朝鮮の金正日国防委員長との首脳会談の結果として採択された共同宣言（通称、「6.15共同宣言」）では、朝鮮半島問題の自主的な解決を強調しました。南北韓はそれぞれの統一政策の共通点を基礎に、徐々に朝鮮半島の統一を目指して努力していくことに合意しました。したがって、共同宣言は北朝鮮が主張してきた外勢排撃（核心は、駐韓米軍の撤収）の内容を受け入れた側面があるといえます。しかし、このような解析は韓国からの観点を完全に無視することになります。南北首脳会談と共同宣言を通して韓国は、米軍の朝鮮半島の駐屯を排除する、あるいは韓米安保同盟を弱化させるよりは朝鮮半島での緊張緩和にウエートを置いたのです。実際に、金大中大統領は首脳会談の1カ月後、朝鮮半島に駐屯している米軍は南北の統一後も東北アジア地域の均衡のためには必要との認識を示しました。言い換えれば、金大中政権の介入政策、または具体的に首脳会談で意図したことは、北朝鮮との平和的共存に焦点を合せたものでした。金大中政権は介入政策が、特に経済界の緊急な構造調整が必要な時期に南北韓の対立により発生する物的・心理的な費用を軽減できると判断したのです。

　金大中政権は、韓国社会で深く根付いている反共および対立の文化を清算しようとさまざまな努力を行いました。また、北朝鮮を国際社会の舞台に引出すために外交的にも支援を惜しまなかったのです。その結果、北朝鮮は2000年代はじめに西方国家との外交関係を拡大することができました。イタリアと2000年1月、オーストラリアと同年8月、英国と同年12月、カナダと2001年2月、ドイツと同年3月、EUと同年5月に、それぞれ外交関係を結ぶなど、2000年と2001年の2年間で何と17カ国と国交を樹立しました。このような変化は、国際社会から人道主義的な支援を得られる大きな契機となり、北朝鮮は1996年から1998年まで続いた深刻な食

糧難の際にはなおさらでした。

　ここで注目すべきことは、経済と安保に関与する行動主体がお互い密接に連結していることです。学問的な分業により、経済問題の専門家と安保問題の専門家が別々に存在するために、あたかもこの2つの問題にかかわる主体も分離されているかのように思われがちです。しかし、韓国の事例を見ても通貨危機以後、政府と企業はお互い異なる目的を持っていながらも、基本的には「国際化」という価値を共に指向していました。政府と企業の間には政策指向的な提携、すなわち安保面では緊張緩和と平和共存、そして経済面では開放と自由化を、最小限に受け入れるための行動要領を共有していたのです。もちろん、政府が主要主体であることはいうまでもありません。金大統領は、太陽政策が究極的には好戦的である北朝鮮を非武装させ、南北韓に経済的な繁栄をもたらすと確信していました。金融危機の状況のなかで、万が一安保上の問題が発生すれば、外国資本が韓国から手を引くという危機感がありましたので、政府だけでなく企業も朝鮮半島における緊張緩和と平和共存の必要性を痛感していたのです。このことは、「経済で平和を買う」、または「平和に対する投資」という概念を共有していたといえるでしょう。

　一方で、金大中大統領の在任中に現れた政府と企業との間の「国際化の提携」は、非常に初歩的な形であり、過去の韓国企業の政経癒着の枠組を抜け出していないものでした。したがって金大中政権における企業と政府との「国際化の提携」は、「談合的な提携」(collusive coalition) と呼ぶことができます。現代グループの北朝鮮への不法送金というスキャンダルが代表的です。一般的に、政府と企業の政経癒着は新しいことでもなかったし、また金大中政権下でも大小の政経癒着関連の事件は発生していましたが、この事件は金剛山観光事業を主導してきた現代グループが政府との間で対北朝鮮政策をめぐって提携を持ったことから注目する必要があります。

　米国の対北朝鮮強硬政策が強まるなかで、盧武鉉政権になってからも北朝鮮への接近が一層進む傾向をみせています。また、盧大統領自身の政治

的な観点も北朝鮮に柔軟な姿勢であることも事実です。重要なことは盧武鉉政権でも「国際化の提携」が弱まらない、ということです。金大中から盧武鉉への大統領の交代にもかかわらず、政府と企業は朝鮮半島の緊張緩和と経済的な繁栄という価値を共有する提携を結んできたのです。

3．「太陽政策」と政府と企業の提携

　現代グループの北朝鮮への送金スキャンダル（通称、「対北朝鮮送金事件」）を調べた特別捜査チームは、2003年8月に調査結果を発表しました。この発表は、2000年6月の南北首脳会談を成功させる過程で北朝鮮にお金が不法に送金されたという疑惑が事実であったことを知らせる重要なニュースでした。特別捜査チームによれば、現金4億5000万ドルと5000万ドルの商品およびサービスが経済協力基金という名目で、首脳会談の直前に現代グループが送金したことが確認されたということでした。また、特別捜査チームは現代グループの対北朝鮮送金が首脳会談と密接にかかわっていたこと、また現代グループがこのような莫大な資金を調達する過程で、政府が銀行の不法貸出に直接関与したことも発表しました。さらに政府は、北朝鮮への送金過程で現代グループに便宜をはかったという事実も認めました。特別捜査チームの調査過程で受けた心理的圧迫により、現代グループの現代峨山㈱の鄭夢憲会長は自殺するに至りました。

　対北朝鮮送金事件は政府と企業との間で行われた「国際化の提携」過程での「談合的な提携」の代表的な事例です。まず、対北朝鮮送金事件が持つ「談合」の側面からみることにしましょう。現代峨山㈱は北朝鮮への事業進出、特に金剛山観光および開城工業団地のようなプロジェクトを独占的に運営するために、韓国の政治家と北朝鮮に金銭的な支援を行いました。同時に現代峨山㈱は、韓国と北朝鮮の緊張関係の解消のためには南北韓政府当局者間の対話、特に首脳会談のような方式が自らの対北朝鮮事業進出と事業成功のための絶対的な条件であると判断したのです。このような政経癒着、あるいは談合は政府が銀行から財閥企業への貸出に特恵を与

える権威主義的な体制の慣行に基づいています。対北朝鮮送金事件が既存の慣行と異なる点があるとしたら、政府が北朝鮮との関係の進展を追求する過程で生じたということです。

一方、対北朝鮮送金事件は一種の国際化を追求する政府と企業との提携から発生した事件でありました。政府側からみてみると、金大中政権は、金大中氏の一貫した統一に対する哲学に基づき、朝鮮戦争以後初めて北朝鮮に対する介入政策を実施しました。太陽政策が以前の対北朝鮮政策と異なる点は、国内の保守派の強い反発にもかかわらず、北朝鮮との平和共存を追求したことです。国際関係論研究の分野では、国家の政策が平和親和的か対立指向的かを区分する際に、よく用いる指標として軍事費の支出を分析します。金大中大統領の在任中である1998年から2002年までは確実に軍事費の支出が停滞していたことが分かります。1998年から3年続けて軍事費の支出は1997年の128億ドルを下回る水準に留まりました。もちろん、政府が通貨危機によって、軍事費の支出の増加を抑制せざるを得なかったことも重要な要因です。

既に言及したように、対北朝鮮政策での政経分離原則は対北朝鮮介入政策の核心でした。この原則により金大中政権は韓国の企業がより積極的に北朝鮮へ進出できるように支援し、北朝鮮に対する直接投資を通して企業の活路を模索しました。こういう状況下で韓国の財閥のなかでも最も攻撃的な経営を行っている現代グループが政府の対北朝鮮の介入政策の主なパートナーとして登場したのです。現代グループの鄭周永名誉会長は1992年末、大統領選挙で金泳三の競争相手として出馬し落選しました。金泳三政権のスタートを皮切りに事実上の政治的な抑圧のなかで企業拡大の機会を掴めなかったことを考えると、現代グループが金大中政権下で特に通貨危機による国際化の要求からパートナーになることは自然な流れであったともいえます。

韓国の対北朝鮮介入政策は、外国資本への開放、そして企業経営の透明化を追求する国際化に伴う経済政策と一脈相通ずるものでした。安保面での介入政策と経済の構造改革はすべて国際化のためでした。過去の政府と

第6章　韓国と北朝鮮の政治・経済協力

は違い、金大中政権の経済政策は1997年の通貨危機に大きく起因したのです。韓国が通貨危機を克服するためにIMFから救済金融の支援を受けた際、韓国は構造改革の圧力を受けざるを得ませんでした。この強要された構造改革は、政府が過去の経済の否定的な要素、例えば、財閥企業に対する銀行貸出への政府の関与、高賃金および硬直した労働市場による国際競争力の低下、財閥の閉鎖的な家族経営および無理な事業拡張、国営企業の放漫な経営などを除去する良い機会を提供したものでもありました。政府は民主主義と市場経済の同時発展というスローガンの下で構造改革を実施しました。このスローガンは新自由主義を代弁するもので、国家が企業を保護する役割ができなくなるだけではなく、国民の福祉も保障できない、または公共部門の勤労者の定年保障もできないといったアプローチです。

　ここに政治と経済との連結の論理があります。金大中政権は新自由主義的なアプローチで経済の持続的な発展をしなければ、安定した政治的な支持の確保もできなかったのです。1997年の通貨危機の直後、IMFの支援条件に従い実施された高金利政策により多くの中小企業が崩壊し、それに伴って失業者も急速に増加しました。韓国の統計庁のデータによると、失業率は1996年2.0％、1997年2.6％と比較的に低い数値でしたが、1998年には7.0％、1999年にも6.3％と急激に高くなりました。したがって、新しい雇用創出のための経済回復は新政府の主要な課題でした。こういう状況のなかで、政府は安保と平和、朝鮮半島の緊張緩和を強調せざるを得なかったのです。金大中政権は、北朝鮮との関係改善なくしては経済回復の機会も得られないと判断したのです。ムーディーズ、スタンダード・アンド・プアーズなどの国際信用評価会社は、経済的な条件だけではなく、政治的な安定も主要な投資要因として考慮します。北朝鮮との武力衝突は韓国の信用度に致命的なダメージを与えるだけではなく、韓国経済が過去40年間成し遂げてきた成長のモーメンタムも失ってしまう恐れがある状況に置かれていたのです。言い換えれば、政府の国際化政策は、自発的に行われたものであるか、あるいは強要されたものであるかに関係なく、北朝鮮に対する介入政策と密接な関わりを持っていたのです。

第2部　政治・経済・環境分野における日韓協力

　ここで1つの疑問が生じます。なぜ他の財閥企業ではなく、現代グループが金大中政権の対北朝鮮政策における談合的提携の相手となったかということです。過去のほとんどの財閥企業が政経癒着的な行動をしてきていたし、通貨危機の状況下で生存戦略を求めなければならない状況に置かれていました。ほとんどの財閥企業が同じ状況に置かれていることを考慮すると、このような疑問が生じることは当然であります。ここで現代グループの談合的提携が北朝鮮という特殊でかつ新しい市場に向けられていることに注目する必要があります。

　現代グループの創設者である鄭周永名誉会長の企業家としての個人的立場からみると、彼が1915年11月に現在の軍事境界線の近くにある江原道通川で生まれたということも重要な要因です。彼は1989年韓国の企業家としては初めて自分の故郷を訪問しました。この訪問は数十年間離れ離れになっていた親戚に会うための単純な故郷訪問というよりは北朝鮮で事業の機会を模索するための特別な訪問でした。当時、鄭周永はすでに北朝鮮の当局者に金剛山の観光開発事業の青写真を提示していますが、これは韓国の企業家が北朝鮮に提案した最初の大胆な事業計画でした。1998年金大中政権によって太陽政策が実施されることにより、鄭周永の対北朝鮮進出の構想ははじめて実現されることになりました。

　企業の立場からみると、現代グループは金泳三政権下で他の企業に比べて企業拡張に伴う財政的な負担が少なかったと思われます（もちろん、企業の負債が他の企業に比べて少なかったわけではありません）。構造改革の圧力のなかで財閥企業は部署の縮小、統廃合により経営の規模や人件費を下げるようなダウンサイジングを追求していました。ここで重要な基準であったのが、各部署の売上額よりは純収益でありました。1990年代はじめに北朝鮮の南浦に大宇が最初に進出して以来、三星・LGなども徐々に北朝鮮に進出し始めました。この時代の北朝鮮への進出は、収益のためというよりは長期的な観点から市場および企業の基盤を確保しておこうという狙いがあったとみられます。しかし、金融危機とそれに伴う債務圧迫で企業は構造調整に追い込まれ、ダウンサイジングとして真っ先に対北朝鮮

進出の部署が対象となりました。取りあえず足元の火を消すことを優先した企業にとっては当然のことであったといえます。このような構造調整の過程で、北朝鮮との接触を維持してきた部署をなくし、あるいは情報収集または取引先の維持など最小限の機能だけを残す形で縮小しました。このような状況で相対的に力が残っていた現代グループは他の企業とは正反対の道を歩んだのです。鄭周永は10年前から目指していた金剛山の観光事業を実現するために北朝鮮への進出を急ぎ始めました。

現代グループが金大中政権と談合的提携のパートナーになった理由の1つとして、過去の金泳三政権との政治的な対立も大きな要因でした。その対立は、1992年3月に実施された国会議員の総選挙から本格的にはじまりました。総選挙の直前に「統一国民党」が現代グループの名誉会長である鄭周永の財政的な支援により急造され、選挙でも国民の高い支持を得たのです。統一国民党は17%の得票数を得、全体の10%の議席数を占めました。このような政治的な突風に刺激を受けた鄭周永は同年の末に実施された大統領選挙に出馬することとなりました。金泳三の当選で鄭周永は莫大な資金と共に政治的な試練を受けることになります。金泳三大統領の在任期間である1993年から1997年まで、現代グループは事業拡大の機会に恵まれませんでした。

より詳細にみてみると、企業家である鄭周永が政治の場に登場し、まるで政界と財界が正面から対立する局面まで至ったことは鄭周永の個人的な性格以外にも経済的な理由があります。1980年代から韓国の財閥企業は第2金融圏といわれる保険、証券、短期金融などに投資して会社を設立するケースが増え、企業の資金源に対する政府の統制が弱化される傾向が現れはじめました。それにより、政府と財閥との間の慢性的な政経癒着がなくなったとはいえませんが、企業の政府に対する依存度は弱くなり、政府政策に対しても企業は自らの利益に合致しない場合には不満を表明するまでに至りました。1990年代はじめに現代が政治の世界に飛び込んだのは、財閥企業を代表して政界と対抗する先駆的な役割を果たしたとみることができます。

金泳三政権下で現代グループ以外の財閥企業は、製造業の分野から第2

金融圏や物流（特に消費財の輸入）部門など、他の業種にまで事業を拡大し、必要な資金は短期の高金利を海外から調達するようになりました。その反面、現代グループは現代宇宙航空㈱を除くと金泳三政権下で新しい業種の拡大はできませんでした。現代宇宙航空㈱もまったく新しい企業というよりは1970年代に設立された現代精密機械㈱から分社した企業でした。このような状況で金泳三政府の任期満了、金大中政権の発足と同時に対北朝鮮介入政策が実施され、北朝鮮への進出を待っていた現代グループとしては絶好のチャンスであったわけです。

　では、現代グループが莫大な資金をかけてまで2000年6月の南北首脳会談を急がせた理由は何でしょうか。言い換えれば、現代グループが政府と談合的な提携のパートナーになって得ようとしたものは何でしょうか。何より重要なことは、他の企業が進出する前に事業機会を独占しようということでした。すなわち、他の企業より先に北朝鮮市場を占有する狙いがあったといえます。特に、現代峨山㈱は北朝鮮での土地使用権に関する独占を目標にしていました。具体的には、金剛山観光事業と開城工業団地の建設です。まず、金剛山観光事業は南北首脳会談が行われる前からはじまりました。鄭周永名誉会長が金正日に直接面談したのを契機に現代峨山㈱が観光事業の主導権を握ることができました。1998年10月、現代峨山㈱と北朝鮮当局が「金剛山観光事業合意書」に署名したことを契機に、現代峨山㈱は同年11月から東海（日本海）岸に金剛山観光のための専用船を就航させることに成功しました。開城工業団地に対する具体的協議は、2000年6月に開かれた南北首脳会談直後の8月からはじまりました。現代峨山㈱の鄭夢憲会長は、金正日と直接面談して開城地域を50年間借る条件で特別経済区域に設定することに合意しました。開城工業団地事業は、総2000万坪の土地に電気、上下水道、通信、道路、住宅団地、余暇施設などのインフラ設備の建設を行うものであり、膨大な資金を要する事業です。

　現在、金剛山観光事業は現代峨山㈱が推進してきていますが、開城工業団地は韓国土地公社と現代峨山㈱がともに推進しています。現代峨山㈱が

金剛山観光事業の赤字運営などで経営難に陥ったことで、開城工団の開発事業には資本力のある韓国土地公社が参加することになりました。韓国政府が韓国土地公社の大株主であることを考えますと、企業の対北朝鮮進出事業に政府が一部参加していることになります。したがって、現在の政府と現代峨山㈱の間にも、2000年における政府との談合的な提携とは異なる形で北朝鮮への介入政策をめぐった提携を続けているといえます。

一方、北朝鮮でも変化が起こりましたが、それは現代峨山㈱の北朝鮮進出を法的に保障するための制度化を行ったことです。2002年11月に開かれた北朝鮮の最高人民会議では金剛山と開城地域に関する2つの法案が成立しました。1つは「金剛山地区法」であり、もう1つは「開城工業地区法」です。現代峨山㈱が対北朝鮮事業に取り組んで4年が過ぎて、やっと法の整備が行われました。北朝鮮が自国内の特定地域に韓国の特定の企業の進出を保障するために法の整備を行ったことは前例のないことです。北朝鮮は1991年に羅津と先鋒を自由経済貿易地帯として指定した上で、1992年には外国企業、海外同胞および韓国企業を念頭に置いて外国人投資法、合作法、外国人企業法などの法案を制定したことがあります。しかしながら、これらの法案は羅津と先鋒地域に対する投資を誘引するためのものであり、ある特定の企業を対象にしたものではありませんでした。このような観点からみると、2002年に制定された金剛山地区法と開城工業地区法は特異なものであり、さらに北朝鮮企業との合作企業ではなく、現代峨山㈱の直接投資を保障してくれたという点ではなおさらです。

4．南北韓経済交流の制度化過程

北朝鮮に対するブッシュ政府の強硬政策、韓国での政権交替、北朝鮮の第2次核危機の発生などの出来事があったにもかかわらず、韓国の対北朝鮮介入政策と政府・企業間の提携は続けられ、制度化も行われてきました。2003年2月に就任した盧武鉉大統領は金大中政権の太陽政策を継承した「平和繁栄政策」を前面に押し出しました。盧武鉉政権の介入政策は

安保と平和繁栄を目標にしながら、東北アジアでの韓国の役割を模索するという新しい政策です。

まず、朝鮮半島の安保問題において盧武鉉政権は以前の政府と比較しても米国の一方主義的な政策に対してはより距離を置くようになりました。このことは、冷戦時代における伝統的な韓米安保条約に基づいた外交政策とは大きな違いがあります。もちろん盧武鉉政権も朝鮮半島の分断状況下では韓米安保条約が重要な安全保障措置であることは認識しており、米国が2003年イラク戦争以後にイラクへの派兵を要求した際には米国と英国の次に多い軍隊を派遣しました。しかし、北朝鮮の核問題をめぐっては韓米両国が意見の差をみせてきたことは事実です。注目すべきことは、韓米両国間の見解の違いによる対立の構図と韓国国民の米国に対する感情の悪化の流れが一脈相通ずる部分があることです。韓国国民の米国に対する感情は、1980年「光州民主化運動」に対する米国の微温的な対処に対する不満からはじまって1990年代末からは米軍駐屯地の環境汚染問題、梅香里射撃場問題、そして朝鮮戦争中に発生した老斤里虐殺事件など多様な分野に広がりました。ついに、2002年末大統領選挙を控えていた時期に米軍装甲車による女子中学生2名の死亡事故が起こり、それがまた選挙の重要な争点となりました。いわゆる「ロウソクデモ」世代と呼ばれる支持層からの強い支持により盧武鉉が大統領に当選しました。盧武鉉政権が対米依存一辺倒の外交から脱皮しようという試みは、このような国内政治の状況を通して理解することができます。

盧武鉉政権は北朝鮮の核問題に対して平和的解決、または外交による解決を前面に押し出しながら米国による北朝鮮への軍事的行動の可能性を牽制してきました。さらに、2005年はじめに盧武鉉政権は「東北アジア均衡者」としての役割を表明しました。鄭東泳統一部長官が2005年5月26日に明らかにしたところによれば、東北アジア均衡者とは軍事的な意味での勢力均衡者ではなく、地域での対立の調整者、または平和の創造者を意味するものだそうです。このことは明らかに米国との摩擦を覚悟した上で、韓米安保同盟とは別の形で韓国が独自に国際的な地位を高めようとし

た狙いがあったといえます。

　経済面では盧武鉉政権は東北アジアで一種のハブの役割を試みました。もちろん、試行錯誤がなかったとはいえません。盧武鉉政権のスタート直後には社会的に疎外された労働者の利益を保護した政策を実施しましたが、この政策は通貨危機下ではタブー視される政策であり、国際化の流れにも逆行するものでした。しかし、時間の経過とともに盧武鉉政権の経済政策は金大中政権の新自由主義に基づいた経済政策へ回帰することになりました。これは、ポピュリズム的な労働政策が外国投資誘致と経済全般に及ぼす否定的な影響を認識するようになったからです。

　一方、盧武鉉政権の対北朝鮮介入政策は続けられ、特に韓国と北朝鮮の経済交流を制度化するのに寄与しました。盧武鉉政権には以前の政府とは違って、現代グループのような談合的な提携のパートナーがいなかったのです。その理由としては、盧武鉉大統領自身が腐敗を根絶して政経癒着の輪を遮断しようという強い意志を持っており、現代グループの対北朝鮮送金事件が発生した後に以前のような談合を試みることは政治的なリスクが大きかったからです。また、企業の対北朝鮮進出に対する制度化への要求が直接・間接的に急増したからでもあります。

　北朝鮮の核危機により東北アジア地域全体では緊張感が高まったにもかかわらず、盧武鉉政権の対北朝鮮介入政策は量的・制度的な変化を経験しました。統一部の統計を見ると、南北韓交易規模も相互訪問者数も増加の傾向をみせています。交易量は、1995年から2004年まで2.4倍増加しており、訪問者数は50倍近くも増加しました。

　このような交流の増加により韓国の企業家は北朝鮮の事情に関する詳細な情報を得ることができ、北朝鮮に対する関心は以前のような一部の大企業だけに限らず、中小企業からの関心も高まりました。特に、高賃金により外国人労働者を雇用している中小企業の場合は、開城工業団地の開発が重要な関心事となりました。2003年7月に韓国の「全国経済人連合会」（日本の経団連に当たる組織）が実施した世論調査によれば、回答があった171社の企業のなかで41.7％が韓国と北朝鮮の関係が進展すれば、北朝鮮で

の企業活動を希望すると答えました。そのなかでも貿易業（75.0％）、情報産業（73.3％）、運輸（62.5％）部門の企業が北朝鮮への進出に高い関心を示していました。このような関心は政府に対して北朝鮮進出のためのより有利な条件を設けることを要求することにつながりました。

　政府に対する企業の要求は、何よりも自由な企業活動と投資財産に対する制度的な保障でした。もちろん、このことは韓国・北朝鮮の当局者間の合意が必要であるため、韓国企業は韓国政府に対する政治的な要求を求めました。また同時に、企業はこのような要求が時間を要すると判断して、北朝鮮に工場建設など多くの資金を投資するよりは、原材料を北朝鮮に搬入し、北朝鮮の既存の施設を活用して完成品を製造し、韓国へ再び搬入する、いわゆる賃加工形態の事業を展開しました。制度の未整備とインフラ設備の不足の状態では、労働集約的な製造業分野、特に衣類加工が中心で行われるしかありませんでした。したがって、北朝鮮との企業活動を拡大するためには、最小限の制度的な装置、例えば、投資保障、二重課税防止、紛争解決などに関する保障が必要であったのです。

　また、企業は北朝鮮への投資のために必要な資金に対しても政府支援を期待していました。大企業とは違い中小企業は、資金調達が容易でなく、「中小企業振興公団」などで運営する資金支援制度を活用するケースが多くなりました。しかし、この制度は主にベンチャー企業や情報関連企業など政府が重点的に支援する企業に対して資金が配分され、多くの企業は制度の利用が困難でした。このような背景から、統一部が管理する「南北協力基金」の拡大、およびこの基金から北朝鮮進出の中小企業への実質的な資金支援は切実な課題でした。

　次に、企業がどのようなチャンネルで自らの要求を政府に伝達するかについてみてみましょう。第1に、政府部処である統一部です。もちろん、統一部以外にも外交通商部、国防部、国家安全保障会議などの部処が対北朝鮮政策にかかわっていますが、統一部が対北朝鮮進出企業に対しては中間拠点の役割をしています。企業は北朝鮮への進出計画を統一部へ提出して承認を受ける必要があり、北朝鮮との接触過程に関しても報告しなけれ

ばなりません。したがって、統一部が企業の対北朝鮮進出に関する現状や問題点などに関しては最も的確に把握している政府のチャンネルです。統一部の官僚は南北韓当局者間の対話、例えば、長官級会談、南北経協推進委員会、各種の実務協議会を通して北朝鮮に対して企業から要求されている諸問題の解決と制度化作業を進めることができます。

　第2に、国内で開かれる各種の会議やフォーラムを通して、企業は自らの構想や希望を政府に提案します。KOTRA（大韓貿易投資振興公社）[2]や「韓国貿易協会」などはこういう討論の場を提供する機構であると同時に情報を提供する機構でもあります。

　2003年8月に発効した「南北経協4カ条合意書」[3]は統一部が企業の要求を受け入れたものであるといえます。ここで企業の要求は直接的な場合もありますが、多くの場合は間接的なものです。間接的であるということは、統一部が企業の意見を受動的に反映することではなく、介入政策の観点から民間企業の進出を保障するための制度化交渉を北朝鮮と行ったことを意味します。実際に、投資保障、二重課税防止、紛争解決、清算決済に関する4カ条の合意書は北朝鮮に進出した企業を保護するための制度的措置です。このように、韓国政府は南北首脳会談以降、韓国と北朝鮮の経済関係を単純な談合的な提携関係から、企業の積極的な進出を図るための制度化に努力をしました。

　広い意味で政府と企業の提携は、上で述べたような制度的な枠組をつくっただけでなく、北朝鮮のインフラ設備の構築にも政府が積極的な姿勢を示したことにも現れています。まず、韓国政府は「京義線」と「東海線」の鉄道および道路の連結と開城工業団地に対する電力供給のために努力してきました。「京義線」と「東海線」の復元は、分断された朝鮮半島の西と東を連結するという象徴的な意味を持っています。南北韓の経済交流の観点からみれば、「京義線」は北朝鮮の開城工業団地を連結して平壌と新義州を経て中国の東北地方につながる主要な路線です。また、「東海線」は金剛山地域をはじめ、清津を経てロシアの極東沿岸地方に連結されます。金大中政権は2000年京義線鉄道の南側部分の工事を施工し、2002

年12月に完工しました。また、盧武鉉政権は事業を受け継いで北側部分の工事を支援して鉄道の連結を完成させました。東海線の鉄道部分はトンネル工事のために京義線に比べて工事が大幅に遅れていますが、道路部分は東海線も京義線も工事の進展が早く、2004年末に既に開通しました。

5．結びにかえて：日韓協力への示唆

以上でみたように、韓国政府と企業の対北朝鮮介入政策は談合的な段階を経て制度化の段階に達しています。このことは、南北韓の経済交流が進んでいることを意味します。このような南北韓関係の変化が果して朝鮮半島と東北アジア地域における平和にどれだけ貢献したかを評価することは容易ではありません。北朝鮮の核開発問題が東北アジア地域全体の主要な安保問題として登場した状況ではなおさらそのような評価は困難です。重要なことは、韓国の介入政策が北朝鮮の韓国に対する依存度を高めたことです。

北朝鮮の核兵器開発、ミサイル実験、日本人拉致問題などで日本にとって北朝鮮は頭を抱える存在です。さらに、韓国の対北朝鮮介入政策が日本の国益を阻害するようにみえる可能性もあります。例を挙げれば、韓国が北朝鮮を支援しながら南北韓統一を優先視する政策は、北朝鮮の核兵器をはじめとする大量殺戮兵器の開発を抑制することとは関係がないという分析もあります。また、日朝間の懸案問題である拉致問題に関する進展がなければ、国交正常化は想像し難く、南北韓間の関係の急速な進展も日本とは無関係であるとの分析もできます。

しかし、2002年9月に日朝首脳会談で採択した「平壌宣言」の内容と2005年9月の6カ国協議で採択した共同宣言以降の事情をみると、日朝両国は究極的には国交正常化に向けて交渉を行うと予測されます。上で言及したような懸案問題の解決後、または解決の前でも両国間の経済交流に対する要求は高まるはずです。もちろん、両国の経済交流が対等なものではなく、韓国と北朝鮮の経済関係のように北朝鮮の日本経済への依存度は

第6章　韓国と北朝鮮の政治・経済協力

今後増加するでしょう。

　日本と北朝鮮との関係で日本政府は、公的開発援助（ODA）という有効な手段を持っています。日本は1950年代から東南アジア諸国に対して戦争報償金の形態で始めた経済支援を、1960年代に至ってはODAによる広範囲な経済協力に発展させた経験を持っています。日本はこういう過程を通しODAに対する技術的ノウハウを持っています。2002年の平壌宣言では日朝関係の進展に見合った経済協力を言及しており、ここでの経済協力とは日本の植民地支配に対する補償と今後のODAを通した経済支援と、これを土台とした日本企業の北朝鮮への進出を意味するはずです。つまり、ODAは両国間の外交関係と経済関係の進展の促進剤の役割をすると予測できます。

　日本企業もグローバル化時代の主な概念である開放と協力を目指しています。したがって、次のような2つの側面から朝鮮半島に対する新しい関心を持つ可能性があります。まず、開城工業団地は今後多国籍企業の誘致を目指していることに注目する必要があります。2004年12月の韓国統一部の報告によれば、2000万坪に達する開城工業団地の開発計画は大きく2段階に分けられています。第1段階では、まずそのうちの100万坪を2006年までに基盤工事を終え、韓国企業に分譲して韓国企業の構造改革の促進と競争力強化を目標としています。第2段階では、残りの面積を開発して分譲する計画ですが、対象としては東北アジアに進出を希望する外国企業を誘致して東北アジアの国際分業体制を構築するという計画です。つまり、第1段階では主に南北韓の経済交流に焦点を当てていますが、第2段階では東北アジアの経済協力体制に北朝鮮の労働力と技術が直接・間接的に投入されることを意味します。もちろん、日本政府や企業の立場からみると、中国が主要なビジネスの対象になっています。しかしながら、中国はもはや低賃金の労働力だけを提供する国ではなくなり、蓄積された資本と技術開発により高付加価値製品を輸出できる競争力を備えつつあります。したがって、近い将来、中国に低賃金の労働力を期待することは難しくなります。このような観点からも、東北アジア地域は日本の先端技

第2部　政治・経済・環境分野における日韓協力

術、韓国・台湾・中国の高級人材および技術競争力、北朝鮮の安い労働力と中低価の技術力を活用した国際分業体制の構築を考える必要があります。特に、開城工業団地に韓国企業の資本と技術により電気・上下水道・通信・運送・廃水および廃棄物処理などのインフラ施設が建設されるため、日本企業も進出の対象として考慮に入れる価値は十分にあります。

　一方で、日本の企業の北朝鮮への進出には次のような障害もあります。ヴァセナール協定[4]により戦略物資の開城工業団地への搬入は不可能です。この協定によると、軍需用に転用できる物品の北朝鮮への搬入が禁止されています。特に、先端の電子および機械製品が主要対象です。韓国、日本、米国はヴァセナール協定の加入国ですので、協定の制約を受けます。このような観点からも開城工業団地を国際的に活性化させるためには、南北韓関係の発展と核問題をはじめとする諸懸案の進展が条件になります。このような障害要因があっても日本政府と企業は、長期的な国際分業の観点から開城工業団地への進出に関心を持つ価値はあります。

　次に長期的な観点からみれば、朝鮮半島は大陸方面では中国とロシア、太平洋方面では日本と太平洋諸国が位置しており、朝鮮半島は物流の拠点になる可能性が高いです。南北韓間での東海線の連結工事は完成を目前にしており、運行が本格化すれば中国とロシアの沿海州までつながる大陸の動脈になります。将来、北朝鮮の鉄道とシベリア横断鉄道が連結されれば、シベリアの石油や天然ガスなどのエネルギー資源は朝鮮半島の釜山を通して日本および太平洋諸国への主要な供給通路になるでしょう。このような展望は、単に可能性だけではなく、実現可能性が非常に高いです。なぜならば、ロシアが北朝鮮の鉄道とシベリア横断鉄道の連結を実現するために北朝鮮と交渉中であり、北朝鮮に対するさまざまな財政的な支援策を考慮しているからです。日本は、下関と釜山間の海底鉄道を検討したことがありますが、もしこの計画が実現されれば、いわゆる新幹線のネットワークが形成され、日本とヨーロッパ間の物流だけでなく、人的交流も急速に増加するでしょう。

　つまり、日本政府は韓国の対北朝鮮の介入政策と南北韓経済協力の制度

第6章　韓国と北朝鮮の政治・経済協力

化が日本経済の将来とも無関係ではないことを認識し、日本企業の開城工業団地への進出の可能性と韓国鉄道とシベリア横断鉄道と新幹線の連結に関心を持つ必要があります。このような協力関係の構築は将来的な東北アジア地域の経済協力の原動力となるに違いありません。

注

1）韓国では金大中政府（1998-2002）の介入政策が「太陽政策」または「対北包容政策」と呼ばれましたが、北朝鮮を敵対の対象としてみるよりは、交流を通して変化させ、国際社会の一員にするという意味を持っていました。
2）韓国のKOTRAは日本のJETROと似た機能を果たし、1960年の自由党政府崩壊以降の政治的混乱のなかで、1961年にクーデターを主導した軍部が翌年に設立しました。その後、KOTRAは韓国政府の輸出中心の経済成長政策を支援する大きな役割を遂行してきました。
3）「南北経協4カ条合意書」には、(1)投資保障に関する合意書、(2)二重課税防止に関する合意書、(3)紛争解決方法に関する合意書、(4)清算決済に関する合意書が含まれています。
4）ヴァセナール協定（Wassenaar Arrangement）の正式名称はThe Wassenaar Arrangement on Export Controls for Conventional Arms and Dual-Use Goods and Technologiesです。ヴァセナール協定は、冷戦時代に米国が主導した対共産圏輸出統制委員会（COCOM）を代替するものとして1996年に締結されました。

参考文献

Jung, Dae-yong (2001) *Entrepreneurship of Asan Chung Ju-young*, Seoul: Samyoungsa (in Korean).

Kim, Gyoung-won and Soon-woo Kwon, eds. (2003) *How Has the Korean Economy Changed in the Five Years of Financial Crisis?*, Seoul: Samsung Economic Research Institute (in Korean).

Moon, Chung-in and Dae-Won Ko (1999) "Korea's Perspective on Economic and Security Cooperation in Northeast Asia," in Tsuneo Akaha, ed., *Politics and Economics in Northeast Asia: Nationalism and Regionalism in Contention*, New York: St. Martin's Press.

Noland, Marcus (2000) *Avoiding the Apocalypse: The Future of the Two*

Koreas, Washington, DC: Institute for International Economics.
Solingen, Etel (1998) *Regional Orders at Century's Dawn: Global and Domestic Influences on Grand Strategy*, Princeton: Princeton University Press.
荒井利明 (2003)『ASEAN と日本』日中出版。

第7章　日韓における自治体間国際交流の現状とその特徴

権　　俸　　基

1. はじめに

　近年、地方・地域においてもグローバリゼーションと情報化の拡充が急速に進んでおり、地域経済のみならず、社会・文化などのほぼ全部門において国際化が浸透しつつあります。現在私達は、自治体間の国際交流に関する情報に接する機会が多い状況にあります。そして最近では、行政分野での交流のみならず、民間レベルでの国際化や外国と関連するさまざまな社会文化面における交流が注目されています。

　例えば、海外スポーツ分野での話題や、国際的ニュース、外国の情報などについて以前より関心が高まっていることが、それを示唆しています。そして最近流行している韓国映画・ドラマを中心とした韓流ブームも民間レベルにおける交流環境と関心の変化を示しているといえるでしょう。

　本章ではまず、日本の自治体と外国の自治体との交流締結について調べ、日本の自治体が進めている国際化推進のなかでの都市（自治体）間交流の傾向とその特徴について考察します。後半では、現在交流締結関係にある日本と韓国の自治体間交流に焦点を当て、交流の拡大とコミュニケーションの活性化という側面から、日韓両国間の国際交流の現状と交流内容を調べます。そしてまた、日韓交流の現状と他の国との交流の傾向を比較し、日韓両国間交流の傾向とその特徴をまとめた上で、より成熟した2国間交流活性化のための提案を行いたいと思います。

第2部　政治・経済・環境分野における日韓協力

2．日本における地域の国際化の現状

2．1　日本の自治体の国際交流推進の現状とその傾向

　日本の自治体が現在（2005年6月30日）、外国の自治体と行っている国際交流は、（財）自治体国際化協会のデータによると60カ国、1520件に上り、上位4カ国を中心にまとめると、表1のようになります。表1では、アメリカが434件と、一番多く、韓国（108件）はオーストラリア（104件）と並んで、アメリカ、中国（313件）に次いで3番目に交流が多いことがわかります。また、交流相手国を地域別にまとめてみると、日本の自治体が最も多く交流を行っている地域は、北アメリカ地域（503件）であり、続いてアジア地域（474件）、ヨーロッパ地域（309件）、大洋州地域（149件）の順になります。

　なお、日本の自治体が現在行っている国際交流（1520件）について、特に交流数の多い上位4カ国を中心に、その交流が締結された年別にまとめてみると、図1のように示すことができます。図1からは、1980年代に入り、日本の自治体の国際化に対する関心が高まるにつれ、急速に交流締結が増加したことと、アメリカと中国との年度別締結件数が多いことが分かります。年度別締結件数は、1990年代初めにピークを迎え、2000年代に入ってからは、減少傾向が続いています。また、交流相手国別に協定締結件数の累積を見ると、交流協定増加傾向は、図2のようにアメリカと中国

表1　自治体規模別交流締結件数（主要4カ国との交流）

区　分	全体	韓国	アメリカ	中国	オーストラリア
都道府県	120	7	24	34	6
市	1,004	78	297	235	73
区	34				
町	319	23	113	44	25
村	43				
合計	1,520	108	434	313	104

出所：（財）自治体国際化協会ホームページより作成（2005年6月30日現在）。

第7章　日韓における自治体間国際交流の現状とその特徴

に対する交流の拡大傾向が他国に比べ顕著であることがわかります。その他にも、中国との交流が1980年代に入り急激な増加をみせていることや、韓国とオーストラリアに対する交流締結推進傾向が大変似通っている点が

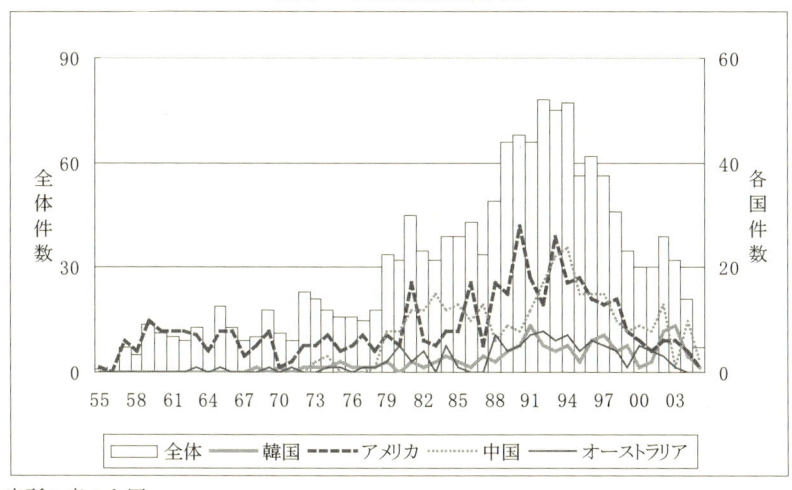

図1　年別交流締結件数

出所：表1と同。

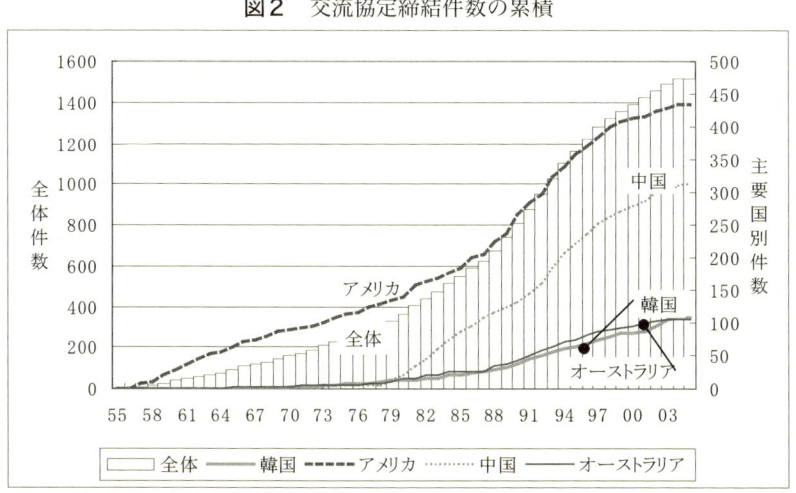

図2　交流協定締結件数の累積

出所：表1と同。

特徴的であると言えます。そして、交流相手国の地域別交流協定締結件数の2005年現在の累積は、北アメリカ地域（503件）、アジア地域（474件）、欧州地域（309件）、大洋州地域（149件）、中南米地域（75件）、中東地域（7件）、アフリカ地域（3件）となっており、日本のアジア地域国家との交流が、主に中国や韓国との交流が急増した結果として、1980年代以後、欧州地域を越えて北アメリカ地域との交流累積に近づいてきていることがわかります。

2.2　日本の自治体の国際交流における特徴

以下では、（財）自治体国際化協会のデータを用いて[1]、現在外国の都市や地域などの自治体と国際交流協定を結んでいる日本の自治体について、その自治体の規模別傾向と交流相手国別の分布、および自治体別に交流内容の特徴を調べてみます。

2.2.1　日本の自治体の自治体規模から見た特徴

まず、日本の総自治体（47都道府県、741市、23区、1273町、323村：全国町村会資料より2005年8月1日現在）のなかで、各自治体の規模別にどのくらいの自治体が、外国の都市や地域の自治体と国際交流協定を結んでいるのかをまとめると、表2のようになります。例えば、都道府県規模では、47都道府県の内85％にあたる40の都道府県が外国の自治体と交流協定を締結しており、言い換えれば、7つの都道府県は、まだどの外国の自

表2　主要4カ国と交流協定を結んでいる自治体数（自治体規模別）[2]

区分	姉妹提携自治体数										自治体数
	全体		アメリカ		中国		韓国		オーストラリア		
都道府県	40	85%	24	51%	33	70%	7	15%	6	13%	47
市（区）	511	67%	269	35%	225	29%	71	9%	73	10%	764
町	291	23%	101	8%	42	3%	23	2%	24	2%	1,273
村	48	15%	10	3%	5	2%	10	3%	1	0%	323
合計	890		404		305		111		104		2,407

出所：表1と同、全国町村会（2005年8月1日現在）のホームページより作成。

第7章　日韓における自治体間国際交流の現状とその特徴

治体とも交流協定を結んでいないといえます。

　なお、各規模の自治体総数からの割合をみると、都道府県規模では85％が、市規模では67％が、町規模では23％、村の規模では15％のように、自治体の規模が大きいほど、外国との交流協定締結において、より積極的であることがわかります（ただし、ここでの区とは、東京都23区であり、市の規模としてみなす）。

　すなわち、国際交流の推進および協定の締結は、各自治体における交流意識の高低によるものだけでなく、交流関連予算の確保や自治体の規模など、外形的条件と要因にも影響されていると推測できるでしょう。

　ところで、自治体の規模別に主な交流相手国（交流協定締結順位において上位を占めているアメリカ、中国、韓国、オーストラリア）を調べてみると、いくつかの特徴がみられます。まず、都道府県全体（47）のなかで、70％に及ぶ33の都道府県が、中国と交流協定を締結していることが特徴的です。これは、交流提携累積件数において一番件数の多いアメリカが、24の都道府県（51％）にとどまっていることに比較すると、都道府県レベルでは中国との交流において非常に積極的であるといえるでしょう。

　一方、韓国とオーストラリアに対する交流は、自治体の規模別に見ても、ほぼ同じ傾向であるといえます。また、市（区）、町、村ともにアメリカとの交流において最も積極的であり、特に市の場合、35％の自治体が交流協定を結んでいます。

２．２．２　交流自治体の国内の地域分布から見た特徴

　まず、日本側の交流協定を結んでいる自治体の地域分布を見ると、日本全土にわたって分布していながら、主に関東、近畿地方周辺に集中していることがわかります（図３−１）。そして、このような傾向がアメリカ、中国との交流協定の分布（図３−２、図３−３）と類似している点は興味深いことです。

　オーストラリアにおいては、関東、近畿地方のなかでも、より特定の地域に集中する傾向が注目するべき点だといえます（図３−５）。

　韓国との交流においては、図３−４からわかるように、西日本、特に日

第2部　政治・経済・環境分野における日韓協力

図3-1　交流協定の分布（全体）　　**図3-2**　交流協定の分布（アメリカ）

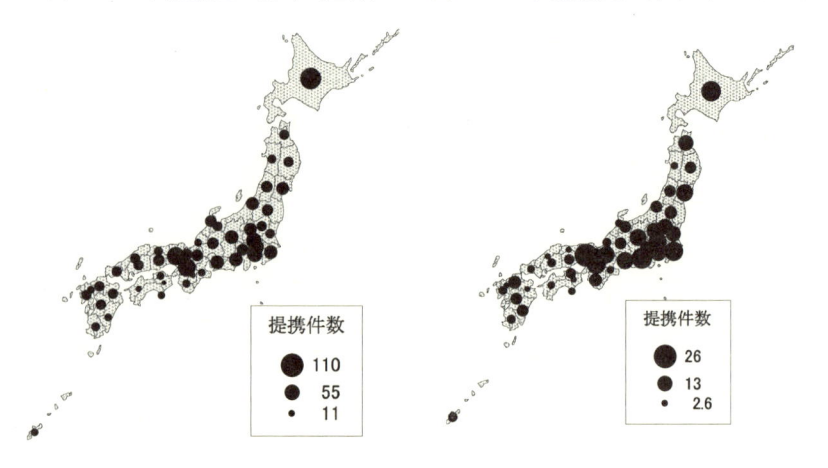

提携件数
- 110
- 55
- 11

提携件数
- 26
- 13
- 2.6

図3-3　交流協定の分布（中国）　　**図3-4**　交流協定の分布（韓国）

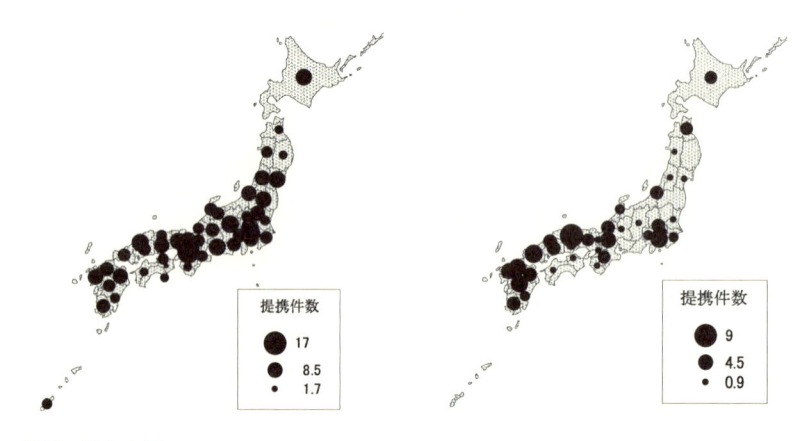

提携件数
- 17
- 8.5
- 1.7

提携件数
- 9
- 4.5
- 0.9

出所：表1と同。

本海に面した地域に集中していることが、大変興味深い特徴です。

　ここで、韓国との交流が集中している九州・中国地方のなかで、交流協定締結の推移において特異な傾向を持つ中国地方の国際交流状況について詳しくみてみます。中国地方において締結されている交流協定の数（累積数）を年別、相手国別にまとめると、中国地方の国際交流（国際交流協定

締結）は1980年代後半から積極的に進められ、1990年からは1位中国、2位韓国、3位アメリカ、4位オーストラリアという順位になっています（図4）。

このことは、日本全体の交流協定締結件数累積の推移（図2参照）と比較してみると、極めて特異な傾向を見せています。すなわち、全国的な交流傾向は、交流締結順位として、1位がアメリカ、2位が中国、3位韓国、4位オーストラリアを示していますが、中国地方においてのみ、アメリカを抜いて中国、韓国が上位を占めています。

図3-5 交流協定の分布
（オーストラリア）

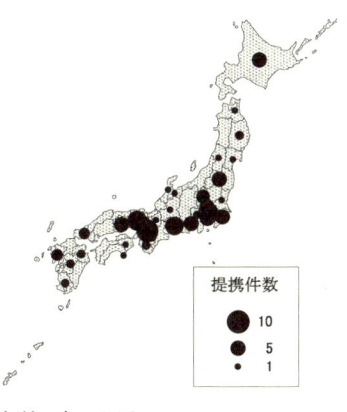

出所：表1と同。

このことから、地方自治体の国際交流は、交流相手との立地的条件や政策的要件、交流目的の特徴などに強く影響されうるといえるでしょう。

2.2.3 自治体の交流相手国選定における傾向

日本において、交流協定を結んでいる全自治体の交流相手国を調べてみ

図4 中国地方の自治体の交流相手国別交流締結件数累積

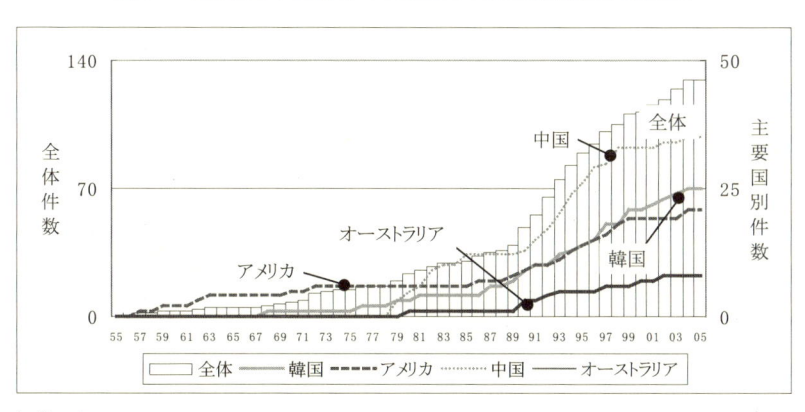

出所：表1と同。

第2部　政治・経済・環境分野における日韓協力

図5　日本の自治体の交流相手国状況

（交流締結件数）

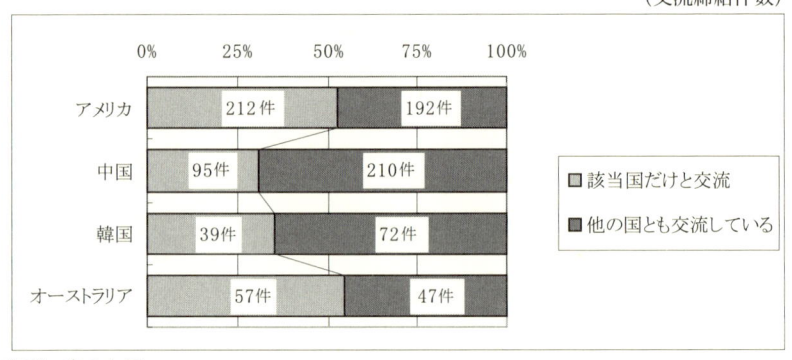

国	該当国だけと交流	他の国とも交流している
アメリカ	212件	192件
中国	95件	210件
韓国	39件	72件
オーストラリア	57件	47件

出所：表1と同。

ると、アメリカやオーストラリアと交流を行っている自治体は、その他の国とは交流をしていないケースが半数以上を占めていることがわかります（図5）。すなわち、アメリカと国際交流を行っている自治体のなかで、52％にのぼる自治体が、アメリカ以外との国とは交流せず、48％の自治体が複数の交流を行っています。このことから、アメリカやオーストラリアに対する交流は、交流目的にあわせて交流国を選定する等、交流対象国を特定する傾向があると考えられます。一方、中国や韓国と交流を行っている自治体は、他の国との交流も比較的活発に行っていることが読み取れます。これは、中国や韓国が第1希望の交流国ではないこと、もしくは両国間の歴史認識の進展や政治的状況の改善、国際交流の活性化などの要因により、後発的に交流推進が活性化されたとも考えられます。

2．2．4　自治体の交流内容からみた特徴

ここでは、各自治体が国際交流において重点的に推進している一般的な交流事業の目的とその内容について考察します。しかし、現実的には、2国間の交流提携において、その目的や内容が、「文化交流協定」や「経済交流」のような明確な形に特定されておらず、「総合的な国際交流」として定義・認識している場合が多くあります。したがって私達が、現在締結されている交流協定から、各自治体別交流の一般的な目的や内容などの特

表3　交流実績の分野別状況

(件数)

事業分類 交流相手国	行政	経済 (農・工・商)	文化	スポーツ	教育	医療	その他	計
世界全体	4,095	1,116	1,864	834	5,249	261	2,181	15,600
アメリカ	607	92	379	140	2,073	29	694	4,014
中国	1,734	687	401	261	867	175	538	4,663
韓国	566	87	286	143	300	2	186	1,570
オーストラリア	243	19	113	74	626	1	145	1,221

出所：表1と同。

徴を明確に把握するのは難しいと考えられます。

　以下では、(財)自治体国際化協会の資料を基に1999年から2003年までの5年間の交流実績を国家別、交流事業別に整理し（表3）、その傾向と特徴を考察してみました。

　前述の表1では、交流協定締結件数においては、アメリカが434件で、中国の313件よりも100件以上多いですが、最近の交流実績においては、表3のように中国がトップとなっています。そして、少し詳しく交流実績を内容により分野別にまとめてみると、図6の「交流実績の分野別割合」のように表すことができます。図6において、世界全体の項目をみると、一般的に、教育分野での交流が最も重視されているといえます。特に、アメリカやオーストラリアにおいては、教育分野での交流事業が半数を占めています。韓国、中国においては、教育分野での交流が重視されているものの、行政分野における交流事業がそれぞれ36％、37％と、最も高い割合を示しています。特に注目すべき点は、中国において行政分野における交流に続き、経済分野における交流が15％を占め、アメリカ、オーストラリア、韓国と比べて、きわめて高い割合を示していることです。また、韓国においても、第2位の割合を占めているのが、文化・スポーツ分野における交流事業（18％＋9％）であり、韓国では他の国に比べて、これらの分野における交流事業が活発であるといえます。

第2部　政治・経済・環境分野における日韓協力

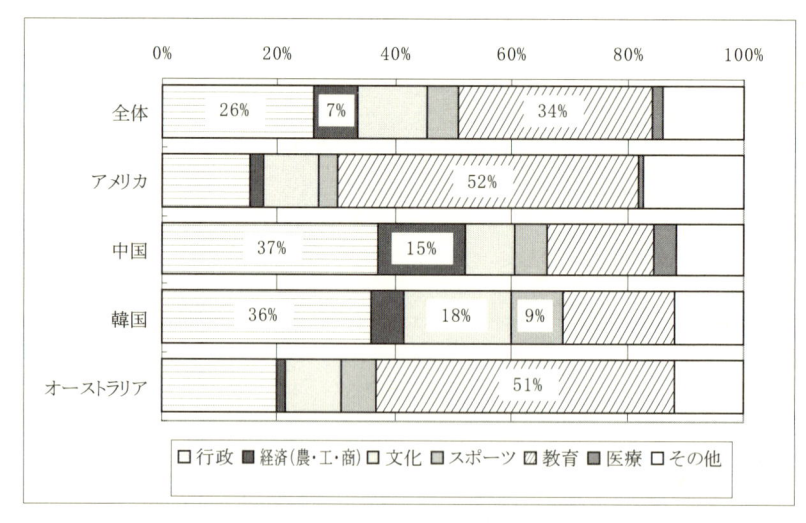

図6　交流実績の分野別割合

	行政	経済(農・工・商)	文化	スポーツ	教育	医療	その他
全体	26%	7%			34%		
アメリカ					52%		
中国	37%	15%					
韓国	36%		18%	9%			
オーストラリア					51%		

出所：表1と同。

　交流対象国によって交流事業の内容別割合に大きな差が現れる理由としては、次のように考えることができます。まず、アメリカやオーストラリアとの交流においては、青少年の語学研修や地域の国際化の一環としての交流が最も主な目的として推進された結果から教育分野において高い割合を示していると考えられます。

　そして、韓国や中国において、行政分野での交流が高い割合を占めている理由としては、自治体レベルでの国際交流推進が、近年になって可能となったことから、国際交流の初期段階において、行政主導型の国際交流に頼らざるを得なかった背景があると考えられます。その後、韓国や中国においては、段階的に自治体自身が重要視する分野における交流事業の活性化を図ってきたと思われます。すなわち、中国では、経済面に重点を置き、韓国では青少年の交流や、市民の文化・スポーツ交流に重点を置くようになったと考えられます。

第7章　日韓における自治体間国際交流の現状とその特徴

3．日韓の自治体間交流と情報化利用における特徴と傾向

3.1　交流地域別の特徴
3.1.1　交流地域別分布の特徴
３．１．１．１　韓国と交流している日本の自治体の特徴

　これまで、(財)自治体国際化協会の資料を基に、日本の自治体の国際交流について述べてきましたが、ここでは、その資料を参考に、webでの検索を行い、日本と韓国において、現在交流協定を締結し、交流を行っている自治体をすべて取り上げ、それらを対象に日韓自治体間の国際交流における特徴と傾向を詳しく考察してみたいと思います。

　調査の結果、2005年8月1日現在、韓国と交流提携を結んでいる日本の自治体数は、145となり、(財)自治体国際化協会の資料での111よりも34増加しています。韓国においても、同様の調査を行い、114の自治体が、日本の自治体と交流していることを確認しました。

　上記で述べたように、現在韓国と交流提携を結んでいる日本の自治体は、145あり、現在の日本の自治体総数2407の6％を占めています。またこのことは、外国自治体と何らかの交流を行っている日本の自治体数890の16％の水準です（表4）。このことに関して、前述の図1と関連して考えると、一般的に韓国は、歴史的・地理的・文化的要件などで日本との交流において、他国に比べて最も有利な交流要件を備えていると認識されやすい。しかし、交流相手国ランキングの上ではアメリカ・中国に続く3位にランクしており、締結件数においては、アメリカ（4倍以上）・中国（3倍）と比べ、大きな格差があることから、決して高い水準とはいえません。

　以下では、韓国と交流している自治体の割合を都道府県や市区、町村の規模別に分類し、その割合を調べてみます。まず、韓国と交流提携を結んでいる日本の自治体145の内、市・区は89（表4）で61％を占めています。また、自治体の規模別の総数から見た割合を調べてみると、都道府県の規模においては23％、市・区の規模では12％、町・村においては3％の自

159

第2部　政治・経済・環境分野における日韓協力

表4　都道府県、市区町村別交流自治体数（日本側）

	都・道・府・県	市・区		町・村		計（全体）
現在交流している自治体件数	11（23%）	89（12%）		45（3%）		145（6%）
日本の全自治体数	47	741	23	1,273	323	2,407
		2,360				

出所：web 検索により作成（2005年7月31日現在）。

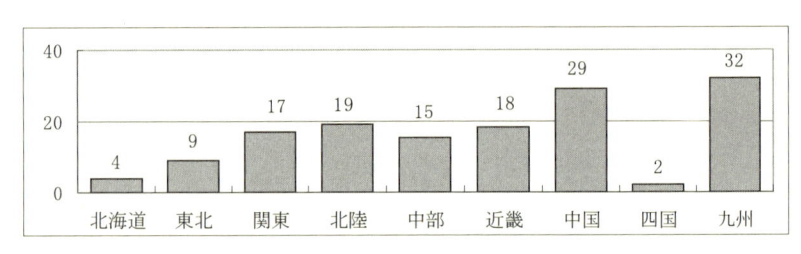

図7　地域別交流自治体数

北海道	東北	関東	北陸	中部	近畿	中国	四国	九州
4	9	17	19	15	18	29	2	32

出所：web 検索により作成（2005年7月31日現在）。

治体が交流提携を結んでおり、前述の（財）自治体国際化協会の資料を基にした分析結果と同じように、規模の大きな自治体ほど、韓国と交流している割合が高いといえます。

　韓国と交流している自治体の分布を都道府県別でみると、多くの自治体が、日本海側に位置することは、前述の図3－4のとおりです。また、各自治体を地方別に分類してみると、図7のように、地理的に韓国に近い西日本地域、特に中国地方や北九州地方に集中していることがわかります。

３．１．１．２　日本と交流している韓国の自治体の特徴

　前述した韓国の web 検索による交流状況に基づいて考察すると、現在韓国では114の自治体（このなかには、自治権を持たない邑・面・洞の16の行政単位を含む）が日本の自治体と158件に及ぶ交流を行っています。また、これを自治体規模別にみると、表5のように、交流全体においては、日本の都道府県規模にあたる、特別市・広域市・道規模の総自治体数が16で

第7章　日韓における自治体間国際交流の現状とその特徴

表5　行政単位制交流自治体数（韓国側）

	特別市・広域市・道	市・郡・区	その他（邑、面、洞等）	計（全体）
現在交流している自治体件数	16 (100%)	82 (35%)	16	114 (46%)
韓国の全自治体数	16	234		250

出所：web検索により作成（2005年7月31日現在）。

あることから、この規模の自治体においてはすべて（100％）が日本と交流していることになります。同様に、市・郡・区の規模では35％（総自治体数234）となっています（韓国の地方自治体については、16の広域自治体と234の基礎自治体があり、邑・面・洞規模は基礎自治体に含まれない）。

　また、日本と交流を行っている韓国の自治体を、規模別にみると、規模の大きな自治体の方が、規模の小さな自治体に比べて日本と交流している割合が高いといえます。このことは、日本側と同様の傾向であるといえるでしょう。

　図8のグラフからは、日本と交流を行っている韓国の自治体は、日本と地理的に近い東海岸地域に位置する自治体が多いということがわかります。なお、前述の日本側の特徴と照らし合わせると、互いの国に近い地域の交流が活発になっていることが確認できます。そして、内陸地域においては、ソウル特別市およびその周辺の京畿道のような大都市の方がより積極的に交流を行う傾向があるといえます。

3.1.2　日韓交流における環境の変化と年度別交流締結件数の推移

　近年日本と韓国との交流は、歴史的・地政学的な要因などに影響されながら、全般的には、積極的に推進される傾向をみせています。以下では、日韓国交正常化以後の日韓交流環境の変化と年度別交流提携の推移をまとめます。

3.1.2.1　日韓交流における環境の変化（交流関連主要出来事）
　1965年の日韓国交正常化以降、経済分野をはじめ、社会や文化などさ

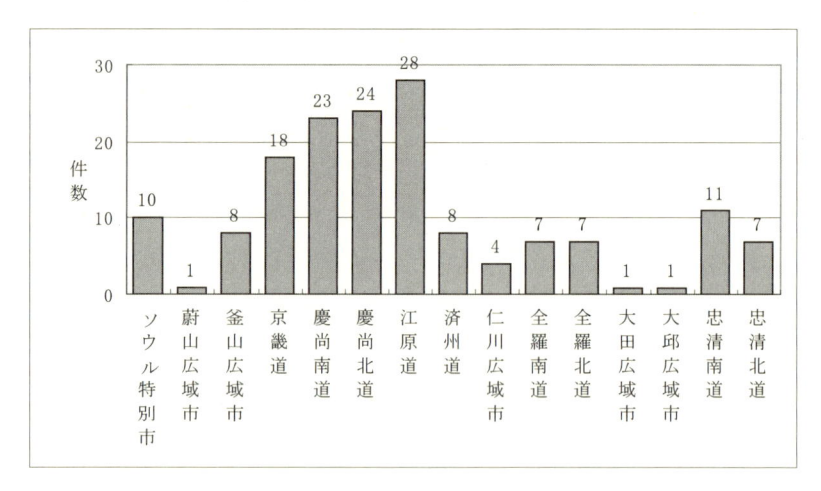

第2部　政治・経済・環境分野における日韓協力

図8　韓国の地方自治体交流締結件数

自治体	件数
ソウル特別市	10
蔚山広域市	1
釜山広域市	8
京畿道	18
慶尚南道	23
慶尚北道	24
江原道	28
済州道	8
仁川広域市	4
全羅南道	7
全羅北道	7
大田広域市	1
大邱広域市	1
忠清南道	11
忠清北道	7

出所：web 検索により作成（2005年7月31日現在）。

まざまな分野において日本と韓国間の交流は進展しつつあります。特に1988年のソウルオリンピック開催に際しては、韓国側から積極的な交流促進政策が打ち出されました。そして1998年の金大中大統領の訪日をきっかけに、両国の首脳級の訪問が現在までに各々8回を超え、2002年の「日韓国民交流年」、2003年「日韓共同未来プロジェクト」、2005年「日韓友情年」の交流推進とともに、日本文化に対する流入開放措置も段階的に実施されるようになりました。その結果、現在日本と韓国において両国国民の歴史認識や教科書問題などの溝を埋めながら、従来から続いている民間レベルでの交流はもちろん、自治体（行政）間交流においても大きな進展が見られるようになりました。行政部門、特に市民生活に直接関わりを持つ自治体の積極的な交流推進は、民間交流をさらに促進する一方、今まで交流が行われていなかった分野においても、新しい交流を生む最も有効な交流支援政策であるといえます。

３．１．２．２　日韓の自治体間交流提携の推移

　ここで、日韓国交正常化（1965年）以降の日本と韓国の地方自治体間交

流締結の推移を表したグラフに、日韓間の主な出来事を書き加えてみると、図9のようになります。図9からは、日韓の地方自治体間交流締結が1986年から1992年にかけて急激な増加を見せています。この期間中においては1988年のソウルオリンピックと1994年の広島アジア大会が開催されました。両国ともに、国際的に大きな行事を成功させるため、隣国である日本と韓国に対し、より積極的に交流を推進した結果、交流締結が増加したとも考えられます。特に、この時期の交流締結の急増については、中国・九州地方における交流締結が、他の地域に比べて多いことが興味深い点です。また、1989年の韓国における海外旅行の自由化や地方自治法の制定と、日本における80年代後半までの経済のバブル化もこの時期における重要な社会的交流環境の変化として考えられます。

　そして、1994年に韓国で日本の大衆文化段階的解禁方針が決議されたことも、日韓交流において最も大きな影響を与えた要因の一つといえます。図9からわかるように、韓国において日本大衆文化開放は段階的に推進され、2004年に全面開放に至っています。この日本大衆文化の開放は、日本と韓国のさまざまな分野においてはもちろん、市民生活に至るまで、より親密で積極的な交流をもたらすきっかけになったと考えられます。

　また、日韓の文化交流の拡大と日本における地域別交流の変化を調べてみると、地理的に韓国と多少距離を持つ日本の北陸や関東地方においては、中国や九州地方よりも少し遅れた90年代の後半から2000年辺りの期間で日韓交流が増えています。このような変化の要因の一つとして、2002年に日韓共催でサッカーワールドカップが行われ、その会場として北陸や関東の地域が含まれたことから交流が広がったとも考えられます。しかし、このような地域別交流の変化の理由について私達は、より広い意味として「文化交流の拡大」の結果だと解釈することができると思います。すなわち、大衆文化開放等の日韓友好関係が増進し、その結果、日韓交流がさまざまな分野において全国の各地域へ広がる傾向を見せているといえるのです。

３．１．２．３　韓国側の日本文化開放政策

　以下では、近年急速に増加した日韓交流に大きく影響を及ぼしたと考えら

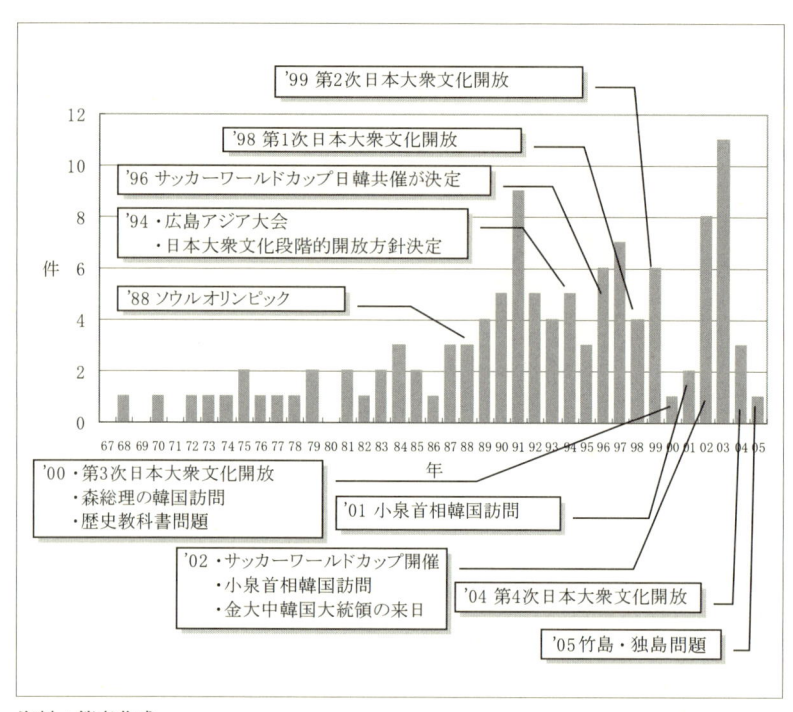

第2部　政治・経済・環境分野における日韓協力

図9　日韓自治体間の交流締結件数の推移と出来事

'99 第2次日本大衆文化開放
'98 第1次日本大衆文化開放
'96 サッカーワールドカップ日韓共催が決定
'94・広島アジア大会
　　・日本大衆文化段階的開放方針決定
'88 ソウルオリンピック
'00・第3次日本大衆文化開放
　　・森総理の韓国訪問
　　・歴史教科書問題
'01 小泉首相韓国訪問
'02・サッカーワールドカップ開催
　　・小泉首相韓国訪問
　　・金大中韓国大統領の来日
'04 第4次日本大衆文化開放
'05 竹島・独島問題

資料：筆者作成。

れる韓国の日本大衆文化開放政策の内容とその影響について述べていきます。

　2004年1月1日に第4次日本大衆文化の最終開放が行われ、映画やレコード・ゲーム・漫画・大衆歌謡・公演などの日本文化が全面的に開放されることになりました。これまで韓国では、1998年10月20日の第1次開放に続き、第2次開放（1999年9月10日）、第3次開放（2000年6月27日）の3回に渡り、段階的に日本大衆文化が開放されてきた経緯があります。

　ここで、日本大衆文化の開放が日韓自治体間の交流増加に実質的な影響を与えているかどうかについて考察してみると、図9からわかるように、実質的な影響を与えたと断言することはできません。なぜなら、実際に日本の大衆文化（歌謡や音楽・ゲームなど）は、韓国ではすでに以前から、正

164

式ではないさまざまなルートを通じて流入され、幅広く大量に流通してきたからです。

すなわち、現在のように情報化が進み、インターネット網による各種文化コンテンツの流入がかなり盛んに行われている現状を考慮すると、制度面での日本大衆文化開放が、交流の促進に直接的な影響を及ぼしたとはいい難いかも知れません。

しかし、この日本大衆文化開放が自治体間の日韓交流において持つ意味は極めて重要です。その理由としては、日本大衆文化開放政策が日韓両国政府間の交渉と合意によって政策的に推進されているからです。したがって、政府要人の積極的な相互訪問とともに大衆文化開放政策が、自治体間の交流協定締結への推進力になり、行政部門の交流を皮切りに、民間部門で自由かつ積極的な交流に取り込む大きなきっかけとなったと十分推測できるのです。

このように、日本大衆文化の開放や自治体間の国際交流が活性化するためには、日韓両国における国民的な相互理解や交流意欲などが重要な要因ではありますが、実際に交流の初期段階においては、何よりも行政部門における交流のための政策的な交流環境整備と、明確な交流のビジョンや方向性の提示が重要であるといえます。

3．2　日韓交流における情報化活用状況

最近日韓両国の社会において共通する急激な変化として、情報化の進展があげられます。社会の情報化やその進展は、まさに距離と時間を超えた情報の相互伝達を可能にする特徴を持ちます。したがって、社会各部門における多様な交流においてもこのような情報化（IT革命・IT導入）は、国際的な情報の相互伝達の最も有効な手段として期待できます。すなわち、情報化の進展によって情報発信側にとっては、より多くの人や団体への情報提供の効率が飛躍的に高まります。そして情報受信側（需要側）にとっても、コストの面ではもちろんのこと、既存の地域的格差や地理的障害、行政と民間の区別など多くの制限を緩和し、より多様な分野における情報

第2部　政治・経済・環境分野における日韓協力

伝達とそれによる相互交流が可能になると考えられます。以下では、日韓の地方自治体が公開しているホームページに関連し、国際交流への対応状況を調べてみます。

まず、韓国と交流している日本の145の自治体が公開しているホームページの内容を調べ、その公開されているホームページにおける国際交流への対応状況を調べました。そして韓国側においても、日本と交流している韓国の自治体すべて（114）がホームページを公開しており、各自治体のホームページにおける国際交流への対応状況を調べました。

3.2.1　ホームページでの多言語対応状況

日韓両国の地方自治体のホームページにおいて対応している言語を調べてみると、日本側の自治体では英語版のホームページが整備されているものが全体の43％、韓国語版のホームページが整備されていたのは21％、中国語版のホームページが17％、その他の言語が12％であり、半分以上の57％（82件）に及ぶ地方自治体のホームページは日本語だけに対応（日本語のみで作成されている）していることがわかりました。

詳しい内容は以下の図10のようになります。日本の都道府県規模では、100％すべての自治体が英語版を設けているのに対し、市区・町村と、自治体規模が小さくなるにつれて英語版のホームページを整備している割合が55％、4％と低くなっています。韓国語版ホームページの整備状況においては、都道府県規模と市区町村規模では91％と21％、2％と、大き

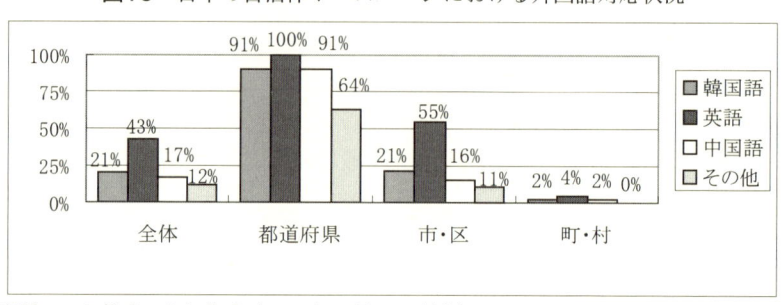

図10　日本の自治体ホームページにおける外国語対応状況

	全体	都道府県	市・区	町・村
韓国語	21%	91%	21%	2%
英語	43%	100%	55%	4%
中国語	17%	91%	16%	2%
その他	12%	64%	11%	0%

出所：web 検索により作成（2005年7月31日現在）。

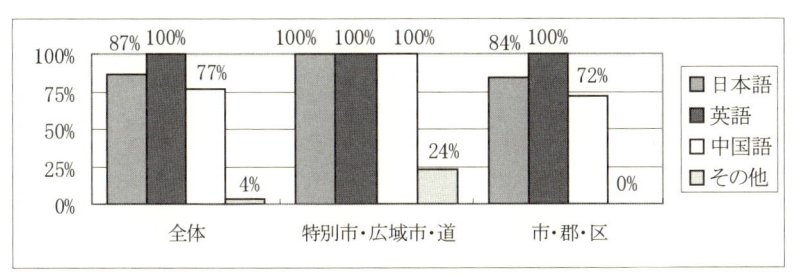

第7章　日韓における自治体間国際交流の現状とその特徴

図11　韓国の自治体ホームページにおける外国語対応状況

[図：全体 日本語87%、英語100%、中国語77%、その他4%／特別市・広域市・道 日本語100%、英語100%、中国語100%、その他24%／市・郡・区 日本語84%、英語100%、中国語72%、その他0%]

出所：web 検索により作成（2005年7月31日現在）。

な格差を見せています。

　一方、韓国側の地方自治体のホームページでは、図11のような結果が得られました。

　まず、日本と交流している自治体の100％すべてが英語版のホームページを持っており、日本語版のホームページ（日本語対応ホームページ）も87％が整備され、中国語版は77％整備されています。日本側の全体状況と比較すると、英語、交流相手国言語（日本語・韓国語）、中国語に関しては、韓国側がより積極的に対応していることがわかります。

　次に、韓国の地方自治体において、日本の都道府県に当たる特別市・広域市・道の規模を見てみると、英語、日本語、中国語のいずれも100％対応するホームページを設けています。日本の市区町村に当たる韓国の市・郡・区規模でも、英語版は100％で整備されています。そして、日本語版のホームページにおいても、84％水準で整備され、中国語においても72％と、いずれも高い割合となっています。

　しかし、その他の言語（フランス語・ロシア語など）を見てみると、日本側では、全体が12％整備されているのに対し、韓国側では、わずか4％にとどまっています。都道府県と、特別市・広域市・道を比較してみても、日本側の64％に対して韓国側は24％、日本側の市・区では11％に対し、韓国側の市・郡・区では0％となっており、韓国側では、その他の言語（英語、中国語、日本語以外の言語）はほとんど整備されていないことが

わかりました。

3.2.2 自治体ホームページでの国際交流内容の紹介と交流相手自治体へのリンク

ここでは、日本側および韓国側それぞれの自治体ホームページにおいて、交流相手国である韓国、もしくは日本の自治体との交流が紹介、または相手自治体のホームページにリンクされているかを調べました（図12参照）。

その結果、日本側では、韓国との交流を紹介またはリンクしている自治体が全体の約半数の48％でしたが、紹介もリンクも無い自治体が52％（82件）でした。また、図12において、これらを自治体規模別に都道府県と市区、町村の規模別でみると、韓国自治体との交流が紹介もしくはリンクされているのは、都道府県91％、市・区56％、町・村33％と、自治体規模が小さくなるにつれて、低い水準になっていくことがわかります。

一方、韓国側では、日本との交流を紹介している自治体が全体の７割近い66％で、日本よりも高い水準を示しています。また、図12のように自治体規模別にみると、特別市・広域市・道の規模の規模では79％で、日本よりも低い水準ですが、市・群・区の規模では69％と日本よりも水準が高く、自治体規模では水準に大きな差は無いことがわかります。

上記のことから、ホームページにおいて日本の自治体と韓国の自治体を比較すると、言語に関しては、交流相手国言語（韓国語・日本語）と、英

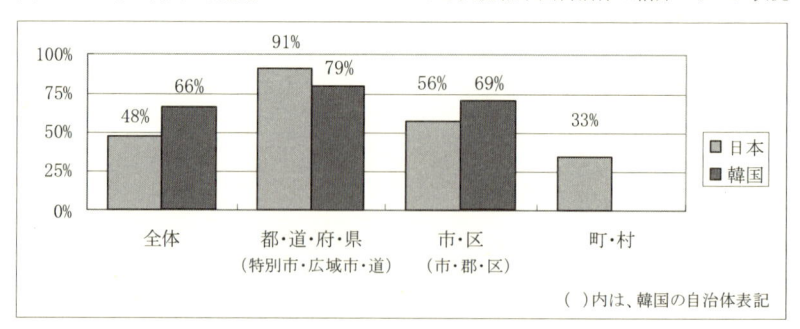

図12 日本と韓国の自治体ホームページにおける交流相手国自治体の紹介・リンク状況

出所：web検索により作成（2005年７月31日現在）。

語、中国語に関しては、圧倒的に韓国の自治体の方が積極的に対応し、情報発信に取り組んでいるといえます。

そして、その他の言語への対応においては、韓国では、ほとんど整備できていない状況であることがわかりました。また、交流相手自治体に関する交流の紹介とリンクに関しても、韓国側の方がやや積極的であるという傾向でしたが、日韓両国ともより積極的に取り組んでほしい分野であると思われます。

4．まとめ

本章では、日本の自治体が現在行っている国際交流を概観した上、主に交流協定などを結んでいる日本と韓国の自治体間の交流を中心に、日韓自治体の国際交流事業の内容とホームページ利用による交流情報発信における特徴とその傾向を考察しました。

以下では、まず、日本の自治体が現在行っている世界各国との国際交流の傾向と特徴を把握したのちに、日本と韓国との交流に焦点を当て、日韓交流の特徴と傾向をまとめます。

4．1　日本の自治体における国際交流の傾向と特徴

① 1980年代に入り、国際交流が急速に増加した。交流全体においてアメリカや中国との交流件数が特に多いです。

② 日本の自治体の規模が大きいほど、外国との交流協定の締結などにおいてより積極的であり、都道府県規模では中国との交流が非常に活発に推進されています。

③ アメリカとの交流の増加は、1980年代に入り日本国内の地方国際化推進ブームとバブル経済による影響が大きいと考えられます。

④ 中国においても、1972年の日中交正常化以後、1979年の米中交正常化による交流拡大が現実に可能になったからであり、その後、中国とは中国の経済成長と地方自治体の規制緩和による日本と

の交流推進の影響を受け、大きく増加しました。
⑤ 韓国とオーストラリアは並んで第3の交流国であり、交流提携推進傾向が大変似通っています。韓国との交流が、他国との交流に比べて、特に大きく活性化したともいい難いです。
⑥ 日本の国内地域別にみると、関東・近畿地方の自治体が国際交流においてより積極的です。一方韓国との交流は、西日本の九州・中国地方において最も活発であるといえます。
⑦ 中国地方においては、アメリカを抜いて韓国・中国との交流が上位を占めています。
⑧ 日本の地方自治体が現在行っている交流内容からみると、交流相手国によってその交流目的が異なる傾向をみせています。すなわちアメリカの場合、語学交流を中心とした青少年・教育分野に重点が置かれており、中国においては産業・経済面での交流が相対的に上位を占め、韓国の場合、スポーツや文化面での青少年・教育関連の交流が多い傾向を示しています。

4.2 日本と韓国の自治体交流における特徴と情報化利用

① 韓国と交流している日本の自治体の特徴としては、規模の大きな自治体ほど韓国と交流している割合が高く、西日本の中国・九州地方や、日本海に面した地域に集中する傾向があります。
② 韓国側の自治体の特徴としては、都市の規模が大きいほど日本との交流に積極的であり、韓国国内の地域別にみると、日本に近い東海岸部の地域において交流が盛んです。
③ 韓国と交流している日本の自治体の特徴は、他の自治体に比べアメリカよりも中国との交流に積極的です。
④ 日韓交流の特徴としては、国交正常化以降、社会各部門における関係改善とともに特にスポーツ・文化分野における積極的な交流推進により、交流が増加しました。すなわち、行政部門、特に政府レベルでの積極的な交流推進政策により交流が始まり、徐々に民間部門

での交流へ拡大していく成熟した交流パターともいえます。
⑤ 日韓交流における情報化利用状況（ホームページの整備）をみると、相手国の言語でのホームページ整備おいては、自治体の規模別には、日韓ともに類似した傾向をみせていますが、韓国側の日本語版ホームページの整備率は日本の韓国語整備率に比べ非常に高いです。
⑥ 交流相手自治体の紹介やリンクの状況においては、両国の傾向が類似しています。

4.3　残された問題と提案

　以上のような考察から、私達は各自治体間の国際交流は、その自治体の交流目的が最優先されながらも、地政学的な要因のみならず、国内の地域的要件や行政（政府）からの影響を大きく受けていることが確認できました。国際化の進展によって、大都市のみならず地方の中小都市までが諸外国とさまざまな直接的な関わりを持ち、国際交流を地域活性化に生かしていることが一般化しつつあります。

　そして、本章での考察から交流の初期段階においては、今までの経緯をみると、民間や市民の交流から始まり、体系的な国際交流へ自然に発展するケースよりも、官・行政主導の積極的な交流推進が自治体の国際化や国際交流への取組において最も効果的であったと考えられます。したがって、今後も自治体の行政部門では、地域の国際化や国際交流における長期的なビジョンと交流推進により期待される地域活性化の効果を提示しながら、地域の交流環境を整備する責任があります。

　しかし、いかなる自治体の国際交流においても、交流協定提携後の交流の進展や交流目的の達成、特に交流の持続のためには、地域住民・民間の積極的な参加や現実的な目的が必要となります。また、自治体としては、地域住民や企業などの国際交流に関連するニーズを正確に把握し、市民生活や企業活動を支援する交流推進政策を立案・実行・評価すべきです。そして、今後の地域間国際交流は、各自治体の構成員の成熟した国際的意識を基に、地域住民の自発的交流意欲を尊重した形での交流への転換、すな

わち交流の主体やその目的・内容において、今までの官・行政主導から民間参加・主導型の交流推進に移行することが望まれます。

　また、近年、社会の各部門での情報化が急速に進み、団体や組織のみならず民間、特に個人レベルでも国際交流に関する希望や提案などの情報を十分収集・発信できるようになりました。国際化・国際交流推進による地域活性化を目指す自治体は、このような時代的な環境変化を十分考慮し、従来の交流推進政策の目的や交流分野においても大きな修正を行う必要があります。すなわち、民間中心の国際交流への移行、市民による自主的な国際交流を目指さなければなりません。

　また、そのためにも、国際交流の対象が、違った文化や国・社会の個人や団体である故に、相互が接しやすい情報提供を行う必要があります。したがって、特に地方自治体の情報発信において、交流相手国への自国の広報やイメージアップ、交流目的の達成のためにも相手国の言語での充実した情報発信に取り組むべきです。

　そして、各地方の自治体が地域の規模の格差や地政学的な不利点を乗り越え、地域のニーズを十分満たしながら、国際的に有用な情報を収集・発信することによって、両国間の相互理解と交流を促進させることができると思います。

　日韓交流においても、文化交流をはじめとする正確で直接的な情報の共有が歴史や社会、文化における誤解や先入観を取り除き、一層成熟した日韓交流へと導く有用な手段になりうると思います。

　正確な情報とはいえませんが、最近韓国で紹介された日本映画や日本での韓流ブームのような文化コンテンツの伝達と共感によって、両国の関係がより親密で理解できる対象として認識が変化しつつあることもその一例としてあげられます。

　また、効果的な地域活性化と円滑な国際交流を推進するには情報化の導入が何よりも役立つと考えられます。国際交流における情報化の推進と活用こそ、従来の２国間交流を超えて今まで成し得なかった多国間交流ネットワークの実現や、地域住民の個人レベルでの真の国際交流への参加と理

解に最も効果的で、実現可能な手段となると考えられます。

注
1) 2005年6月30日現在、(財) 自治体国際化協会ホームページに公開されているデータを利用しました。
2) 合併などにより、自治体数には多少変化がありますが、既存の締結された協定などは、原則的に引き継がれると仮定します。

参考文献
(財) 自治体国際化協会 (Council of Local AuthorIties for International Relations: CLAIR) (http://www.clair.or.jp/).
韓国地方自治団体国際化財団(Korea Local AuthorIties Foundation for International Relations) (http://www.klafir.or.kr/).
市町村データ：全国町村会 (http://www.zck.or.jp).

第2部　政治・経済・環境分野における日韓協力

第8章　東アジア地域における貿易パターンの変化と日韓協力

権　俸　基

1．はじめに

　近年、アジア地域の経済におけるさまざまな変化が注目されているが、そのなかでも特に各国の貿易パターンの変化と、アジア地域においてさまざまな形態の経済協力が急速に進み、経済統合へ向かっていることがあげられます。

　本章では、アジア地域国家のなかで、主に日本、中国、ASEAN、韓国を取り上げ、各国の貿易における変化、および地域経済統合推進の現状とその問題点を考察します。そして日本と韓国を中心に、アジア地域における経済統合の進展と交易条件の変化に伴う日本と韓国の産業構造再編と経済協力において、より望ましい貿易政策を展望してみます。

　2005年11月に開かれた第13回アジア太平洋経済協力体（APEC）において、アジア諸国をはじめとする21カ国の首脳は「開かれた貿易と投資」をめざす内容のPUSAN宣言とともに、WTO（World Trade Organization：世界貿易機関）のドーハ開発アジェンダ（DDA）交渉成功のための特別声明を採択しました。

　アジア地域には、GDP規模で世界第2位の日本や、最近急成長を成している中国、アジアNIESをはじめ、今後の成長が最も期待されるASEAN諸国などが位置しています。特に、東アジア地域の主要11カ国の輸出額を見ても、2004年には、世界の輸出総額の27％以上を占めており、このようなアジア地域の経済協力体であるAPEC加盟国による声明は、アジア地域の今後の貿易拡大と経済発展のみならず、世界経済においても重要な意味を持ちます。

第8章　東アジア地域における貿易パターンの変化と日韓協力

2．東アジア地域の経済成長と貿易パターンの変化

2．1　経済成長と貿易の拡大

　2003年に続き、2004年にもアジア主要国における経済成長は順調に高い成長を維持しました。日本経済は、2003年には、実質GDP成長率において、2002年のマイナス成長から2.5％を達成し、長期的景気低迷から脱出の兆しを見せはじめました。そして、東アジアの主要国の経済も、中国経済の国内外需要の拡大などに影響され、香港、シンガポール、台湾を中心に大幅に成長しました。これらの国では、2004年度実質GDPにおいて中国の9.5％の成長をはじめ、台湾5.7％、香港8.3％、シンガポール8.4％、マレーシア7.1％など、2003年に比べ、大幅に上昇しました。そして、経済成長とともに、貿易の拡大も続いています。特に、東アジア地域では、中国が2003年だけでも輸出入ともに前年比30％を超える増加を記録するなど、ほぼすべての国において貿易が拡大しています。ここで、このような貿易の急増について、その背景を見ると、域内の国家間貿易の急増や、アジア地域における国家間経済協力と、地域経済統合の進展などに関連すると思われます。そして、特に東アジア地域国家の貿易額の急伸は、従来の日本との高い貿易額に加え、中国との貿易額の急速な伸びが貢献していることがわかります。また、アジア地域内での貿易についてみると、2004年の国連統計から、日本を除いたアジア地域から同じアジア地域への輸出が総輸出額の43.3％に達しており、日本の場合、輸出総額の46％がアジアに向けて行われています。これは、世界全体の総輸出額の21.7％がアジアへの輸出であることと比較すると、アジア地域における域内貿易の重要性が理解できます。

2．2　輸出入パターンの変化

　以下では、日本を中心に行われたアジア地域における輸出入の変化を基に、その傾向を調べてみます。まず、日本の輸出入パターンを見ると、輸出において主な対象国は、従来からアメリカと欧州工業国です。しかし、

第２部　政治・経済・環境分野における日韓協力

表１　日本の対地域・国家別の輸出シェア

(％)

年度	1995	1996	1997	1998	1999	2000	2001	2002	2003	2004
ASEAN6カ国合計	17.51	17.74	16.5	11.94	12.91	14.21	13.39	13.25	12.93	12.88
中国	4.96	5.33	5.16	5.18	5.59	6.34	7.68	9.56	12.16	13.03
香港	6.26	6.17	6.47	5.82	5.27	5.67	5.77	6.1	6.33	6.27
韓国	7.05	7.14	6.19	3.96	5.48	6.41	6.27	6.86	7.37	7.85
台湾	6.52	6.32	6.55	6.6	6.89	7.5	6.01	6.3	6.62	7.39
東アジア合計	24.79	24.96	24.37	21.56	23.23	25.92	25.73	28.82	32.48	34.54
欧州工業国	16.66	16.14	16.48	19.39	18.73	17.1	16.66	15.3	15.95	15.49
アメリカ	27.55	27.5	28.12	30.88	31.08	30.04	30.38	28.89	24.9	22.47

出所：United Nations Statistic Division（各年度）より作成。

　表１でのように、日本から両地域への輸出シェアの合計比率は、2000年代に入り、減少しつつあります。一方中国をはじめとするアジア地域向けの輸出シェアは増加しています。アジア地域のなかでも特に中国への輸出が近年、90年代（５％前後の増加率）の２倍以上（12％台の増加率）と急増しており、韓国向け輸出も増加しています。輸入面では、表２でのように、中国からの輸入の増加が特徴的ですが、2000年代に入ってアメリカからの輸入の減少も目立ちます。そして、他のアジア地域国家からの日本への輸入は、相対的に変化が小さいことがわかります。また、日本の輸出入シェアの最近の変化を地域別に比較してみると、欧州やASEAN地域の輸出入シェアが比較的安定していることに対し、ここ10年間で輸出入シェアトップの対象国・地域が、アメリカから東アジア地域へ移っていることが明確にわかります。

　表３と表４は、アジア地域の輸出・輸入において、大きな割合を占める東アジア３国（中国・日本・韓国）の地域別輸出・輸入シェアを比較したものです。1999年と2003年の各国の輸出入シェアを比較してみると、アメリカに対しては、東アジア３国の輸出入シェアがすべて減少していることがわかります。そして、欧州工業国に対しては、３国ともに輸出入シェアが減少傾向ですが、中国の輸出が増加しています。また、ASEAN ６カ

第8章　東アジア地域における貿易パターンの変化と日韓協力

表2　日本の対地域・国家別輸入シェア

(%)

年度	1995	1996	1997	1998	1999	2000	2001	2002	2003	2004
ASEAN 6カ国合計	13.96	14.62	14.37	13.74	14.53	15.21	15.04	14.8	14.75	14.42
中国	10.72	11.58	12.36	13.22	13.82	14.51	16.57	18.3	19.68	20.66
香港	0.81	0.74	0.66	0.62	0.58	0.44	0.42	0.42	0.35	0.36
韓国	5.14	4.57	4.3	4.3	5.17	5.39	4.92	4.59	6.67	4.84
台湾	4.27	4.28	3.69	3.65	4.13	4.71	4.06	4.02	3.73	3.638
東アジア合計	20.94	21.17	21.01	21.79	23.7	25.05	25.97	27.33	30.43	29.498
欧州工業国	16.11	15.52	14.73	15.43	15.36	13.54	14.04	14.31	14.16	13.81
アメリカ	22.58	22.84	22.43	24.05	21.78	19.1	18.25	17.42	15.65	13.89

出所：表1と同。

国（インドネシア・マレーシア・フィリピン・シンガポール・タイ・ベトナム）に対しては、中国が輸出・輸入の両方でシェアが増加しており、日本の輸出入シェアは増加していますが、韓国は輸出シェアが減少していることがわかります。

なお、東アジア地域の主要3国（中国・日本・韓国）の貿易相対国に対する依存度の変化を1999年から2003年まで年度別に見ると、図1～3のようになっています。対日貿易依存度（図1）においては、アメリカが緩やかに下落する傾向であり、韓国は近年、急激に低くなっています。しかし中国は、90年代の1％未満の水準から、2000年3.8％、2003年4.2％と急激に上昇してきています。また、世界最大の貿易国であり、最大の輸出市場であるアメリカに対して、日本の依存度は、ほぼ目立った変化を見せず（図2）、韓国は2000年以降、依存度が多少下がる傾向ですが、中国の対アメリカ依存度は、90年代に続き、年々その水準が高くなってきています。そして、中国に対する依存度（図3）を見ると、その上昇率において差はあるものの、日本をはじめ、アメリカ、韓国ともに年々高くなってきており、特に韓国が急上昇を見せています。

以上のことから、東アジア地域において、輸出入の増加は、域内貿易の増加が大きな部分を占めていることがわかります。特に、東アジア地域に

表3 中国・日本・韓国の地域別輸出シェアの変化

(%)

from \ to		アメリカ	欧州工業国	ASEAN6
中国	1999	21.6	16.0	6.0
	2003	21.1 ↓	16.9 ↑	6.8 ↑
日本	1999	31.1	18.7	12.9
	2003	25.0 ↓	16.0 ↓	12.9 −
韓国	1999	20.6	15.8	12.1
	2003	17.8 ↓	13.5 ↓	10.3 ↓

出所：表1と同。
注1）シェアは各国の総輸出額に占める貿易相対国への輸出額の割合。
　2）中国は香港を含みません。

表4 中国・日本・韓国の地域別輸入シェアの変化

(%)

to \ from		アメリカ	欧州工業国	ASEAN6
中国	1999	11.8	16.3	8.9
	2003	8.2 ↓	13.7 ↓	11.3 ↑
日本	1999	21.8	15.4	14.5
	2003	15.7 ↓	14.2 ↓	14.8 ↑
韓国	1999	20.8	12.0	10.0
	2003	13.9 ↓	12.0 −	10.0 −

出所：表1と同。
注1）シェアは各国の総輸入額に占める貿易相対国への輸入額の割合。
　2）中国は香港を含みません。

おいて、日本と韓国の対中国輸出入シェアが急激に高まっていることや、中国と比べて、日本と韓国のASEANに対する輸出入シェアが伸びていないことは注目すべき点です。すなわち、アジア地域における貿易構造の変化はすでに大きく進んでおり、そして、アジア地域内での分業構造変化に伴い、従来とは異なる貿易パターンが定着しつつあることがわかります。

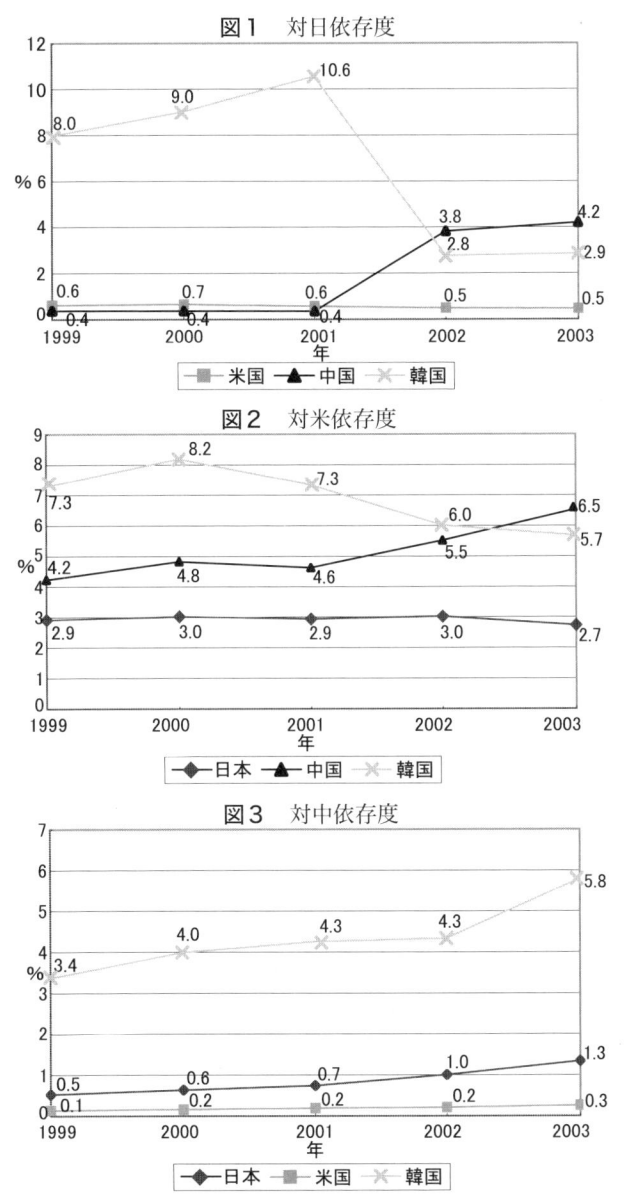

第 8 章　東アジア地域における貿易パターンの変化と日韓協力

図1　対日依存度

図2　対米依存度

図3　対中依存度

出所：JETRO ホームページより作成。
注）各国に対する依存度は、各国・地域の名目 GDP に占める日本、米国、中国向け輸出の割合により算出。

3．アジア地域の経済統合の推進

前述したように、近年、アジア地域の国家間の貿易における相互依存度がますます高まっています。そしてまた、アジア地域においては、2国間および多国間の自由貿易協定（FTA）も活発に推進されています。ところで、現在の世界貿易は、その基本原則といえるGATT／WTO体制の下で行われています。GATT／WTOの基本原則としては、無差別主義に基づいた最恵国待遇（MFN：Most-Favored-Nation Treatment）原則と内国民待遇原則、そして相互・互恵主義と自由主義に基づく数量制限の撤廃、ならびに貿易障壁の関税化と関税の相互引き下げをあげることができます。

アジア地域における地域経済統合のような地域間や2国間の協定は、一定の条件の下で上記の基本原則の例外として1947年のGATTで承認されています。すなわち自由貿易地域（自由貿易協定）または関税同盟などの経済統合の結成にあたり、すべての財の域内貿易を一定期間内に原則的に自由化すること、および域外に対する貿易障壁を高めないとの一定の条件が設けられているのです。以下では、GATT／WTO体制の下での世界における地域経済統合の現状と、東アジア地域における自由貿易協定の推進について考察してみます。

3.1 WTO体制と地域経済統合

WTOは、1947年GATTを継承し、1995年発足しました。WTOの理念を簡単に要約すると、「世界の経済的繁栄のため、開発途上国の経済開発と世界の環境保全に留意しつつ、その基本原則の維持を通じて、自由・無差別な多角的貿易体制を確立すること」とされています。現在、WTO加盟国は148カ国（2004年2月）にのぼり、世界貿易において上述したWTOの理念の下でのグローバリゼーションが進行しています。しかし、WTOは全会一致で物事を決める「コンセンサス方式」を採用していることから、加盟国の増加とともに意見集約が難しくなり、その現実性が問われるようになっています。

第8章　東アジア地域における貿易パターンの変化と日韓協力

　すなわち、GATT／WTO の理念に基づく多角的貿易体制の実現には、現実的に世界で進んでいる地域主義や域内貿易の活性化に基づく地域経済統合との調整などが必要とされます。なぜならば、地域経済統合（regional economic integration）は、隣接した複数の国が貿易・経済分野における国家間の障壁を撤廃し、自由化・一体化を進めることと一般的に定義されていますが、リージョナリゼーションの進行により、差別主義・非多角主義（複数国間主義）に基づく域内の自由化と域外障壁の存続が問題化してきたからです。
　一般的に、地域経済における２国間・複数国間の地域協定（FTA）の場合、WTO 体制下で推進している多国間協定よりも貿易障壁が高くなり、貿易自由化の利益が低減するという理由で、地域における２国間・複数国間の協定（FTA）に対する批判的な意見もあります。また FTA は、先進国と比較的経済力がある途上国と締結される場合が多く、経済的立地が弱い国がさらに差別されることも指摘されています。しかし、WTO 体制下で推進している多国間・多角的協定締結のためには、時間的な問題や多角的調整が必要なことから、現実的に貿易の自由化をより効果的に促進するには、地域別の２国間・複数国間の貿易協定（FTA）を推進する方法がより実現可能な最善の代替策であると主張されています。
　現在、WTO では、地域経済統合を地域貿易協定（RTA：Regional Trade Agreement）と呼び、①自由貿易地域または自由貿易協定（FTA：Free Trade Agreement）、②関税同盟、③その他の形態（授権条項による途上国間の特恵貿易協定など）として３つに類型化しています[1]。そして、WTO に通報されている FTA は1990年には31件でしたが、2004年には191件に急増しています。
　図４、および表５では、現在、世界の主な地域における地域貿易協定とその域内貿易の割合状況を表しています。2001年の世界輸出額と輸入額に占める主な地域貿易協定（EU・NAFTA・メルスコール・ASEAN）の総輸出額シェアは、世界輸出額（５兆9840億ドル）の65.4％、総輸入額シェアは、世界輸入額（６兆2700億ドル）の69.1％となっています。表５の

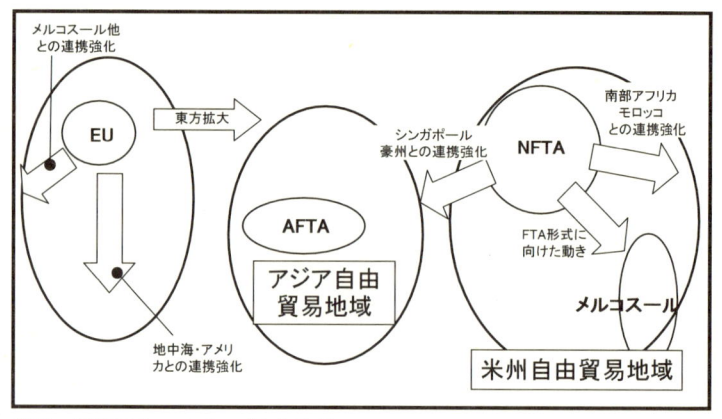

図4　世界の主な地域貿易協定

出所：外務省ホームページより引用。

表5　主な貿易協定における域内貿易／域外貿易の割合（モノ分野）

	輸出額2001年					輸入額2001年				
	全体 (10億ドル)	域内(%)シェア	増加率	域外(%)シェア	増加率	全体	域内(%)シェア	増加率	域外(%)シェア	増加率
EU	2291	61.85	3	38.15	5	2334	60.89	3	39.11	4
NAFTA	1149	55.46	9	44.54	4	1578	39.55	9	60.45	7
メルコスール	88	17.26	13	82.74	5	84	18.88	13	81.12	9
ASEAN	385	23.46	11	76.54	9	336	22.77	10	77.23	6

出所：佐野進策（2004）p.8より引用。
注）増加率：1990～2001年。

ように、特にEUでは、輸出・輸入ともに域内貿易シェアが60％を超えており、NAFTAでは、域内輸入シェアが40％、域内輸出シェアは55％に至っていることに注目すべきです。以上のようなことから、今後世界経済および地域経済において、地域貿易協定と域内貿易の重要性がますます高まっていくことが予想できます。

3.2 東アジアの地域経済統合の推進

上述したように、最近、世界的に地域貿易協定が活発に締結されるにつれ、東アジア地域においても地域貿易協定に対する関心が高まっています。世界的規模の地域貿易協定としては北米自由貿易協定（NAFTA：North America Free Trade Agreement）と欧州連合（EU：European Union）をあげることができ、この地域で世界貿易の約60％を占めています。しかし、東アジア地域は、世界第2位規模の日本や、11位の貿易国である韓国、ASEANが位置しているにもかかわらず、ASEAN自由貿易地域（AFTA：ASEAN Free Trade Area）を除けば実質的な地域経済協力体が成立していません。

このような背景から、最近東アジア諸国は2国間・地域間自由貿易協定の推進を急いでいます。そして世界経済における地域貿易協定の急速な増加とともに、日本は2002年シンガポールと自由貿易協定を締結し、2004年末にはフィリピン、2005年9月にはタイとのFTA締結の基本合意に達しました。そして2005年現在、メキシコとの間でFTAが発効され、マレーシア、インドネシアとも2国間FTA推進協議を進めています（ASEAN全体とは2005年4月交渉開始、2005年6月には、インドネシアとの間でも交渉開始に合意）。また、東アジア地域において現在推進されている国家間FTAは、アメリカ、オセアニアを含めて図5のように表されます。

韓国は2004年、チリとのFTA締結や、2005年シンガポールとのFTA締結以後、日本、欧州自由貿易連合（ETA）などのさまざまな国とのFTA交渉を進めており、2005年度中にASEANとの4番目のFTA基本協定を締結する予定です。特にASEANとのFTA基本協定締結は、2国間のFTAではない10カ国との一括提携になることが注目されています。なお、日本とは「2005年中の実質的な交渉終了が目標」として、推進されています。そして、中国も2001年ASEANとのFTAを提案し、交渉を開始・進行させているなど、東アジア地域の国家のみならず、図5のように、アジア周辺のアメリカ、オセアニアを含んで、ASEANを中心に地域経済統合過程における国家間FTA締結の競争が激しく展開されています。

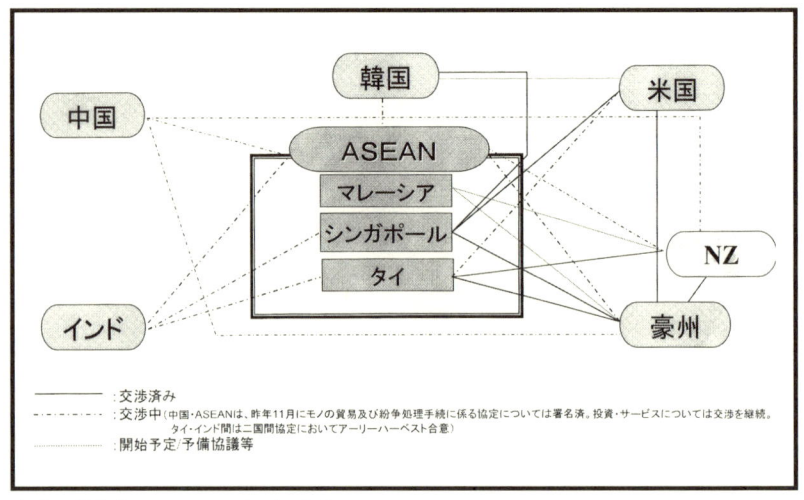

第２部　政治・経済・環境分野における日韓協力

図５　東アジア地域におけるＦＴＡ推進状況

出所：外務省ホームページより引用。

表６　アジア地域国家の関税率

（単純平均）

	日本	EU	中国	韓国	マレーシア	フィリピン	タイ	インドネシア
全産品	2.9%	4.1%	10.0%	16.1%	14.5%	25.6%	25.8%	37.5%
非農産品	2.3%	3.9%	9.1%	10.2%	14.9%	23.4%	24.2%	36.0%

出所：財務省『貿易統計』(2000) より引用。

　なお、アジア地域のFTA交渉や推進において主な障害は、まず原産地規定をはじめとする農業分野（一次産品）における関税率の問題です。表６でのように、日本、EUなどに比べて、アジア地域国家の関税率は高関税率が維持されている現状です。そして次の問題としては、労働の国家間移動に関する各国の意見の違いをあげることができます。今後アジア地域でのFTA推進は、これらのような諸問題に対する国家間の異なる意見の調整が必要とされます。

第8章 東アジア地域における貿易パターンの変化と日韓協力

4．日韓の産業構造の変化と経済協力

4．1 中国・日本・韓国間の産業内貿易

ここでは、東アジア3国（中国・日本・韓国）を中心に、3国間貿易の推移とともに産業内貿易指数を比較することによって、3国間貿易の特徴を考

表7　日本・中国・韓国の輸出入額の推移

（単位：100万ドル）

		年度	輸入国		
			日本	中国	韓国
輸出国	日本	1995 2003		21,970 57,395	31,227 34,786
	中国	1995 2003	28,461 59,424		6,695 20,115
	韓国	1995 2003	17,045 17,269	9,142 35,100	

出所：表1と同。
注）中国は、香港を含みません。

表8　中国・日本・韓国の輸出シェアの変化

（％）

from \ to		中国	日本	韓国
中国	1999 2003		16.6 13.6　↓	4.0 4.6　↑
日本	1999 2003	5.6 12.2　↑		5.5 7.4　↑
韓国	2003 2003	9.5 18.1　↑	11.0 8.9　↓	

出所：表1と同。
注1）シェアは各国の総輸出額に占める貿易相対国への輸出額の割合。
　2）中国は香港を含みません。

表9　中国・日本・韓国の輸入シェアの変化

（％）

to \ from		中国	日本	韓国
中国	1999 2003		4.2 2.7　↓	10.4 10.5　−
日本	1999 2003	13.8 19.7　↑		5.2 4.7　↓
韓国	2003 2003	7.4 12.3　↑	20.2 20.3　−	

出所：表1と同。
注1）シェアは各国の総輸入額に占める貿易相対国への輸入額の割合。
　2）中国は香港を含みません。

185

察します。表7は、東アジア3国の1995年と2003年の相手国との輸出額・輸入額を比較したものです。まず、同期間中の3国間の輸出入額は、大きく増加しています。特に中国から日本や韓国への輸出が大きく伸びています。また、日本と韓国から中国への輸出も大きく伸びており、日本と韓国から中国への輸出も大きく伸びています。しかし、日本から韓国への輸出と韓国から日本への輸出は、相対的に伸び率が低いことに注目すべきです。

さらに東アジア主要3国の相手国別輸出入シェアの変化を比較してみます。表8、表9は、1999年、2003年度における中国・日本・韓国の輸出入総額に対する相手国への輸出入額のシェアを比較したものです。表から、各国の相手国別輸出入シェアの変化を見ると、中国の日本に対する輸出シェアと輸入シェアは、ともに低下しており、韓国に対しては輸出シェアが増加、輸入シェアは大きな変化が無いことがわかります。また、韓国の日本に対する輸出シェアは低下しており、輸入シェアもほぼ変化がないことがわかります。中国に対しては、輸出・輸入シェアともに大きく増加しています。日本は、中国に対しては輸出・輸入シェアともに増加していますが、韓国に対しては輸出シェアは増加する一方、輸入シェアは減少しています。

ここで、以上のような東アジア3国における輸出入額や輸出入シェアの変化を、KANG（2005）での、3国間の製造業における産業内貿易指数と比較してみます[2]。

財（商品）の貿易において、類似しているが、差別化され、市場において独占的競争力を持つ財の貿易、すなわち同じ産業に属する商品の貿易を産業内貿易（IIT：intra-industry trade）と定義します[3]。さらに、一般的に産業内貿易は、垂直的産業内貿易（VIIT：vertical intra-industry trade）と水平的産業内貿易（HIIT：horizontal intra-industry trade）に分類されます。垂直的産業内貿易は、生産段階による分業で、企業内貿易（intra-firm trade）や海外部品調達（out-sourcing）がその一例です。水平的産業内貿易は、典型的な産業内貿易で、商品の品質やデザイン、ブランド名などによって、差別的競争力を持つ商品の貿易といえます。

一国の産業内貿易水準を測定するためには、GL指数、Aquino指数、

第8章　東アジア地域における貿易パターンの変化と日韓協力

Brulhart 指数などが幅広く使われています。GL 指数（Grubel-Lloyd：グルーベル＝ロイド）（産業内貿易指数）は、産業間、国家間に特化が進むほど産業内貿易が低調になり、特化が進まないほど、産業内貿易が活発化する点に着目し、1から貿易特化指数を引いた値として定義します。

$$GLi = 1 - \frac{|Xi - Mi|}{Xi + Mi}$$

Xi ： 2国間のi産業（商品）の輸出額
Mi ： 2国間のi産業（商品）の輸入額

　GL 指数は、0 ～ 1 の値を持ち、1 に近くなるほど、産業内貿易が活発で 2 国間の産業が類似しており、補完関係であると考えられます。ただし、GL 指数は貿易収支の不均衡の程度に応じて、その値が小さくなるバイアスを含むものです[4]。

　まず、表10からは、3国間の産業内貿易指数において、日韓間で最も高い指数が得られ、日中間で最も低い指数が得られていることがわかります。

　そして、3国間貿易においては、垂直的産業内貿易が産業内貿易の大半を占めており、国家間の製品価格や、技術水準、品質において大きな差が存在すると考えられます。

　ここで東アジア3国間の産業内貿易指数と東アジア3国間の輸出入額を比較してみると、日本と韓国との間で産業内貿易指数が最も高い水準を表していますが、2国間の輸出入額の規模とは異なることがわかります。すなわち、日本と韓国は、生産要素賦存度の差による産業構造の比較優位の側面から見ると、類似した産業構造を持っていたため、今まで競争的な関係の貿易国でしたが、2000年代に入り、差別化されて商品の生産と産業内貿易による新しい国際分業へと徐々に移っていることがわかります。（表11）

　そして中国、日本、韓国の3国間貿易において、共通的に垂直的産業内貿易が産業内貿易の大半を占めており、水平的産業内貿易の割合は、商品の生産技術の格差が縮まっている中国と韓国間、そして日本と韓国間で相

187

第2部　政治・経済・環境分野における日韓協力

表10　中国・日本・韓国間産業内貿易

(2003年・%)

	中国・韓国	日本・韓国	中国・日本
産業間貿易	70.1	63.0	75.0
産業内貿易	29.9	37.0	25.0
(垂直的貿易)	(25.0)	(34.6)	(20.9)
(水平的貿易)	(4.7)	(2.3)	(1.4)
(誤差)	(0.1)	(0.1)	(2.8)

出所：KANG（2005）p.39より引用。

表11　日本・韓国間製造業における産業内貿易

(単位：%)

年	1999	2000	2001	2002	2003
産業間貿易	65.3	65.0	61.6	60.8	63.0
産業内貿易	34.7	35.0	38.4	39.2	37.0
(垂直的貿易)	(32.1)	(32.2)	(34.5)	(35.7)	(34.6)
(水平的貿易)	(2.4)	(2.7)	(3.8)	(3.4)	(2.3)
(誤差)	(0.1)	(0.1)	(0.2)	(0.1)	(0.1)

出所：表10と同。

対的に高い結果をみせています。これは、産業構造において、日本、韓国、中国の順で製品価格や生産技術の水準、品質の差が存在し、それらの格差が小さいほど、水平的産業内貿易の割合が高いことを意味します。すなわち、東アジア3国の中で韓国の産業構造は、中国と日本の産業構造の中間的な立場でありながら、中国よりは日本に類似しており、これは要素賦存度の格差の場合による産業構造の水準とも一致しています。

4．2　日韓の貿易構造の変化とFTA推進

今まで東アジア地域の3国を中心に各国の輸出入パターンの変化や貿易依存度、産業内貿易指数について考察しました。その結果、3国間においても急速な貿易パターンの変化が起こっていることがわかりました。すなわち、日本と韓国、韓国と中国との産業構造における格差は縮まっています。

第8章　東アジア地域における貿易パターンの変化と日韓協力

　一方、産業構造の比較優位理論によると、類似した産業と競争的な貿易構造を持つ国家間の貿易は、自由貿易協定により、貿易がより自由化されても比較優位に基づく貿易創出効果が期待できず、その経済効果は大きくないと予想されます。すなわち、各国の貿易パターンがその国の生産要素の賦存比率と商品の生産要素集約によって決定される理由から、要素賦存が異なる国家間の貿易が活発になります。

　しかし、自由貿易協定の進展は、完成品としての商品の貿易のみを自由化せず、最終的には異なる経済体制の経済統合を意味します。したがって長期的には、生産要素や資本、技術の貿易や移転も自由化することになります。そして、自由貿易協定により統合された経済では、より効率的資源配分が行われ、両国経済ともに貿易による利益以上の経済成長が期待できるようになります。日韓FTA推進においても、その効果は貿易量の増加だけを意味するのではなく、両国の産業の高度化や資源の効率的利用、技術開発、高付加価値商品開発などが期待されます。

　ここでは、東アジア3国のなかで、もっとも類似した産業構造を持っている日韓間のFTA推進状況をみます。韓国政府は2005年9月、日韓両政府が推進している日韓自由貿易協定（FTA）について「模範的協定を結びたい」と言及し、日韓FTAにおいて貿易品目の90％という高い自由化比率での合意を希望することを表明しました。また日本側では、2003年10月、2004年7月の両国首脳会談において「2005年中の実質的な交渉終了が目標」を確認し、日韓FTAを推進しています。韓国と日本は東アジア地域の他の国と比べて相対的に類似した産業構造を持っており、経済成長の段階においてもアジア地域において両国のみOECDの加盟国です。そして、産業内貿易が他国に比べ相対的に活発であり、比較優位および製品差別化による分業も進んでいることは、日韓間のFTA締結において容易な条件であるといえます。

　しかし、類似した産業構造により交易競争的関係にあることも事実です。すなわち両国ともに、アジア地域における部品の輸出国でありながら、日韓間の貿易においては、日本が相対的に高い技術や資本力を必要と

する部品を輸出し、韓国が組み立てるような垂直的な分業パターンです。したがって、日韓間の FTA 締結の場合、このような相対的に比較優位が低い産業において弊害が生じることも予想できます。そして、日韓 FTA 推進において、最も大きな問題としては、市場アクセス交渉の進め方にあります。また、具体的な関心項目としては、関税撤廃をめぐる両国の思惑の相違が指摘できます。

日韓 FTA の成功のためには、FTA 締結による利益を最大化しながら、不利益を抑えるために日韓間の直接投資を積極的に増やし、垂直的分業パターンから水平的産業内貿易への活性化を進める必要があると思われます。

4.3 日韓間の産業内貿易の拡大と直接投資

2国間経済交流において貿易の他に大きな影響を及ぼす要素としては、直接投資と技術移転などがあげられます。アジア地域における日本からの直接投資の残高についてみると、図6のように日本から中国や ASEAN 諸国への直接投資が急増しており、韓国への直接投資の増加が他の地域に比べ、緩やかであることがわかります。

直接投資の特徴は、まず相互交流的 (cross hauling) であることです。特に同一産業内での相互交流が著しく、すなわち、同一産業に属する各企業が、互いに相手国で生産活動を行うことです。そして、もう1つの特徴は、差別化された商品が生産される産業において直接投資が顕著に行われていることです。すなわち、直接投資は技術革新による差別化された商品生産を可能にし、海外における独占的競争力が確保できるのです。このような特徴から、直接投資は、両国で差別化された商品の種類を拡大させ、産業内貿易を拡大すると考えられています。なお、産業内貿易の拡大も同一産業内の需要を高め、更なる技術移転や直接投資を活性化するという相乗効果が期待されます。

日本から中国や ASEAN 諸国への直接投資は、主に日本との交易構造が相互補完的ともいえることから、増大していると思われます。すなわち、

第8章　東アジア地域における貿易パターンの変化と日韓協力

中国や ASEAN 諸国の生産工程と日本の生産工程における垂直的な分業関係が活発になり、日本が中国や ASEAN 諸国の安価な労働力を活用し、価格競争力を高めるために海外への進出が活発になってきたと考えられます。

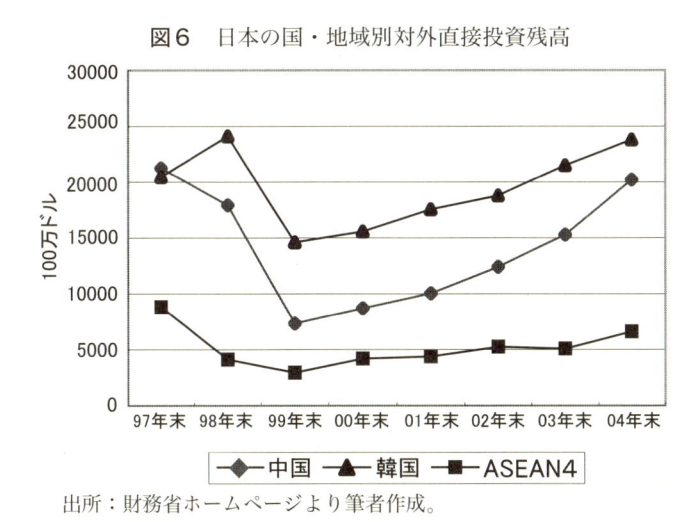

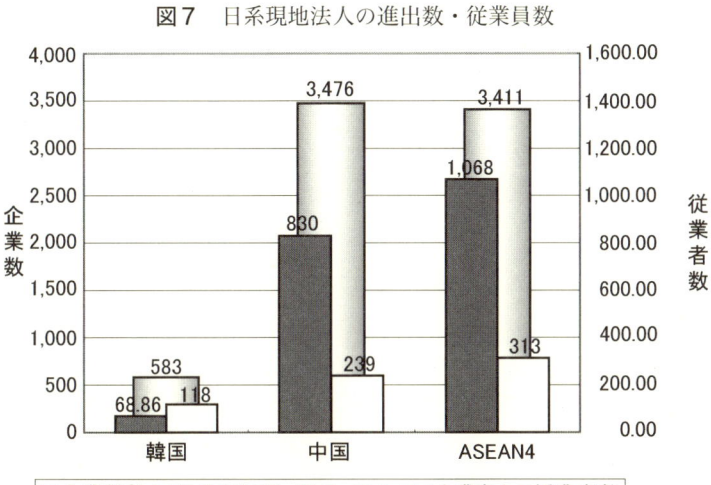

図6　日本の国・地域別対外直接投資残高

出所：財務省ホームページより筆者作成。

図7　日系現地法人の進出数・従業員数

出所：(財) 国際東アジア研究センター編 (2005) より筆者作成。

第2部　政治・経済・環境分野における日韓協力

表12　日系多国籍企業（現地法人）の進出状況

（2003年）

	韓国		中国		インドネシア		マレーシア		フィリピン		タイ		ASEAN4	
現地法人企業数														
総数	583	%	3,476	%	696	%	837	%	446	%	1,432	%	3,411	%
製造業	331	56.8%	2,410	69.3%	488	70.1%	488	58.3%	244	54.7%	855	59.7%	2,075	60.8%
食料品	4	0.7%	155	4.5%	16	2.3%	12	1.4%	7	1.6%	50	3.5%	85	2.5%
繊維	13	2.2%	317	9.1%	46	6.6%	10	1.2%	5	1.1%	37	2.6%	98	2.9%
化学	77	13.2%	365	10.5%	98	14.1%	80	9.6%	31	7.0%	143	10.0%	352	10.3%
鉄鋼	2	0.3%	46	1.3%	14	2.0%	7	0.8%	6	1.3%	27	1.9%	54	1.6%
非鉄金属	4	0.7%	53	1.5%	10	1.4%	26	3.1%	5	1.1%	27	1.9%	68	2.0%
一般機械	67	11.5%	289	8.3%	33	4.7%	30	3.6%	14	3.1%	107	7.5%	184	5.4%
電気機械	65	11.1%	551	15.9%	103	14.8%	163	19.5%	78	17.5%	141	9.8%	485	14.2%
輸送機械	37	6.3%	196	5.6%	81	11.6%	40	4.8%	45	10.1%	157	11.0%	323	9.5%
自動車・部品	37	6.3%	180	5.2%	77	11.1%	35	4.2%	42	9.4%	155	10.8%	309	9.1%
精密機械	18	3.1%	76	2.2%	3	0.4%	6	0.7%	5	1.1%	14	1.0%	28	0.8%
商業	169	29.0%	544	15.7%	58	8.3%	183	21.9%	61	13.7%	309	21.6%	611	17.9%
金融等	4	0.7%	35	1.0%	39	5.6%	21	2.5%	25	5.6%	45	3.1%	130	3.8%
その他	79	13.6%	487	14.0%	111	15.9%	145	17.3%	116	26.0%	223	15.6%	595	17.4%
現地法人企業の従業者数総計（千人）														
		1社平均人数(人)		1社平均人数(人)		1社平均人数(人)		1社平均人数(人)		1社平均人数(人)		1社平均人数(人)		1社平均人数(人)
総数	68.86	118.11	830.31	238.87	279.85	402.08	214.24	255.96	160.89	360.74	412.83	288.29	1,068	313.05
製造業	50.66	153.05	769.56	319.32	255.37	523.30	179.80	368.44	125.65	514.96	365.89	427.94	927	446.61

出所：東洋経済新聞社による推計（2004）より筆者作成。

　そして、このような傾向は表12と図7から確認できます。すなわち、一般的に海外直接投資（企業進出）が国家間産業構造の格差や技術の格差が大きく、投資期待利益率が高い分野で行われることを考慮すると、このようなアジア地域の各国における日本企業の海外進出・投資のパターンが理解できます。また、これらの図・表において、日韓間の直接投資についてみると、韓国の場合、日本からの進出企業数や日本多国籍企業による現地雇用従業者の総数、および1企業当たりの従業者数項目において他の国と比べて最も低い状況であることが特徴的です。そして企業の進出分野においても、韓国の場合、製造業の割合が56.8％で、中国の69.3％やASEAN4カ国（インドネシア、マレーシア、フィリピン、タイ）の平均60.8％よりも低い反面、商業部門においての進出が29％と、中国の15.7％やASEAN4カ国の平均17.9％より高いことが注目されます。また、

第8章 東アジア地域における貿易パターンの変化と日韓協力

製造業部門においても韓国の場合、一般機械の割合が他の国より高く、電気機械においては、低い割合を示しており、製造業部門の進出企業1社あたりの現地従業者数においても、韓国は他国の半分以下の規模です。

これらのことから、日本から韓国への直接投資（企業進出）は現地の安価な労働力を求めた製品組み立てのような生産工程ではなく、比較的高い技術水準を要求する一般機械分野への進出が多いと推測されます。そして、このことは、アジアの他の国や地域と異なる日韓間の直接投資の特徴を前述した直接投資の一般的効果や特徴に関連してみると、日本から韓国への直接投資の性格の変化として考えられます。すなわち、垂直的産業内貿易から水平的産業内貿易への転換・拡大が始まっており、先進国間における直接投資と産業内貿易の同時的拡大の初期段階と思われます。

日韓間の対外直接投資の実績をみると、日本から韓国に対しては2002年6.3億ドルから2004年8.5億ドルまで増加しています（報告・届出ベース）。そして韓国から日本へは、2002年0.25億ドルから2004年2.29億ドルまで急増しています（財務省〈2004〉）。このことからも、日韓間での直接投資の類型が先進国型へと移行しつつあると考えられます。

日韓FTA締結と日本と他のアジア諸国とのFTA締結において最も異なる関心事項の1つとして、人の移動、すなわち、国家間「労働力の移動(Human Mobility)」の問題があげられます。現在、日本とのFTAを推進しているASEAN諸国では、人の移動（専門的・技術的労働者の受け入れ・就労を含む）を関心事項としてあげています。そして、これに対する日本の国内労働市場の開放に否定的な立場は、現実的に日本とASEAN諸国とのFTA締結におけるもっとも大きな障害になっています。もちろん、日韓FTA推進においても、韓国側の関心事項として、「人の移動における恒久的査証免除の条文化」があげられているのに対して、日本側では「FTAとは無関係である」と認識している状況です。このように、ASEANのみならず、韓国とのFTA交渉においても、日本のFTA推進において、労働力移動の問題は重要事項となっています。最近、日本政府も交渉の初期段階の否定的立場から、部分的な労働市場の開放を可能にする方向へと検討

を始めていますが、外国人労働力の受け入れに対する日本国内の意見調整は容易でなく、今後もASEAN諸国との交渉において主な争点になると思われます。

このような労働市場開放を巡る問題においても日韓FTA締結の大きな役割が期待できます。すなわち、ASEAN諸国に比べ、より高度な技術協力などが期待できる日韓FTAにおいては、人的交流における意見の対立はもっとも小さいと予測されることから、早期の妥結が期待できます。そして、アジア地域における人的交流の拡大がFTA締結両国へもたらす総合的経済効果が確認でき、アジア地域におけるより積極的な推進と拡大につながると思われます。

5．おわりに

日本と韓国では、日韓FTAの政府間交渉を2005年内に実質的に終了させることを目標とし、積極的な交渉が行われています。日本国内では、東アジアで進む共同体構築に向けた動きを踏まえて、東アジア各国との質の高い自由貿易協定の早期締結が民間部門・経済界から求められています。そして、韓国での調査によると、韓国国内の中小企業86％が日韓FTA締結に賛成する結果[5]が出るなど、日韓両国においてFTA締結に対する要望や期待が高まっています。もちろん、異なる産業構造の統合により、輸出においては競争が激化しますが、生産面、特に高度な技術を必要とする分野における交流や生産性の向上により、産業構造の補完性の増大が期待されます。最近、アメリカの経済界からも、東アジア共同体創設構想とともに、アジア太平洋地域の自由貿易協定の枠組み作りを提唱されるなど、日韓FTA早期締結が求められています。

今後の相互依存的経済において、アジア地域の国家は各々、貿易対象国との産業構造の補完性の増大を伴いながら、必然的に緊密になっていくと思われますが、とりわけ日韓FTA締結は、アジアの他の国や地域に比べ、早期に進めることが重要であると考えられます。なぜならば、日韓の経済

協力においても、他のアジア諸国と同様、高関税率の引き下げ問題、農業分野開放での問題、労働移動をめぐる問題などが現存していますが、産業構造の高度化と深い経済的相互依存関係を土台に、より早期に合意に達することが容易であるからです。

東アジア地域の中でも、経済力や国内市場において一定の規模を持ち、技術面においてもリーダー的立場である日韓両国こそが、その経済的効率を最大化させるためにも顕在するさまざまな障害をいち早く克服し、より積極的にFTA締結とヒト・モノ・カネが自由に移動できる環境作りに取り組むべきだと思われます。また、それによって、東アジア地域における今後のFTAのモデルを提供し、東アジア地域の経済統合の中核を担うべきだと考えます。

注
1) 詳しくは、佐野進策（2004）を参照して下さい。
2) Kang（2005）ではSITC 4単位で分類された貿易統計を使用し、1999年〜2003年の間1000に上る製造業品目に対する産業内貿易指数を算出、これを単位価格にしたがって垂直的もしくは水平的産業内貿易に分類しています。
3) 山本（1995）では、独占的競争モデルにより産業内貿易がもたらす利益は、多種類の商品が使用可能になる多様化の利益と、価格が低下する規模の経済の利益と説明しています。また、輸出入が異なる産業に属する商品の貿易を、産業間貿易（inter-industry trade）と詳細に分類しています。
4) 貿易＝産業間貿易＋産業内貿易（垂直的貿易＋水平的貿易）。
5) 韓国中小企業庁の調査（2003）に依ります。

参考文献
外務省報告書（2005）「東アジア諸国との経済連携協定交渉の現状と課題」（http://www.mofa.go.jp）.
(財)国際東アジア研究センター編（2005）『東アジアへの視点』第16巻1号。
佐野進策（2004）「WTO体制下の地域経済統合と日本の対外経済政策」『福山大学経済学論集』第28巻第2号。
ジェトロ編（各年）『ジェトロ貿易白書』日本貿易振興機構（ジェトロ）（http://www.jetro.go.jp/jpn/stats）貿易・投資・国際収支の各年度統計。

山本繁綽（1995）『要説：国際経済学』、同文館。
財務省の各年度統計（http://www.mof.go.jp/#toukei）.
Grubel, H. G. & Lloyd, P.J. (1975), *Intra-Industry Trade*, MacMillan.
Jung-Sil, Kang. (2005) , *"Production Collaboration of Manufacturing Industres in East Asia: Policy Implications on Korea's FTA Strategy."* Korea Institute for international economic policy.
WTO (2003) "Regional Trade Agreement" (http://www.wto.org/english/tratop-e/region-e/).

第9章　地球温暖化防止のための日韓協力
── クリーン開発メカニズム（CDM）を介して ──

羅　　星　仁

1．はじめに

　1990年代以降、地球温暖化による影響で世界各地にて異常気象が増えています。気候変動およびそれに伴う影響はわれわれの生活だけではなく、地球上の生態系にも多大な影響を与えています。一方で、地球温暖化の科学的なメカニズムに関しては依然として不確実性が多く、最近の異常気象の原因に関してもさまざまな意見の対立があります。2001年アメリカのブッシュ政権が京都議定書から離脱する際に、地球温暖化の科学的不確実性の問題も理由の1つとしてあげています。しかしながら、地球温暖化に関する科学的な研究は、古くは1827年のフーリエから始まり、最近のIPCC（気候変動に関する政府間パネル）まで続いています。スウェーデンの科学者であるアレニウスは、1896年に発表した論文の中で二酸化炭素濃度が2倍になると地球の平均気温は5～6℃上昇すると予測しました。

　その後、地球温暖化の科学的なメカニズムに関する研究が本格的に始まったのは、1988年UNEP（国連環境計画）とWMO（世界気象機関）が世界の科学者を集めてIPCCを設立してからです。IPCCの成果により、地球温暖化のメカニズムは明らかになると同時に、地球温暖化防止のための国際交渉にも多大な影響を与えてきました。特に、2001年に発表されたIPCC第3次報告書は、ここ50年間に観測された温暖化のほとんどが人間活動によるものであること、また20世紀中に平均気温が約0.6℃上昇

したことなどを明らかにしました。さらに、2100年には1990年対比で平均気温の1.4～5.8℃上昇、また海面の水位も最大で88cm上昇するとの予測をしています。

このように地球温暖化の原因が人為的な活動によるものであることが明らかになった以上、地球温暖化を防ぐための早急の対策が必要となります。そのためには先進国だけでは不十分で発展途上国の協力も必要になります。しかしながら、発展途上国の多くは貧困問題や国内の環境問題などで温室効果ガス削減のための政策を実施することが困難な状況です。また、先進国と発展途上国では、現在の地球温暖化の責任は主に先進国であることから生じる歴史的責任問題をめぐる対立があります。このような背景から、京都議定書では第1約束期間（2008－2012年）において温室効果ガスの削減義務を先進国と市場経済移行国のみに課しました。

先進国の削減数値目標を達成するための手段としては、国内対策が中心ではありますが、京都議定書では費用効果的な削減対策として、京都メカニズム（排出権取引制度、共同実施、クリーン開発メカニズム）を導入しています。このなかで、クリーン開発メカニズム（Clean Development Mechanism：CDM）は、有一先進国と発展途上国の協力を通じて温室効果ガスを削減するために考案された制度です。

本章ではこのような観点から、地球温暖化対策における先進国と発展途上国の協力政策の1つであるCDMを中心に論じますが、特に日韓の協力に焦点を当てて分析を行います。本章の構成は次のとおりです。次節では、地球温暖化対策をめぐる国際交渉における先進国と発展途上国との対立問題を概観します。第3節では、クリーン開発メカニズムの概要と主な論点を考察します。第4節では、実際に日韓で行われたCDM事業を紹介しながら、地球温暖化対策における日韓の国際協力のあり方を模索します。第5節では、日韓で行われたCDMプロジェクトの評価を行い、第6節では、CDMを通じた国際協力のメカニズムを日韓の協力だけではなく、東北アジアにおける協力の可能性についても検討します。

2．地球温暖化をめぐる国際交渉の経緯：
　　先進国と発展途上国の対立を中心に

　地球温暖化問題が国際政治の課題として認識されはじめたのは、1972年に開かれた「国連人間環境会議」です。しかし、同会議では現在のように地球温暖化が深刻かつ重大な問題であるとの認識が足りなかったため、具体的な温暖化防止対策の議論までには至りませんでした。地球温暖化防止のための国際議論が本格的に開始されたのは、1985年にフィラハで開催された「気候変動とその関連問題における二酸化炭素及びその他の温室効果ガスの役割評価に関する国際会議（通称フィラハ会議）」です。同会議は、地球温暖化問題が国際政治上の重要課題として位置付けられる契機になりました。

　1988年トロントで開かれた「変化する地球大気に関する国際会議（通称トロント会議）」では、はじめて先進国を中心とした国や地域に対して二酸化炭素排出量の具体的な削減数値目標が提唱されました。この会議から温室効果ガス削減に関する議論は、先進国を中心に進みはじめたといえます。実際に、トロント会議では2005年までに二酸化炭素排出量を1987年対比で20％削減することを先進各国に提案しており、法的拘束力を有する議定書交渉の出発点であったともいえる会議でした。

　このような議論を経て、1992年ブラジルで開かれた「地球サミット」で地球温暖化防止のための条約交渉がはじまりましたが、地球温暖化防止のための一般的な原則を主な内容とする枠組み形式であったにもかかわらず、条約の交渉では先進国と発展途上国の間に地球温暖化の歴史的責任問題や途上国の発展問題などをめぐって激しく対立しました。歴史的責任問題とは、現在の地球温暖化の原因のほとんどは先進国における産業革命以降の経済成長に起因するものであり、発展途上国の責任はないというものです。

　歴史的責任問題を言及する際によく使用される指標としては、国や地域別の二酸化炭素の累積排出量があります。1900年から1999年までの世界各国のCO_2排出量と吸収量を考慮した累積排出量をみると、先進国が占める割合は63％である半面、発展途上国は37％しかありません。また、

過去100年間のCO$_2$排出量（吸収量は除く）のみを国別・地域別にみると、アメリカの累積排出量が最も大きく29％で世界の約1/4以上を占めています。次は、EUの21％、ロシアの8.5％の順になっています[1]。

このような歴史的責任問題をめぐっては条約の交渉過程で激しい議論が繰り広げられ、結果的には条約第3条ですべての国家の持続的な発展を保障することおよび「共通だが差異のある責任」の原則を定めることになりました。この原則により条約では先進国を中心とする附属書Ⅰ国と発展途上国を中心とする非附属書国の2つのグループに分けられることになりました。さらに、先進国のなかでも市場経済移行国は経済的な負担能力の面を考慮して、OECD（経済協力開発機構）の国を中心に発展途上国に対して技術・資金移転を義務付けた附属書Ⅱ国を新たに設けました。

1992年に採択した気候変動枠組条約は、気候変動防止のための基礎的な制度の枠組を定めたものでした。そのため、世界各国の具体的な削減数値目標および制度のルール作りは、毎年開かれる締約国会議（Conferences of Parties：COP）に委ねられました。1997年京都で開かれた第3回締約国会議（COP3）では、各国の具体的な削減数値目標を定めた法的拘束力を有する京都議定書が採択されました。しかし、議定書では温室効果ガス削減に直接に影響を与えうる制度の具体的な運用ルールに関しては合意が得られず、2002年に開かれた気候変動枠組条約第7回締約国会議（COP7）で採択された「マラケシュ合意文書」により最終合意に達しました。気候変動枠組条約が採択されてから実に10年にわたる国際交渉による成果でした。

このような国際社会の努力とは裏腹に、アメリカは気候変動防止のための国際交渉のなかで従来から途上国の参加および目標達成のための柔軟な措置の導入が必要であることを強く主張し続けてきました。京都議定書では柔軟性措置である京都メカニズムの導入が規定されたものの、途上国の参加問題は少なくとも第1約束期間においては具体的な削減措置に関して何ら規定もありませんでした。アメリカのブッシュ政権は、2001年3月29日の大統領の記者会見で気候変動問題の科学的な不確実性や途上国の参加問題やアメリカ経済への悪影響などを理由に京都議定書からの離脱を表明しました。

第9章　地球温暖化防止のための日韓協力

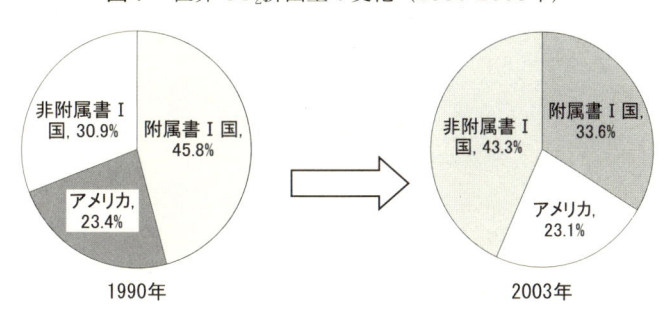

図1　世界 CO_2 排出量の変化（1990-2003年）

1990年：非附属書Ⅰ国, 30.9%　附属書Ⅰ国, 45.8%　アメリカ, 23.4%

2003年：非附属書Ⅰ国, 43.3%　附属書Ⅰ国, 33.6%　アメリカ, 23.1%

出所：Energy Information Administration（2005）より筆者作成。

　京都議定書はアメリカの離脱により先行きが非常に不安でしたが、ロシアの批准により2005年2月に発効しました。1994年条約が発効し、2005年2月には議定書が発効したことにより、温室効果ガス削減のための国際的な枠組みはほぼ完成しました。しかしながら、気候変動枠組条約の締結から京都議定書の発効までの国際交渉のなかで先進国と発展途上国との間に激しい対立が浮き彫りになり、地球温暖化防止のための先進国と発展途上国の国際協力問題は将来的な課題として残す結果となりました。
　京都議定書は、附属書Ⅰ国全体で附属書Aに掲げる温室効果ガス（CO_2、CH_4、N_2O、PFC_S、HFC_S、SF_6）の排出量を第1約束期間中に基準年（1990年）の水準より少なくとも5％削減することを目的としています（第3条1項）。当初の議定書に対する評価はさまざまでしたが、気候安定化という条約の究極的な目標を達成するには不十分ではあるものの、その目標を達成するための大きな出発点であることからその評価も高かったのです。また、1990年における附属書Ⅰ国の CO_2 排出量の合計が世界総排出量の約2/3を占めていたので、議定書で掲げられた削減数値目標は過去の温室効果ガス排出量の増加傾向を変えていくものであり、環境面の効果も十分に期待できる削減数値目標でした。しかし、COP3以降に行われた国際交渉が、議定書の削減数値目標を達成するための手段、特に費用対効果が高くなるような制度設計の議論が中心であったため、実質的な温室効果ガス

削減量は当初の期待を大きく下回る結果となってしまいました。また、1990年以降アジアおよびブラジルなどを中心とした発展途上国の急速な経済成長により、世界のCO_2排出量で発展途上国が占める割合は43.3％まで上昇しています（図１参照）。したがって、当初の京都議定書で各国が合意した削減数値目標が2012年時点ですべて達成されたとしても、気候安定化という環境面での効果はかなり限定的であり、世界全体の温室効果ガス排出量は増加する可能性さえもあります[2]。

　以上でみたように、先進国と発展途上国との間には温室効果ガス削減をめぐって激しい意見の対立があります。一方で、発展途上国の温室効果ガス排出量は急速に増加しており、将来的にもその傾向は続くと思われます。したがって、先進国と発展途上国の協力により温室効果ガス削減ができるクリーン開発メカニズムは、地球温暖化防止において非常に重要な役割を果す可能性を持っているといえます。

3．クリーン開発メカニズム（Clean Development Mechanism：CDM）とは

　CDMとは、非附属書Ⅰ国（発展途上国）における排出削減事業または吸収源活動により生じた排出削減量または吸収量を当該事業に投資した附属書Ⅰ国（先進国）の事業参加者が「認証された排出削減量（CER）」として獲得できる仕組みです。すなわち、先進国と途上国の間で省エネプロジェクトや再生可能なエネルギー事業や植林事業等を共同で実施し、温室効果ガスの削減量または吸収量を投資国（先進国）に移転する仕組みです（図２参照）。

　このようなCDMの目的は、京都議定書第12条で「気候変動枠組条約の非附属書Ⅰ締約国（途上国）が持続可能な発展を達成して条約の究極的目標に貢献することを支援し、附属書Ⅰ締約国（先進国）が京都議定書第３条におけるその数量排出制限および削減約束遵守を達成するのを支援すること」としています。したがって、CDMの基本原則としてはCDM事業を通じて環境配慮的な技術・ノウハウの移転を促進することで途上国の

図2 CDMの仕組み

附属書Ⅰ　　　　　　　　　　　　　　非附属書Ⅰ国

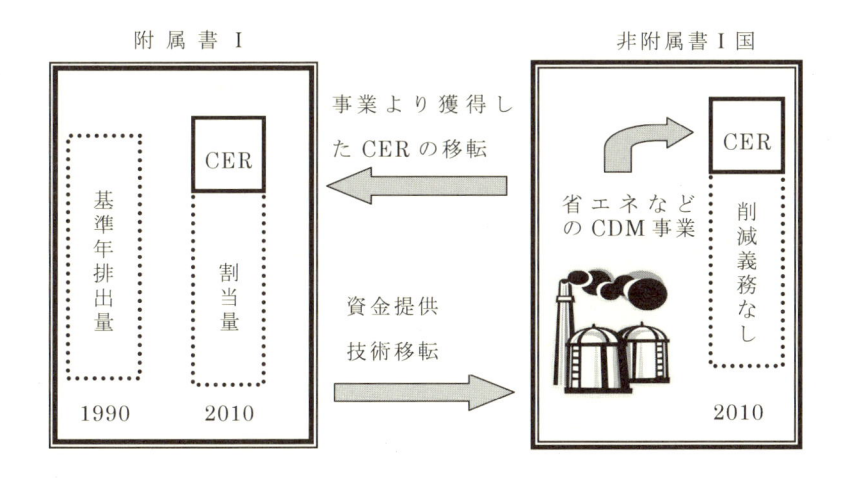

事業より獲得したCERの移転

CER／基準年排出量／割当量　1990　2010

省エネなどのCDM事業／CER／削減義務なし　2010

資金提供
技術移転

持続可能な発展を支援するとともに、先進国の削減約束の遵守を支援するものであることが必要です。言い換えれば、CDM事業は単なる温室効果ガス排出量を削減する事業ではなく、発展途上国の環境に対しても安全でなければならず、先進国から発展途上国への資金・技術の移転を促進する機能を持つ必要があります。ただし、CDM事業がホスト国の持続可能な発展に寄与するかどうかはホスト国の判断に委ねられているため、ホスト国によってその基準は異なる可能性があります。

　一方で、CDM事業から得られた温室効果ガス削減分は附属書Ⅰ国の削減目標の達成に使うことができるため、実際には附属書Ⅰ国全体の温室効果ガス排出量が増える可能性があります。このような問題に対しては、マラケシュ合意文書で京都メカニズムによる温室効果ガス削減量は、先進国の国内対策に対して補足的であり、国内対策が各国による努力の重要な要素でなければならないという「補足性の原則」の規定（Decisio15／CP.7）があり、附属書Ⅰ国全体の排出量の増加は抑制されるようになっています。ただし、補足性の具体的な数値基準までは合意していないため、各国によってその解釈は若干異なります。

CDMの重要な原則としては、補足性以外にも追加性の原則があります。CDM事業における追加性の原則を考慮する際には、一般的に環境、資金、技術の3つの側面からの検討が必要になります。まず、環境上の追加性（温室効果ガス排出量の削減）ですが、認証された事業活動がない場合に生じる排出量に対して追加的な排出削減があることを意味します。したがって、CDMプロジェクトの実施による排出削減量の追加性を測定するためには、ベースラインの設定が必要となります。

　ベースラインはCDM事業で最も重要な概念で、CDM事業がなかった場合を想定して、その際の温室効果ガス排出量をいくつかのシナリオで予測することで求められます。このベースラインにおける温室効果ガス排出量と実際のCDM事業が行われた場合の排出量の差からCERの量が計算されます。ベースラインを設定する際に重要なのは、ホスト国の政策や資金調達や技術水準などの要素を総合的に考慮して、最も実現可能性の高いベースラインを設定することです。マラケシュ合意文書では、CDM事業に対して信頼でき、透明性のある、保守的な（Conservative）ベースラインを設定することを規定しています（Decision17／CP.7前文）。

　特に、将来の予測シナリオで不確実性が高い場合は、保守的なベースラインを決めることが要求されます。また、CDM事業により獲得できるCERの量を推計する際には、いわゆるリーケージ（leakage：漏出）も考慮する必要があります。リーケージとは、事業の域外で発生する人為的温室効果ガス排出量の純変化であり、計測可能かつCDM事業活動に起因するものであると定義されています（Decision17/CP.7 Annex51）。このような諸要素を考慮してCDM事業の方法論がCDM理事会で承認されることにより、はじめてCDM事業の環境上の追加性が認められることになります。

　次に、資金と技術の追加性ですが、環境上の追加性に比べてその規制は厳格ではありません。本来の資金の追加性問題は、CDM事業における先進国からホスト国への資金の移転が行われることを意味します。CDM事業として認定されるためには、ホスト国の事業主体のみでは当該のCDM

事業への投資資金が不足、あるいは投資へのインセンティブがない場合、先進国からの資金の流入により当該事業が行われたことを立証する必要があります。もう1つ資金の追加性の議論で重要なのは、投資国においてCDM事業への公的資金供与があった場合には、ODA（政府開発援助）からの流用は認められないことです（Decision17／CP.7前文）。CDM事業にODAが流用されることにより、ODAの規模が縮小されることを恐れた発展途上国の主張が受け入れられました。また、CDM事業に対する公的資金供与が地球環境基金（GEF）や附属書Ⅰ国の条約・議定書上における資金供与義務とは別のものであること、すなわち追加的であることも必要になります。

　最後に技術の追加性の問題ですが、CDM事業がホスト国の政府より承認される際に資金の追加性とともに最も考慮されるものです。技術の追加性の条件を満たすための明確な規定はありませんが、一般的に非附属書Ⅰ国に適切なものであり、ホスト国がすでに保有する技術に対して追加的な排出削減技術であることが要求されます。ただし、移転される技術の詳細な内容に関しては、排出削減設備の管理および運用ノウハウの移転というものから、設備そのものの設計や製造技術の移転までさまざまなケースが考えられます。いうまでもなく、途上国における排出削減の普及を促すためには、ホスト国独自で排出削減設備の設計・製造・運用が再現できるような技術移転が望ましいのですが、先進国からみると同国における同様なCDM事業のポテンシャルが減少するだけではなく、将来における設備および技術の輸出の機会もなくなることから、完全な技術移転には消極的です。

　CDMに関連しては、上記で説明した補足性と追加性の原則以外にも、いくつかの重要なことが合意されています。第1に、CDM事業の対象に関する規定として、原子力施設を控えること、小規模事業を促進するための措置を導入すること、吸収源CDMの利用を制限すること、などです。第2に、CDMプロジェクトの期間に対してはCDMの活用を促進するために、2000年以降実施されたCDM事業に対して2006年までに登録されればCERが獲得されるようになっています。第3に、CDM事業から獲

得したCERの2％は、気候変動の悪影響に対して特に脆弱な後発発展途上国の適応への費用負担を支援するための基金として利用することになりました。第4に、CDM事業から得られるCERは何の制限もなく、他の京都メカニズムから得られる削減クレジットと交換可能であることです。第5に、CERのバンキングについては、CDM事業の投資国の排出量の割当量の2.5％までを次期約束期間に繰り越すことができるようになりました。

　以上でみたように、CDM事業に関する規定は多く、他の京都メカニズム（共同実施、排出権取引制度）に比べても複雑ですが、CDMの活用を促すための優遇措置も含んでいます。CDM事業の実施に関する詳細な手続きなどに関しては次節で日韓のCDM事業を検討・分析しながら述べることにします。

4．日韓のCDMプロジェクト：
　　ウルサン化学HFC23熱分解事業を事例に

　日本の企業が2003年韓国のウルサンでCDMプロジェクトを実施し、2005年CDM理事会からも承認されました。このような日韓のCDMプロジェクトの実施は多くの予想を超えるものであり、日韓の経済交流がCDM事業を介し日韓の環境協力までに発展した側面があります。

　まずは、日韓の間にCDMプロジェクトが行われた背景を地球温暖化対策における日本と韓国のそれぞれの立場から考察することにします。日本は京都議定書で第1約束期間（2008-2012年）に基準年（1990年）対比で6％削減する必要があります。日本が温室効果ガス削減目標を達成するためには、国内対策のみならず京都メカニズムの利用が不可欠であることは明らかです。そのなかでもクリーン開発メカニズムの活用は、2000年以降に実施された事業からCERが獲得できることや途上国における新しいビジネスチャンスでもあることから日本の政府および企業の関心は非常に高いのです[3]。

　日本と韓国のCDM事業を想定する場合、日本側としてはCDMの相手国としてすべての非附属書Ⅰ国を対象として考えられますので、必ずしも

第9章　地球温暖化防止のための日韓協力

韓国で行うインセンティブはありません。逆に、韓国は他の途上国に比べて環境に対する投資が進んでいますので、費用対効果の高い事業、すなわち安い費用で大量の温室効果ガス削減が可能なプロジェクトは少ないといえます。その反面、日本と韓国は1970年代以降経済交流が活性化され、両国の多くの企業はすでにビジネス関係を持っていて、経済の協力関係からそのままCDM事業を通じて環境の協力へ発展する可能性も大きいといえます。また、他の国に比べて韓国はCDM事業を実施するために必要な能力（キャパシティ）は比較的に整っていることから他の途上国に比べて事業リスクは少ないと思われます。このようなキャパシティは、CDMプロジェクトの実施に伴って発生する取引費用を大幅に下げられる1つの重要な要因でもあります。

　次に、韓国の立場から考察してみましょう。韓国は京都議定書において温室効果ガスの具体的な削減数値目標はなく、途上国の扱いを受けています。しかしながら、韓国は2001年現在、GDP（国内総生産）では世界の第14位ですが、CO_2排出量では世界第9位（452MtCO_2）です。さらに、1990年から2001年までのCO_2排出量の年平均増加率は5.9％と世界で最も高い国の1つであります[4]。そのため、韓国は2013年以降の制度設計の交渉では先進国と同様な削減義務を負う可能性が非常に高いのです。韓国政府は、第3約束期間（2018－2022年）から法的拘束力のない削減義務を負うという意向を示していますが、温室効果ガス排出量および経済の規模からも近い将来に附属書I国と同様な義務を負うことになると予測されます。現時点で韓国が温室効果ガス削減事業を行い、国際的な京都メカニズムに参加できるのはCDM事業が最も有力な方法です。CDMを通じて温室効果ガス削減事業のノウハウや国際的な制度運用に関するキャパシティを向上させることができます。特に、日韓のCDM事業は日本からの先進的な技術と資金の移転という効果もありますから、韓国の持続可能な発展にも貢献できるというメリットもあります。

　このような背景から、ウルサンで行われた日韓のCDMプロジェクトが提出された当初から両国政府は前向きな姿勢で検討を行い、CDM事業を

承認しました。結果的には、民間企業だけではなく、両国政府の協力もあって、CDM理事会からの承認も得られ、事業が実現されたのです。

　以下では、日韓で行われたCDM事業を詳細に考察しながら、日韓の環境分野における国際協力の可能性を模索することにします。日韓で行われたCDM事業の正式な名称は、「ウルサン化学HFC23熱分解事業（HFC Decomposition Project in Ulsan）」です。韓国の事業主体であるFirstec Co., Ltdの子会社であるUlsan Chemical CO., Ltdは、本来エアコン用の冷媒であるHCFC22（Hydrochlorofluorocarbon22）を生産していましたが、その生産過程で副産物として温室効果ガスであるHFC23（Hydrofluorocarbon23）が大量に発生していました。韓国は温室効果ガス削減義務がないのでHFC23の規制もなく、そのまま大気中に放出している状態でした。日韓で行われたCDM事業は、ウルサン化学の工場で発生しているHFC23を回収して熱分解する事業をイネオスケミカル㈱（日本の事業参加者）の技術移転と資金の投資により行ったものです。

　このようなCDM事業が行われた契機になったのは、韓国のFirstec㈱が1980年代後半から日本のイネオスケミカル㈱から代替冷媒物質であるHFC134aを輸入したこともあり、すでに両者の間には長期間に渡る取引により信頼関係があったことです。韓国でもHFC134aの生産技術は持っていましたが、経済的な利益を得るためには5000トン以上の生産規模が必要であり、韓国での需要がそれを下回ったため日本から輸入することになりました。

　この背景には、1980年代から行われたオゾン層保護のための国際的な取り組みが影響を与えています。すなわち、1985年に締結された「オゾン層の保護のためのウィーン条約」および、具体的な削減内容を定めた1987年の「オゾン層を破壊する物質に関するモントリオール議定書」です。その後、当初の予想よりオゾン層破壊が進行していることが確認され、毎年開かれている締約国会議でオゾン層破壊物質に関する削減規制が強化されました。モントリオール議定書では、先進国を中心として生産・使用の規制が行われ、途上国に関しては猶予期間を与える仕組みと

第9章 地球温暖化防止のための日韓協力

表1 フロンおよび代替ガスの地球温暖化係数とオゾン層破壊係数

ガスの種類		オゾン層破壊係数[1]	地球温暖化係数[2]	主な用途
CFCs	CFC11	1.0	4,600	業務用冷凍空調機、発泡剤
	CFC12	1.0	10,600	冷蔵庫、カーエアコン等
	CFC113	0.9	6,000	洗浄剤
HCFCs	HCFC22	0.055	1,700	ルームエアコン、冷凍空調機
	HCFC142b	0.066	2,400	発泡剤
HFCs	HFC134a	0	1,300	エアコン、冷凍空調機、発泡剤、洗浄剤等
	HFC23	0	11,700[3]	
PFCs	PFC12,14,41等	0	5,700-11,900	半導体・結晶製造用、洗浄剤
SF_6		0	22,200[4]	半導体・結晶製造用、電機絶縁機器

注1) オゾン層破壊係数は、CFC11の単位重量あたりのオゾン層破壊効果を1とした場合の相対値である。
2) 地球温暖化係数は、CO_2の温室効果を1とした場合の相対値である（100年間）。
3) IPCC第2次報告書（1995）ではHFC22の地球温暖化係数は11,700であったが、第3次報告書（2001）では12,000に変更された。CDM事業では最小値を適用することで日韓のCDMでは11,700で計算された。
4) SF_6は第3次報告書の値である。
備考）CFCs、HCFCsはオゾン層破壊物質としてモントリオール議定書では規制物質であるが、京都議定書では対象外である。他方、代替フロンとして開発した、HFCs、PFCs、SF_6は京都議定書では規制されているが、オゾン層破壊物質ではないため、モントリオール議定書では対象外である。

なっています。CFCsは先進国が1996年以降に、途上国は2010年以降には全廃することになっています。HCFCsに関しても消費量ベースでは、先進国が2020年以降、途上国は2040年以降に全廃し、生産量ベースでは先進国が2004年以降1989年レベルに凍結、途上国は2016年以降2015年レベルに凍結することになっています。したがって、韓国ではHFCsに対する需要が少なく、1980年代はCFCsとHCFCsの使用が主流となったのです。

表1はモントリオール議定書と京都議定書上で規制しているフロンおよび、その代替物質におけるオゾン層破壊係数と地球温暖化係数をまとめたものです。オゾン層破壊物質であるCFCsとHCFCsの代替物質として開発したHFCs、PFCs、SF_6はいずれもオゾン層破壊係数はゼロですが、地球温暖化係数は非常に高いです。特に、ウルサンで行われたCDM事業の対象物質であるHFC23はCO_2の11,700倍もあり、地球温暖化対策においては非常に重要な規制物質です。このことは、オゾン層保護のために開発した代替物質が地球温暖化を促進する結果になってしまったことを表しています。

日本は1988年に「家電リサイクル法」、2001年「フロン回収破壊法」、2002年「自動車リサイクル法」などを制定してフロンガスの回収を徹底しています。このような事情もあって、イネオスケミカル㈱は2000年にすでに三原にHFC23の熱分解装置を設置し稼動していました。ウルサンのCDM事業で設置しているHFC23の熱分解装置は、三原工場に設置しているものと同様のものです。他方、韓国はモントリオール議定書では途上国の扱いを受けまして、CFCsに関しては2010年以降、HCFCsは2040年以降全廃するため、HCFCsに関する規制はまったく行われませんでした。また、韓国政府の政策上でも、少なくとも近い将来にHFCsに関する規制を行う予定もありませんでした。このように日本と韓国のモントリオール議定書および京都議定書上での立場の違いが、韓国でHFCsに関するCDM事業を可能にしたのです。

表2は日韓で行われたCDM事業を国際的な手続きにしたがって利害関係者の行動と所要期間を整理したものです。事業を最初に構想し、事業参加者がはじめて会議を行ったのは2002年9月でした。それから、CDM理事会において正式に登録されるまでの期間は2年5カ月かかり、さらにCERの獲得までは3年以上の期間を要しました。このようにCDM事業に長期間を要するのは、手続きの複雑さが最も大きな要因ですが、ウルサンのCDMプロジェクトの場合はHFCsに関する最初の事業であると同時にホスト国である韓国でも最初のCDMプロジェクトであったため、方法

表2　日韓CDM事業の手続きおよび所要期間

CDM 手続き	事業主体の動き	所要期間
CDM プロジェクトの構想および PDD の作成	2002年9月：CDM 事業の構想 ・事業参加者の会議が開始（毎月1回） ・DOE（指定運営組織）として JQA（日本品質保証機構）選定 ・PDD（プロジェクト設計書）作成	約6ヶ月
方法論承認	2003年4月：PDD 提出 ・事業参加者→JQA→CDM　EB（CDM 理事会） ・PDD の公表（1ヶ月） 2003年5月：承認結果 ・ベースライン方法論（A）承認 ・モニタリング方法論（B）条件付き承認 2003年6月：PDD 修正，PDD の公表（1ヶ月） 2003年7月：世界ではじめて承認（AM0001） ・ベースライン方法論（A），モニタリング方法論（A）	約3ヶ月
CDM としての有効化（Validation）	2003年7月：熱分解装置発注 2003年10月：Desk review report（事業者－JQA） 　　　　　　Local Stakeholders seminar 2003年11月：JQA による有効化審査（ウルサン工場および周辺会社、韓国政府、自治体など訪問） 2003年11月：PDD 修正 2003年12月：PDD 公表（1ヶ月）	約3ヶ月
ホスト国・投資国の書面による承認	2003年7月：日本政府より承認（京都メカニズム活用連絡会） 2004年1月：熱分解装置設置 2004年2月：韓国政府 DNA 設立基本計画が確定 2004年3月：試運転および環境テスト 2004年4月：韓国政府の DNA 設立、2次試運転 2004年7月：韓国政府の DNA である「CDM 審議委員会」より承認	約8ヶ月（韓国で行われる最初のCDM 事業であったため、政府の DNA 設立に時間がかかった。）
CDM 事業の登録（Registration）	2004年8月：登録申請（JQA→CDM EB） 2004年12月（EB17）：CDM EB の決定により登録が延期 2005年2月：CDM EB より登録決定（EB18） 　　　　　　→世界で4番目の CDM プロジェクトとして登録	約6ヶ月
排出削減量の検証および認証（Verification and certification）	2005年4月：検証・認証を行う指定運営組織としてノルウェイの DNV 社を選定し、モニタリング報告書を提出（PP→DNV） 2005年6月まで：DNV 社による検証の実施（PDD との整合性、排出削減量の算出、など）、2006年以降も定期的に年1〜2回実施 2005年7月：認証・検証報告書提出（DNV→日本政府、韓国政府、CDM EB）および公表	約6ヶ月
CER 発行	2005年9月：CER 発行申請 CER は CDM 登録簿（registry）に発行	原則的に申請受理後、15日以内
CER の分配	・発行された CER の2％：後発途上国への支援基金 ・CDM 制度の運営経費として数％が差し引かれる ・残りの CER を投資金額に比例して配分	

第2部　政治・経済・環境分野における日韓協力

論の確定とホスト国の承認に予想以上の時間がかかったことも原因です。

　ウルサンCDMプロジェクトの利害関係者には、プロジェクト参加者、審査機関、検証機関、ホスト国・投資国の政府、設備の設計・製作会社、ウルサン工場周辺地域の住民および会社、ウルサン自治体、などが含まれます。まずは、CDMプロジェクト参加者をみますと、日本からはイネオスケミカル㈱が、韓国ではFirstec㈱とUPC Corporation Ltd.が参加しています。イギリスに本社を置く多国籍企業であるイネオスグループは本来日本にも韓国にも法人がありましたが、韓国法人は1980年代後半に閉鎖しました。その後、韓国のイネオス法人から独立した人がUPCという貿易関連会社を設立し、イネオス日本法人とFirstecの仲介を行ってきた経緯があります。そのため、CDM事業においてもUPCも参加することになりました。

　次に、審査機関として選定した日本品質保証機構（JQA）は、2004年3月のCDM理事会(第18回)においてノルウェイのDNV(Detnorskeveritas)社と共に世界ではじめて運営組織として認定され、ウルサンのCDMプロジェクトの審査を行えるようになりました。また、認証・検証機関として選定されたDNV社は、CDM理事会から認証・検証機関として正式に認定されなかったため、2005年9月のCDM理事会でDNV社の認証・検証機関としての審査とCER発行の審査が同時に行われました。

　日本政府の指定国家機関（DNA）は、2002年7月に「京都メカニズム活用連絡会」を設置し、UNFCCに正式に登録されました。また、同年10月には「CDM/JI（共同実施）事業承認指針」が発表されました。韓国はウルサンCDM事業を契機に2004年2月にDNA設立のための基本計画を樹立し、同年4月に「CDM審議委員会」を設置し、UNFCCに正式に登録しました。韓国のCDM事業の審議指針は2005年8月段階で詳細な内容が決まりましたが、修正される可能性もあります。

　ウルサンに設置された熱分解装置は日本のプロジェクト参加者ではなく、日本の他の数社が設計・製作を行ったものであり、韓国へ搬入される際には関税も賦課されました。この問題は、技術の追加性を論じる際に大

きな問題となります。

一方で、ウルサン工場の周辺地域の住民や会社に対するヒアリングやウルサン市の環境規制の遵守などに関しては手続き上は何の問題もありませんでしたが、PDDが最初に公開されたときには、HFC23がオゾン層破壊物質の副産物であることと補足性の原則に重大な影響を与えうることでNGOを中心に厳しい批判がありました。

以下では、ウルサンCDM事業を追加性の原則から考察することにします。まずは、環境上の追加性（温室効果ガスの削減）ですが、PDD上では同プロジェクトにより追加的に得られる排出削減量は、年間CO_2換算で140万トンです。ベースラインとしては、CDM事業が実施する前にはHFC23ガスがすべて大気中に放出されていたのでこの状況をベースラインとして考慮しています。したがって、HFC23を回収して熱分解を行った量から、設備の稼動から発生する若干のCO_2排出量を差し引いた量が追加的な排出削減量となります。また、HFC23の発生量は、HCFC22の生産量と発生係数に依存しますが、生産量に対しても発生係数に対しても控えめな数値を適用していることから、環境の追加性の条件は満たしていることになります。

次に、資金の追加性についてです。ウルサンCDM事業にかかった費用は、総額で30億ウォン（設備投資が15億ウォンで残りは手続き上の経費）ですが、投資の割合は、イネオスケミカル㈱が50％、Firstecが40％、UPCが10％で投資国の企業からの投資額が50％を占めています。韓国ではHFC23に対する規制がないので、韓国企業が同ガスを回収するための設備投資を行うインセンティブはないこと、また事業が構相されたときは、途上国が自国内で温室効果ガス削減プロジェクトを行いそこから得られたクレジットの販売は認められていないことから、ウルサンCDMプロジェクトは日本の追加的な資金投入により成立したといえます。韓国企業が投資金額の50％を負担したのは、同事業から得られるCERの販売収入で十分賄える金額だったからです。たとえば、CERの取引価額がCO_2トン当たり5ドルで取引されたとしても、韓国企業には年間40億ウォンの収益

213

が発生します。実際に、ウルサンCDMプロジェクトでは事業リスクを減らすために、CDM理事会の承認が得られる以前の段階で丸紅商事（2003年11月）や三菱商事（2004年3月）などにCERの販売契約を締結し、投資金額の一部を回収しています。また、2008年から途上国も獲得したCERの販売が可能になること、ウルサンCDM事業には投資国である日本の公的な資金支援もなかったこと、などから資金の追加性の条件も満たしたことになります。

最後に技術の追加性ですが、この条件に関しては若干の問題があります。上で述べたように、ウルサン工場に設置された設備はイネオスケミカル㈱が設計・製作したものではなく、日本の数社に委託して製造したものを韓国のFirstecが輸入した形になっています。完全な技術移転というのは、技術移転を受けた側により当該の技術を100％再現可能であることが条件になります。ウルサンCDM事業における技術移転は、設備の設計・製作ではなく、運営のノウハウにとどまっていますが、韓国政府により厳格な検証が不十分であったため、韓国政府が承認する際には完全な技術移転が行われたとして認識されていました[5]。CDM理事会では、技術の追加性に対しては厳密な審査を行わないので、ホスト国の判断が最も重要になります。一般的に、ホスト国の審査基準で最も重視されるのは、資金がどれだけ導入されたかという基準であり、技術移転に関しては緩い審査基準を適用する場合が多いです。しかしながら、途上国における技術波及効果を考えますと、できるだけ完全な形での技術移転が望ましく、途上国における温室効果ガス削減にも効果的です。

ウルサンCDM事業では、プロジェクト期間が2003年1月から2023年12月31日（7年×3回）までです。実際には、2004年1月に熱分解装置が設置されましたが、2003年に発生したHFC23の総量4万1565MT（metric ton）をすべて回収・保管し、2004年に熱分解を行いましたが、その全量もCDMの対象として認められました。

以上で見たように、ウルサンCDMプロジェクトは事業の構想からCERの獲得まで3年以上時間をかけて行われました。同期間中には、プ

ロジェクトの参加者の間にさまざまな困難な問題が発生しましたが、参加者間の信頼関係により解決し、結果的には最初の日韓 CDM プロジェクトとして成立したのです。

5．ウルサン CDM プロジェクトの評価

ここでは、本章での CDM に関する議論を踏まえながら、ウルサン CDM プロジェクトの簡単な評価を行います。ウルサン CDM プロジェクトの評価にはいくつかの議論がありますが、まずは肯定的な側面から考察します。第 1 に、ウルサン CDM プロジェクトはホスト国である韓国のキャパシティの向上に非常に有益なものでした。韓国において最初の CDM プロジェクトであったため、CDM に関する組織の整備、専門家の育成、審査基準のノウハウなどの面からよい影響を与えました。実際に、2005年から他の CDM プロジェクトの申請もありましたが、それらの審査に関しては厳格な基準を設け、審査期間も短縮されるなど韓国の CDM 関連制度は飛躍的に発展しました。

第 2 に、CDM 方法論に関しては世界ではじめて承認されたことにより、後発の CDM プロジェクトに関してもよい影響を与えたことです。CDM プロジェクトを実施する際に、最も不確実性が高くリスクがあるのは、方法論が承認されるか否かです。ウルサン CDM プロジェクトの方法論に関する審査基準、コメントの内容、手続きなどに関する内容はすべて公表されましたので、後発の CDM プロジェクト参加者にはよい情報を提供したことになります。

第 3 に、投入した資金規模に比べ、獲得した CER の量が多いため、参加企業に莫大な収益をもたらしたことです。韓国の参加企業である Firstec は現在フロン類の生産が中心でありますが、将来的には半導体関連商品の生産にシフトする計画を持っており、その投資資金の確保に寄与したことになります。このことは韓国の経済にも好影響を与えます。また、日本企業にとっても新しいビジネス領域を開拓したことになり、日本

第2部　政治・経済・環境分野における日韓協力

の経済にも好影響を与えます。

　第4に、ウルサンCDMプロジェクトは日韓企業の長い間の活発な経済交流から生まれたものであり、経済交流から環境交流へと協力関係が拡大したことを意味するものです。したがって、日韓の経済交流が活発な分野ではCDMプロジェクトが行われる潜在的な可能性も大きく、他の企業に対してもよい影響を与えると思います。特に、エネルギー利用効率改善事業、再生可能なエネルギー、廃棄物起源のバイオガス活用事業などの分野は韓国政府も積極的に推進する事業分野であるため、これらの分野での日韓の協力可能性は大きいといえます。

　第5には、温室効果ガスであるHFC23を回収し熱分解することにより、地球温暖化防止という本来の目的が達成されたことです。

　しかしながら、一方でウルサンCDMプロジェクトに対しては批判もあります。第1に、補足性との問題です。すなわち、ウルサンCDMプロジェクトは非常に安い投資額で大量のCERを獲得できたため、日本国内で温室効果ガス削減を行うよりはCDMを利用して温室効果ガス削減を行ったほうが良いということになりかねません。実際に、ウルサンCDMプロジェクトと同様な事業がインドや中国で行われ、CDM理事会からも承認されています。同様な事業がさらに拡大すると、2008年から実施される国際排出権取引制度においても悪影響を与え、排出権価格の暴落を引き起こす可能性さえあります。このようにCDM事業により安価でかつ大量にCERを獲得すると、京都議定書上で補足性に関する規定では具体的な数値基準がないため、附属書I国の温室効果ガス排出量の増加を招く恐れがあります。

　第2に、ウルサンに設置している設備は、HFC23だけではなく、CFCsやHCFCsなどのフロン類のガスの分解も可能な設備です。しかしながら、CDMプロジェクトにおいてはモニタリングが重要であるため、設備容量としては十分であるにもかかわらず、他のフロン類の熱分解はできません。さらに、CDMプロジェクトが終了しても事業参加者同士の契約により、他の用途に使用するためには事業参加者間の調整が必要です。韓国で

も現在CFCsに関しては規制を行うことを検討しており、フロンガスの破壊施設が必要となりますが、ウルサンの設備は利用できないため、新たに設備投資を行う必要があります。

第3に、技術の追加性に関するホスト国の審査基準が異なるため、ウルサンCDMの先例が他のプロジェクトに悪影響を与える可能性があることです。すなわち、ウルサンCDMのように技術の追加性の基準として設備の運営のノウハウの移転が適用されれば、ホスト国における技術波及効果はほとんどなく、同様な事業が同国内で次々とCDMプロジェクトとして行われる可能性があります。韓国でフロンガスを生産する企業はウルサン化学㈱しかありませんが、中国には5社もあり、中国でウルサンCDMと同様なプロジェクトがいくつも実施される潜在的な可能性は大きいのです。

以上でみたように、ウルサンCDMプロジェクトの評価はプラスの側面とマイナスの側面があります。しかしながら、日韓の環境分野での協力の側面からみると、政府レベルでは黄砂問題や酸性雨などの問題に関して交流がありましたが、民間企業のレベルでの交流は事実上はじめてであることから、その意義は大きいといえます。

6．結びにかえて

本章では、地球温暖化をめぐる先進国と発展途上国の対立問題を考察した上で、京都メカニズムの1つであるCDMによる先進国と発展途上国の協力可能性を分析したものです。特に、実際に日韓の間で行われた「ウルサン化学HFC23熱分解事業」を詳細に分析し、事業全体についての評価も行いました。結論的に、ウルサンCDMプロジェクトは日韓の環境分野における協力の可能性を大きく発展させたにもかかわらず、事業対象がHFC23であったため、地球温暖化全体の議論からみると必ずしも望ましいとはいえない事業でした。

このような問題を解決するためには、同国内で同じ事業が何回もCDM事業として認定されるのは望ましくないので、少なくとも同国内で同一事

業がCDM事業として承認されることに対しては何らかの制限が必要です。例えば、中国やインドなどでHFC23関連施設が多く存在し、そのすべての施設がCDM事業として承認されると、獲得されるCER量は膨大で京都メカニズム全体にも大きな影響を与えかねません。したがって、投入資金あたりのCERの獲得量が多い場合（たとえばHFC23回収・熱分解事業）、同時に同様なプロジェクトの対象施設が限られている場合は、その収益の一部をホスト国の同様な施設に再投資して温室効果ガス事業を行うことが必要です。この場合、CDMプロジェクトとして認定され、CERを獲得できるのは1つあるいは2つの対象施設に制限されます。そのためには投資国の企業からの完全な技術移転が必要であり、必要によってはホスト国あるいはCDM基金からの追加的な資金の投資も必要となります。

　ウルサンCDMプロジェクトの事業参加者からのヒアリング調査により、ウルサンCDMプロジェクトと同様な事業を中国で行う計画があることを聞きました。日本の事業者は中国との取引がありませんが、韓国の事業者は中国企業との取引があり、ウルサンCDM事業に関して中国企業からの問い合わせも多いということです。このことはCDMプロジェクトを通じて、日韓の環境協力が中国も含めた東北アジア（日本、中国、韓国）における協力関係に発展される可能性があることを示唆するものです。実際に、現在の動きをみるとHFC23回収・熱分解事業が中国で行われ、日・中・韓の共同CDMプロジェクトが実施される可能性は非常に高いのです。ただし、上で述べたようにCDMプロジェクトの対象がHFC23であることは大きな問題があり、必ずしも地球温暖化防止には望ましいとはいえません。

　そのため、CDMを通じた協力関係を確立するためには、CDMプロジェクトがHFC23ではなく、たとえば、石炭・石油からガス・再生可能なエネルギーなどへの転換などの分野において実施される必要があります。このような北東アジアにおけるCDMプロジェクトは、温室効果ガス削減だけではなく、韓国・中国起源のSO_2削減による酸性雨による被害の改善などの副次的な便益が発生します。また、実際にCDMが行われる地域に

とってはローカルな大気汚染および酸性雨被害の改善効果もあり、ホスト国の持続可能な発展に大きく貢献します。したがって、日中韓のCDMは参加国すべてに経済的な側面だけではなく環境の側面からもウィン―ウィンな結果をもたらす可能性が非常に高いです[6]。

一方で、CDMプロジェクトに対して中国政府がどのような立場であるかはいまだに不確実性が多く、リスクも大きいのです。したがって、中国とのCDMプロジェクトを円滑に実施するためには、日韓の協力関係を構築した上で、中国を含む日本と韓国の間に政府レベルでの協力関係の構築が大きな課題となります。日中韓の協力関係が構築されれば、CDMプロジェクトの発掘、政府の承認リスクの緩和、取引費用の節減などの効果があり、CDM事業の推進が活発になります。ただし、日本政府が京都議定書における削減義務の達成する際に、いわゆる補足性の条件を満たすことは重要な前提条件となります。

注
1) World Resource Institute Estimates: see data sources
2) 詳細な内容に関しては、羅 (2003) を参照。
3) 詳細な内容に関しては、羅 (2004) を参照。
4) IEA (2004)*Key World Energy Statistics* を参照。
5) 2005年8月5日から8月11日までのヒアリング調査によるものです。
6) Ueta et al. (2004) を参照して下さい。

参考文献
IEA (2004) *Key World Energy Statistics* (http://www.iea.org).
Energy Information Administration (2005) *International Energy Annual 2003* (http://www.eia.doe.gov).
羅星仁 (2003)「京都議定書の環境評価：気候変動防止に与える影響を中心に」『人間環境学研究』第1巻第1・2合併号、103-116ページ。
羅星仁 (2004)「日本の温暖化対策とクリーン開発メカニズム (CDM) の活用に関する経済分析」『人間環境学研究』第3巻1号、61-71ページ。
UNFCCホームページ (http://unfcc.int).

Ueta, K., Inada, Y., Fujikawa, K., Mori, A., Na, S.I., Hayashi, T., et al. (2004) "Win-win Strategies of Global and Domestic Climate Change Policy for China, Asia and Japan," *Final Report of the International Collaboration Project on Sustainable Societies Organized by the Economic and Social Research Institute*, Cabinet Office, Government of Japan.
World Resource Institute Estimates: data sources (http://www.wri.org).

付記
　本章は2005年度（平成17年度科学研究費（若手研究（B）：17710037））、による研究助成を受けた研究成果の一部です。また、フィールド調査の際には（韓）Firstec Co., Ltdからさまざまな支援をいただきました。ここに記して感謝の意をあらわしたいと思います。

第10章　東アジア人の経済・環境共同体構築のための日韓協力

李　東　碩

1．はじめに

1980年代以降のグローバル社会では、情報化、すなわち、IT (Information Technology：情報技術)、ET (Environmental Technology：環境技術)、NT (Nano Technology：ナノ技術)、ST (System Technology：システム技術)、BT (Bio Technology：生命技術)、CT (Contents Technology：文化技術) が著しい発展を遂げています。情報革命といわれるこのような新技術をめぐる産業の情報化と金融のグローバル証券化が加速しており、これを維持・強化するための世界経済管理体制が、IMF、WTO、国連などの超国家的機関によって構築されています。このなかで、とりわけ、IT・ET超国籍企業は、IT・ETという新たな富の源泉を掌握するために、自動車、電機・電子、一般・産業機械などを生産する機械関連製造企業を世界規模で再編しています。このようなIT・ET超国籍企業を頂点とする企業・産業間の世界重層化を通して、IT・ET超国籍企業による富の世界一極集中化が加速しています。その一方で、機械関連製造企業はIT・ET超国籍企業の新たな富の蓄積体制のもとで、薄利多売による大量生産・大量消費・大量廃棄を一層加速させています。

先進国では、IT・ET化という産業構造の高度化を目指して、循環型社会を構築するという新たな目標を掲げ、政府主導の経済・環境管理体制を強化しています。特に、超国家的機関は、モントリオール議定書や京都議定書といった陸・海・空の世界環境管理体制を次々と構築しています。と

ころが、この過程で、貧しい世界大多数の人々は、人間らしく生きる生存権と、次世代に命をつなげる生命権（以下、併せて環境権と称す）の縮小・剥奪という、一層厳しい状況に追い込まれています。もはや、今日の社会環境と自然環境破壊の悪循環は、一地方や国レベルでの取り組みによって解決できる問題を超えて、全人類が協働で取り組まなければならない問題になっています。このような世界「反平和」的状況が加速する現段階のグローバル社会だからこそ、大多数の世界の貧しい人々が環境権を取り戻すために、真の世界平和や地域住民自治を早急に構築しなければなりません。現段階と近未来における真の世界平和は、国益を優先する国家という枠組みのなかでは実現することが困難であり、グローバル・ヒューマニズムに基づいた経済・環境・文化共同体を目指す、国境を越えて地方を束ねる草の根の新しい歴史共同体構築のなかでしか達成できないと、筆者は確信しています。

　ここではまず、1980年代以降の世界経済の大転換過程で、環境権をめぐる私達人類の対立構図がいかに形成されてきたかを鳥瞰しておくことにしましょう。
① 　超国籍企業が情報関連技術の成果を新たな富の蓄積体制の中核に位置付け、買収・合併・提携（M&A&A）を通して世界の製造企業を傘下に統合しています。とりわけ、垂直的な提携関係を通した企業間の世界重層化が加速しています。ET分野においても、ET超国籍企業が自社の傘下で、環境関連の製造企業をすみ分けされた製品群ごとに再編しています。
② 　この過程で、ET産業を頂点として、機械関連製造業→重化学工業→軽工業→一次産品といったベクトルで、上下産業間の新たな垂直的な分業関係、つまり、産業間の世界重層構造が形づくられています。
③ 　以上の企業間・産業間の世界重層化を促すために、超国籍企業は、世界各国の政府を動かして、従来の国民国家体制から市場国家体制に向けて、市場原理に基づいた構造改革を加速させています。また、各

第10章　東アジア人の経済・環境共同体構築のための日韓協力

国政府は自国内での環境規制を強化しながら、他国とは差別化やハーモナイゼーションされた国際的な取り決めを進めることにより、各国ET企業間で生産される製品群のすみ分けとともに、トータルとしてのET市場の拡大を図っています。

④　2国間に留まらず、WTOやIMFといった多角的な世界貿易・通貨体制の再構築が進んでおり、2005年2月には、国連による京都議定書が発効するなど、世界規模での環境管理体制も整えられています。このように、政府に加えて、超国家的機関による環境管理体制が構築されるなかで、ET超国籍企業を頂点とした企業・産業間の世界重層化は一層加速していきます。またその結果として、ET超国籍企業による富の世界一極集中化も加速することになります。

⑤　世界経済・環境管理体制の構築、とりわけ、共同実施、CDM（クリーン開発メカニズム）、CER（排出権取引）といった市場原理を盛り込んだ京都メカニズムが発動することによって、ET超国籍企業のビジネスチャンスが広がる一方で、世界各地域の住民にそのコスト負担が肩代わりされる構図が定着しつつあります。結果として、コインの表裏の関係にある、富の世界一極集中化と、所得格差と飢餓・貧困の世界化が一層拡大・深化しています。

⑥　このような社会環境破壊に加え、遺伝子操作による生命改造の暴走、気候変動の異変続出、鳥インフルエンザやSARSなどの伝染病の蔓延など、地球規模での自然環境破壊も顕在化しています。とりわけ、世界の貧しい大多数の人々の環境権が世界各地方自治体単位で同時多発的に縮小・剥奪されていきます。

⑦　環境権の縮小・剥奪が極限にまで達するにつれて、富を独占する超国籍企業・銀行などの一握りの人間集団が、自分たちの環境権を必死で守ろうとする大多数の人々を完全に押さえられる新たな統治形態を構築しようとします。例えば、テロから安全・安心を守る全地球的ネットワーク構築をスローガンに、原子力に頼る世界危機管理体制が整えられていることが挙げられます。

以上の①・②の世界経済の構造転換と、③・④・⑤・⑥の世界統治形態の構築に伴う社会環境・自然環境破壊の悪循環を通して、⑦の現段階における人類の対立構図の到達点と近未来の方向性が明らかになったと思われます。経済のグローバリゼーションという荒波に追われる私達人類は、このようなメカニズムを通して、人間らしく生きることのできない世界「反平和」的状況に追い込まれています。この人類史上の最大の危機から脱出するためには、私達は何をすべきでしょうか。これから考察していきましょう。

第5章ですでに述べたように、「世界帝国」という近未来の世界経済体制下で、草の根の新しい歴史共同体を構築するために、本章では、主に、東アジア人経済・環境共同体をいかにして構築するかを中心に検討したいと思います。以下の順で論じます。まず、世界経済・環境管理体制の構築過程とその問題点を検討しながら、再生可能な自然エネルギーに基づいた世界循環型社会を構築するための課題を検討します（2節）。そして、東アジア循環型社会構築のための前提条件として、日本広島の地域通貨の現状と課題を検討します（3節）。その上で、草の根の東アジア人経済・環境共同体の構築に向けて、日本の環境首都コンテストを取り上げながら、日韓の地方自治体住民がいかにして経済・環境協力体制を構築するかについて具体的な提案を行います（4節）。

2．世界経済・環境管理体制の現状と課題

世界人口は2000年10月で60億人を超えました。1960年の30億人から、2倍になるのにわずか40年しかかかっていません。現在、1日1人当たりの生活費が1ドル未満の貧困層が12億人にも上っています。つまり、世界人口の5人に1人が飢餓や貧困に晒されていることになります。地球環境が私達人類を貧困層なしで養うためには、8個の地球が必要だといわれています。早急に再生可能な自然エネルギーに基づいた世界循環型社会への転換が求められています。

第10章　東アジア人の経済・環境共同体構築のための日韓協力

　しかし、1970年代以降、機械関連製造業の多国籍企業が、途上国への生産基地移転を加速するなかで、地球温暖化、オゾン層の破壊、酸性雨、森林破壊、砂漠化、野生生物の絶滅危機と種の多様性の喪失、産業廃棄物の大量廃棄と越境移動、干潟をはじめとする海洋の汚染といった、地球環境破壊が一層深刻さを増しています。このような経済のグローバリゼーションに伴う陸・海・空の地球環境破壊が、大多数の貧しい人々を一層困難に陥れています。

　以下では、主に、深刻化する地球環境破壊に対する国連などの世界経済・環境管理体制構築への取り組みを検討しながら、その限界と問題点を明らかにしていきます。
　地球環境破壊が人類共通課題であるという認識に立った取り組みは、1972年スウェーデンのストックホルムで開かれた「国連人間環境会議」がはじめてでした。この会議では、先進諸国において、国境を越え被害を及ぼす公害問題が最重要課題となっていました。1978年には、アメリカで二酸化炭素と地球温暖化の関係を調査する国家プロジェクトが発足して、1980年に、オゾン層破壊と地球温暖化が、酸性雨、熱帯雨林・森林破壊、砂漠化を引き起こしていることが報告されました。そして、1985年には、「オゾン層保護に関するウィーン条約」がフィラハ会議で採択され、1987年「モントリオール議定書」として発効しました。また、「気候変動に関する政府間パネル」（IPCC）がはじめて設立されました。1988年のトロント会議では、二酸化炭素排出量の数値目標がはじめて提案されることになりました。そして、1990年に、IPCCから人類活動による温暖化への可能性があるという第1次評価報告書が出たのを受けて、1992年に、「地球環境人権会議」が東京で、引き続き、地球サミットがブラジルのリオ・デ・ジャネイロで開かれました。この地球サミットでは、「環境と開発に関するリオ宣言」、「アジェンダ21」、「森林原則声明（すべての種類の森林の経営、保全および持続可能な開発に関する世界的合意のための法的拘束力のない権威ある原則声明）」が採択されました。また、「国連気候変動枠

組条約」、「生物多様性条約」、「砂漠化対処条約」も発効されました。そして、1997年になって、「国連気候変動枠組条約」第3回締約国会議（COP3）で京都議定書が採択される運びとなりました。

　ところが、2001年3月、米国ブッシュ大統領が京都議定書からの離脱を表明してから棚上げされました。この間、米国の温室効果ガスの排出量は急増して、2002年には1990年比で約30％強も伸びていました。一方で、2002年7月と10月のCOP6・7で、米国、ロシア、中国などを除いた各国政府に対する削減目標を定めたボン合意とその法的文書が決定されました。また、京都議定書適応基金のため、CDM事業収益から2％を拠出することも決まりました。しかし、2002年のヨハネスブルクで開かれた「持続可能な開発に関する世界サミット（WSSD）」では、各国の批准が取れず、発効できませんでした。その後、紆余曲折をへて、2005年2月16日に、京都議定書が発効することとなりました。

　また、有害産業廃棄物に関する国際的な取り組みもみることにしましょう。1972年のロンドンで、「廃棄物の海洋投棄規制に関する条約」が発効されたが、ちょうど20年後の1992年に、「有害廃棄物の越境移動規制に関する条約」（バーゼル条約）が締結されました。1998年にはロッテルダムで、「特定有害化学物質および駆除剤の国際貿易等に関する条約」が採択されました。その後、2000年には、生物多様性条約国会議において、環境ホルモンなどに対するバイオセイフティに関するカルタヘナ議定書が、2001年には、「残留性有機汚染物質に関する条約」がストックホルムでそれぞれ採択されました。このような国連を中心とした廃棄物に関する取り組みが続けられてきた背景には、1970年代から80年代にかけて、欧米先進諸国の有害廃棄物がアフリカや中南米諸国に輸出され、不適正な処分や不法投棄のケースが増えたことが挙げられます。また、輸出先国から陸揚げが拒否され、有害廃棄物を積載した輸送船が行き先もなく、海上を漂う事件が多発しました。このことは、いうまでもなく、先進国企業にとって、環境規制が緩く、処理費用もかからない途上国へ輸出した方が得

だからです。国連環境計画（UNEP）によれば、毎年約4億トンの有害廃棄物が発生し、そのうち10％が国境を越えて移動すると推定されています。

　私達の東アジア地域においても、有害廃棄物の越境移動が大問題となっています。例えば、1997年に、オーストラリアから廃棄コンピュータが中国に輸出されるところで、グリーンピースなどの活動により、香港で船をひきかえした事件が発生しました。また、1999年には、台湾からカンボジアへ水銀の入った産業廃棄物が輸出され、住民が避難する騒ぎとなりました。また同年に、日本の産業廃棄物処理業者がフィリピンに再生原料の古紙と称して輸出した約2300トンのうちに廃プラスチックと使用済み紙おむつ、点滴用チューブなどが混入された事件が発生しました。フィリピン政府がバーゼル条約に基づき、輸出業者に30日以内の回収を要請しましたが、履行されませんでした。その後、日本政府がフィリピン当局と共同で処理することになりました。このように、廃棄物の発生量が年々増大し、その中身もより複雑化しているなかで、バーゼル条約に基づいた規制では十分に処理できないのが現状です。また、越境する産業廃棄物の有害度が年々高くなっているのに、受入れ国で適正な処分がなされないため、環境汚染が急速に広がっています。さらに、東アジア地域では、2国間の環境協定はあるものの、欧州のような地域全体の環境管理体制が構築されていないため、環境保全の空白地帯となっています。

　以上で述べたように、国連中心の長年の取り組みにも関わらず、地球環境破壊は止まるどころか、一層深刻さを増しています。特に、国連が一番力を入れている地球気候変動問題への取り組みをみても、異常気象は近年さらに悪化の一途をたどっています。オゾン層の破壊、酸性雨、砂漠化の被害も世界規模で急速に広がり、森林面積がこれまでにない速さで減少し続けています。また、環境ホルモンなどによる生物多様性も急速に失われており、産業廃棄物の海洋投棄による海洋生態系の破壊も年々深刻化しています。

第 2 部　政治・経済・環境分野における日韓協力

　そもそも、国連の取り決めには限界があるといわざるを得ません。なぜなら、一国のように統一した立法機関が存在せず、違反した場合も、法的拘束力がないからです。現に、米国は1990年の世界の二酸化炭素排出の36.1％を占め、世界一の排出国というのに、京都議定書批准を現在まで拒否し続けています。また、55ヵ国以上が批准して、なおかつ批准国の排出量合計が1990年の先進国排出総量の55％以上でなければ条約が発効しない、という取り決めのために、結局発効まで8年もの年月が費やされています。今後、2008年から2012年の第1約束期限の間で全批准国の目標値が、1990年比で5.2％削減とされており、また、2013年から2017年の第2約束期限の間の削減数値目標とその対象国を、2005年11月のCOP11で決めることとなっています。しかし、いずれの場合もその達成が疑問視されています。

　この限界に加えて、さらに問題点が指摘できます。京都議定書にはCDM（クリーン開発メカニズム）と CER（排出権取引）の取り決めが含まれていますが、この取り決めが問題となります。周知のように、京都議定書には二酸化炭素などの主要な温室効果ガスの排出削減枠が批准国間で差別化され割り当てられています。その上、先進国がより削減費用の低い途上国で投資を行い（共同実施）、その排出削減量を自国の削減枠に加算することができます（CDM取り決め）。実際に、日本はこれを活用し、2008年から2012年（第1約束期限）の間の削減数値目標の6％（1990年比）のうち、1.6％分（削減量の27％）を、環境 ODA を利用して途上国に移転する計画を立てています。さらに、先進国企業間では、排出権を金融商品として取引することが可能となっています（CER取り決め）。とりわけ、CER 取り決めは、世界金融市場で排出権を取引する超国籍企業・銀行にとっては、ET の産業化とグローバル証券化のための呼び水となっています。

第10章　東アジア人の経済・環境共同体構築のための日韓協力

　この京都メカニズムでは、削減義務のないほとんどの途上国に、二酸化炭素削減のための環境投資が拡大することになっていますが、実際には、ET関連の投資規模をはるかに上回る、機械関連製造業と重化学工業といった成熟化・標準化した製造業が集中しています。特に、東アジアの発展途上国、なかでも、京都議定書に批准していない中国では世界の生産工場化が一層進み、環境保全どころか、大量生産・大量消費・大量廃棄の集積による世界最大の環境破壊地帯となりつつあります。今後、このような市場原理に基づいた世界経済・環境管理体制が次々と整えられていくことになります。企業の多国籍化に伴い、近隣途上国の環境を破壊する「公害輸出」が世界環境問題の引き金となった1970年代以上に、今後「公害輸出」が顕在化することは避けられません。

　要するに、先進国間、また、先進国と途上国間で差別化され割り当てられた京都メカニズムの取り決めによって、ET超国籍企業は、各国間での製品群のすみ分けを一層加速し、その結果で、企業・産業間の世界重層化は一層加速することになり兼ねません。また、京都議定書などの国連主導の環境規制そのものが、ET技術を掌握した超国籍企業にとっては、新たな富の源泉、すなわち、ET市場を拡大する役割を果たしています。さらに、中長期的には先進国のET製品に比べて、規制の緩やかな発展途上国とまったく規制のない途上国の製造業製品の交易条件（terms of trade）が悪化することになり、先進国と途上国間の経済格差、すなわち、「南北問題」が一層深刻になることが十分予想できます。また同時に、環境ODAの急増と、金融商品である排出権のリスクヘッジなどに伴う世界環境管理コストの負担が、先進国の貧しい社会的弱者に転化されることになり、先進国の中でも富の一極集中化が加速する、いわゆる「新・南北問題」が新たに顕在化することになります。

　以上の検討から、地球環境破壊をくい止めるはずの国連主導の世界経済・環境管理体制が、市場メカニズムを取り入れたことで、かえって、大量生産・大量消費・大量廃棄といった環境破壊を総体的に加速する羽目になったことが分かりました。このことが、社会環境破壊に喘ぐ貧しい世界

の人々を一層苦しめていることはいうまでもありません。

　それでは、世界規模での社会環境・自然環境破壊の悪循環の流れを止めて、大多数の世界の貧しい人々が環境権を取り戻せるような世界経済・環境共同体をつくるためには、どうしたら良いでしょうか。次はこの課題を考えてみましょう。

　結論を先にいいますと、現段階のグローバル社会において、互いに悪循環を繰り返している社会環境と自然環境の破壊メカニズムを同時に断ち切ることが何より大事です。そのためには、富の世界独占と飢餓や貧困の蔓延に伴った貧富の格差構造を加速させる現段階世界経済の仕組みを変えることの必要性を認識し、まずは、この社会環境権（＝生存権）を確立する取り組みを実践することが、地球環境破壊を食い止めるための先決課題です。また同時に、市場原理を大いに取り入れた国連主導の国単位の取り組みではなく、地方自治体の住民が主体となって、国境を越えて各地方を束ねる地域レベルで、ひいては、世界レベルでの自然環境権（＝生命権）を取り戻す取り組みも必要不可欠といえます。このような社会環境権運動と自然環境権運動を融合させた、地方・地域・世界レベルでの取り組みが体系的に進められなければなりません。

　まず、前提条件となる新しい世界経済の仕組みについてです。各国間ではもちろん、一国内においても貧富の格差が極限にまで広がる現段階の世界経済構造を変えるためには、世界の大多数の貧しい人々が新たな負担の被害者である国民としてではなく、地方自治権をもつ東アジア地域住民として、法定通貨に媒介されなくても、互いの生産物やサービスを交換できる取り組みが必要です。次に、このようなボランタリー経済をベースにした草の根の経済の仕組みを活用して、再生可能な自然エネルギーの共同開発や実用化に取り組むことが大切です。世界循環型社会を構築するためのこの２つの取り組み、つまり、地域通貨を媒介としたボランタリー経済の構築と、再生可能な自然エネルギー普及の試みは、一地方内で限定して実

践するのではなく、国境を越えて各地方を束ねた地域や世界規模で実践しなければならない。なぜなら、社会環境破壊と自然環境破壊が悪循環する現段階のグローバル社会においては、世界各地方の自治体住民が歩調を合わせて進めなければ、当該の地方自治体住民の環境権すら確保できず、結局のところ、「敬天・敬人・敬物」の世界循環型社会の実現はできなくなるからです。

　3節では、私達東アジア人が東アジア地域でなすべき課題は何であるかを検討します。世界循環型社会に向けた東アジア循環型社会を媒介としながら、東アジア人経済・環境共同体を構築するために、第5章で述べた第5・6課題をバラバラにしないで、融合させ併せて論じることにします。

3．東アジア人経済・環境共同体構築の課題

　東アジア地域は、「対等な人格」に基づいたヒューマニズムの社会とはいえず、超国籍企業・銀行が自社の富の蓄積体制を加速する社会、つまり、市場原理に基づいた、弱肉強食のグローバル・キャピタリズムの社会です。ET分野においても、環境ビジネスとして新たな富の独占につながる技術が優先的に開発・利用されており、その他のET研究開発と共同利用は軽視されてきました。

　日本政府が取り組んできた循環型社会とは、天然資源の消費が抑制され、環境への負荷が低減される社会（「循環型社会形成推進基本法」第2条1項）と定義されており、廃棄物発生の抑制（Reduce）、循環資源の再利用（Reuse）、原材料としての再生利用・熱回収・適正処分（Recycle）といった3Rが主に推進されてきました。今後の日本の課題は、産業廃棄物のゼロエミッション・システムを東アジア地域にまで広げて構築することだと、筆者は考えています。そのためには、第1に、エネルギー多消費パターンを変える必要があります。第2に、脱化石燃料化とともに、風力、太陽光発電、バイオマスなどの再生可能な自然エネルギーの技術開発

第2部　政治・経済・環境分野における日韓協力

と有効利用を促進することが必要です。そして第3に、日本政府や地方自治体が開発する環境技術を東アジア地域住民が無償で利用できる仕組みを構築しなければなりません。

　1970年代に、日本の公害産業といわれた機械関連製造業、重化学工業が企業の多国籍化とともに、韓国、台湾、香港、シンガポールといった近隣の新興工業諸国に移植されるようになりました。80年代になりますと、フィリピン、マレーシア、インドネシア、タイを中心としたASEAN諸国へ、さらに、90年代の中国へと、東アジアのほぼ全域が世界分業網に巻き込まれることになりました。このように、東アジア地域では、経済のグローバル化の加速に伴って、機械関連製造業、重化学工業といったハードウェアの生産・流通・消費の世界一の集積地と化しています。この流れによって、陸・海・空の環境破壊が急速に進んでいるのです。特に、産業廃棄物の海への大量廃棄が急増することによって、東アジア人の公共財である東アジア海はもはや産業廃棄物の最終埋立地となり、「死の海」へと転落しつつあります。当然のことながら、私達東アジア人が私達の環境権を確保するためには、一地方や国境を越えた東アジア人経済・環境共同体を早急に構築する必要があります。そのためには、私達東アジアの地域住民が、東アジア海の環境保全を進めるとともに、再生可能な自然エネルギーの共同開発や共同利用を実践していかなければなりません。

　その前提条件として、大量生産と大量消費と、「環境コスト・ゼロ」のもとでの大量廃棄を支える東アジアの経済構造そのものを変えなければなりません。そのためには、各国の法定通貨に頼らず、東アジア地域通貨を介して等価の労働力を交換する、ボランタリー経済化を拡大していくことが何より肝心なことです。今まで日本をはじめとする東アジア各国で使われてきた地域通貨とは、ほとんどが一地方や国内の特定範囲に限定されており、なおかつ地方経済の活性化と互いに欲するモノやサービスの交換が主な目的でした。東アジア循環型社会の構築のためには、一地方に限定し

ない、複数の地方と国境を越えた地域共通で使われる東アジア地域通貨が必要であると、筆者は強調してきました。

　ここで、東アジア地域住民が協働で運営する新しい地域通貨の可能性について、詳しく考察してみましょう。
　まず、地域通貨の概略的な説明から始めましょう。19世紀末の金本位制が事実上世界単一の通貨体制になるまでは、多くの通貨が、ある特定の地方や国でしか通用しなかったことで、世界の通貨は概ね地域通貨であったといえます。ただし、そのほとんどが、それぞれの地方や国のなかで富の一極集中化のために使われた通貨、つまり、私有経済、商品経済、貨幣経済の拡大に伴って広がった通貨であったという意味においては、筆者が主張する、ボランタリー経済化を目指して、等価の労働力を交換する地域通貨とは、まったく異なる性質のものといえます。

　以下では、貧困層などの社会的弱者の間での相互扶助を目的とした地域通貨を中心に検討することにします。
　地域通貨の源流は、19世紀前半のイギリスにあります。当時のイギリスでは、産業革命の進展に伴い資本家と賃労働者という階級間対立が進み、長時間の低賃金労働といった労働問題、失業・貧困問題、都市環境問題といった社会問題が噴出しました。また、国全体の貨幣制度が成立していく過渡期であったこともあり、国内外を結ぶ通貨のあり方をめぐって論争が高まっていました。こうしたなか、社会主義者で実業家でもあるR. オーウェンは、当時のイギリス貨幣制度では、常に賃労働者の交易条件が悪化し、剰余価値（＝富）という形で労働力が資本家によって搾取されるとし、イギリス国内の貨幣制度を抜本的に変えようとしました。物の価値は生産物を作るのに必要な投下労働時間からのみ計測すべきである、という当時主流であった労働価値説に基づき、同一労働時間を等価価値として交換する労働貨幣を構想しました。当時の1労働日（10労働時間）の平均賃金は5シリングで、1労働時間当たりでは5ペンスとなります。これを

基準に、労働時間に換算しなおした労働証書を渡しました。また、生産物の価格には直接投下された労働時間に加え、原材料と交換所運営のための手数料を組み込んだものとしました。彼は、この地域通貨でもって、当時イギリスの経済の仕組みそのものを改革しようとしたのです。

地域通貨を介した新しい経済構造の構築として、当時、「共同体社会型」と「生産者参加型」がありましたが、今日でもこの２つの系統は継承されています。R. オーウェンは、当時、この２つの形態をそれぞれ実験しました。前者としては、一定の土地で一定の人口で農工間分業を行う共同体社会を形成し、余剰生産物を構成員の労働時間に応じた労働貨幣を介して交換します。この貨幣は、使わなければ価値が目減りする「劣化する貨幣」であった。当初は外部からの購入分が多かったが、共同体社会が定着するにつれ、外部に依存する生産物が徐々に減少することが考えられました。しかし、労働できない者にも生産物は公平に分配されたため、いわゆる「ただ飯ぐらい」の人が増えるなど、効率よく働く者が評価されないという不満が広がりました。また、必要な生産量のために必要な労働時間を構成員の間で調整する必要も生じました。結局、土地や建物に対して人口が過剰となり、需給バランスがとれず、実験は失敗に終わりました。

後者の場合は、生産手段を有する独立生産者が、同じ労働時間で生産された商品を交換する仕組みです。独立生産者が主体となって、法定通貨を媒介としない代替的な経済体制づくりを目指していました。ところが、交換所での生産物価格と市場価格との間で乖離が生じたため、市場価格より安いものは外部に転売され、逆の場合は交換所に持ち込まれました。規模が拡大するにつれ、このような投機的な取引が増え、需給バランスが崩れ、この実験も1834年に失敗に終わりました。

ところで、R. オーウェンの２つの実験は、その後19世紀半ばから始まった協同組合運動と、1930年代のデンマークの協同生産組合 JAK とスイスのヴィア銀行に大きな影響を与えました。例えば、JAK は無利子で貯蓄を集め、無利子で貸付を行うことで、1929年大恐慌で打撃を受けた

零細農家に歓迎されました。自身の貯蓄額以上を借り入れ、有機農法などの新しい分野に進出して、成功を収めるケースもありました。この取り組みは確実に広がっていき、1958年JAKは正式な銀行となりました。しかし、1970年代に再び世界大不況のあおりをうけ倒産しました。ヴィア銀行は、協同組合として設立された後、正式に銀行となりました。バーター取引から始まり、1950年代初頭までには、消費者も参加する無利子の交換リングの形をとりました。最終的には生産者間の取引のみに落ち着きました。ヴィアカードという１枚のカードでヴィアとスイス・フランを併用した仕組みは、支払いが容易であることから取引額が増加しました。

　これらの「生産者参加型」の地域通貨は、主に世界経済の仕組みが大きく転換し始める大不況下で、生産者同士の相互扶助を目的として生まれたものでした。1930年代とは、米国をはじめ先進諸国において、重化学工業から機械関連製造業へと中核産業の転換が加速した時期でした。帝国本国は自国の富の流出と市場をブロックするために金輸出を禁止するなど、世界通貨体制であった金本位制から次々と離脱しました。また、他ブロックへの輸出を拡大するために自国通貨を切り下げると同時に、他ブロックからの輸入を制限するために高率関税を賦課するようになりました。もちろん、この背景には、中核産業の成熟・標準化に伴う過剰生産能力→価格破壊→生産の縮小→失業の増加→市場の縮小といった大不況が横たわっていました。見逃してはならないことは、1870年代以降と、その100年後の1970年代以降の大不況期も、中核産業の交替に伴い世界経済構造が大きく転換していた時期に、「生産者参加型」の地域通貨の隆盛がみられた、という点です。つまり、新たな中核産業の掌握に乗り遅れた生産者間で、激しい資本間競争からの脱落と飢餓や貧困の蔓延による市場の縮小に対する危機感がその背景にあったことが分かります。これで、1980年代以降、約3000にも及ぶ地域通貨が世界で大流行している理由も理解できます。このような地域通貨は、「共同体社会型」の労働貨幣とは違って、同じ投下労働時間を交換しながら、なお富の蓄積を認めない「劣化する貨幣」とは異なるものといわざるを得ません。要するに、法定通貨とリンクしてお

り、なおかつ、内部と外部の生産者間での取引を媒介にしていることから、市場経済に基づいた不等労働量交換の地域通貨であることに注意を払わなければなりません。

さて、以下で紹介する1980年代以降に現れた3つの地域通貨は、「共同体社会型」と「生産者参加型」、そして、その「折衷型」の代表的なものです。タイムダラー、イサカアワー、LETSがそれです。

タイムダラーは共同体での相互扶助を目的とした時間預託システムが特徴です。米国で1980年代初期にE．カーン博士によって考案されたものです。サービスを交換することで人々の交流が生まれ、地域で目的を一つにした新しい共同体づくりの触媒となることを目的としています。すべての人間に等しい労働時間を価値基準に、ボランティア活動をやり取りする取り組みです。活動した時間を預託し、自分がサービスを受けるときに使用することができます。高齢者介護サービスから始まったこの地域通貨は、今では育児や教育の分野にまで広がり、福祉関連の財の購入や医療保険料などの支払いに充てることもできます。こうした現段階の社会環境破壊問題に課題をしぼっていることが注目を集め、日本を含む世界各地で取り入れられています。典型的な「共同体社会型」の地域通貨といえます。

イサカアワーは1991年米国のニューヨーク州イサカ市で誕生しました。地場産業の活性化を目指したもので、地域通貨管理委員会によって管理されています。会員には入会金と引き換えに地域通貨・アワーを渡し、起業の際の融資と、教会、学校、病院といった公共機関への寄付も行っています。この地域では小規模な有機農法を行っている農場が多く、彼らは地域通貨管理委員会からの寄付を受け、経営を成り立たせています。負債のため土地を失ったり、買収されて工業的な農法が導入されたりすることで地場産業が破壊されることを避けることが主な目的でした。参加者が1000人を超えるこの地域通貨は、1930年代の利子のつかないJAKやヴィア銀行のように、法定通貨と上手く組み合わせることで地域経済活性化を図っ

ています。近年には、介護、育児、教育、環境といった非市場的サービスにも展開しています。この地域通貨は、中小企業などの生産者間の事業活性化が目的である「生産者参加型」です。

　LETS（Local Exchange and Trading System：地域交換・交易システム）は、基本的には労働貨幣であり、現在最も広く普及している地域通貨です。1983年カナダのコモックスバレーでつくられたこの地域通貨は、会員同士が互いにモノやサービスを提供しあうもので、その取引内容を通帳に書き込んでいく形をとっています。大きな特徴は、通貨の発行権が個人に委託されていることです。マイナスから始めることもでき、必要に応じて各会員が発行します。取引の対象は、地域で生産された農産物や工業製品といったものから、料理、裁縫、ガーデニングといった趣味レベルのサービス、医療、介護、子守りなどボランティア活動や専門的なサービスまでさまざまです。LETSは本来コミュニティの自律化を図る目的で、投機目的や環境負荷の大きい事業は排除され、地域の特性を活かした地場産業の創造を目指したものでした。しかし、地場産業の振興は進まず、むしろ副次的な効果であるはずのメンバー間の信頼回復や相互扶助の促進が中心となっています。LETSは、共同体の外にも繋がっている地域通貨である点から、「共同体社会型」と「生産者参加型」の中間的な「折衷型」地域通貨といえます。

　前述したように、1980年代以降の現段階では、IT超国籍企業・銀行主導の経済のグローバリゼーションが加速するなかで、大多数の人々の社会環境権と自然環境権が同時に縮小・剥奪されています。ということは、人間同士が互いに対立する対象が、かつての「労働権」から「環境権」へと拡大・深化していることを物語っています。現在と未来を生きるための環境権を奪われる状況を乗りこえるために、東アジア地域でどのような地域通貨の取り組みが有効でしょうか。さらに、踏み込んで模索していくことにしましょう。

第2部　政治・経済・環境分野における日韓協力

　日本においても、2005年10月現在、実験中のものも含めて800以上の地域通貨が流通しています。1970年代には時間預託システムが導入され、1995年7月には米国のタイムダラーの支援を受けた「NPO法人タイムダラー・ネットワーク・ジャパン」によって「だんだん」が立ち上げられました。日本での地域通貨導入の目的は、概ねコミュニティの自律化と地場産業の活性化にあります。前者は失われつつある文化や価値観の多様性、人々の信頼関係といったものを取り戻すことを目指しています。地域社会における相互扶助や人的交流の促進、ボランティア活動の普及、町づくりなどにも利用されています。後者は、地元商店街での購買力を高め、特定の地方内で通貨を流通させることで市場の消失を防ぎ、地方の雇用を守ることを目指しています。これが現行の日本の地域通貨の主な型といえます。広島県内でもこの代表的な2つの類型があります。それを取り上げながら、日本の地域通貨の現状と今後の課題について考えてみましょう。

　まず、府中町のefについてみてみましょう。広島県安芸郡府中町は、人口は約5万人で、マツダ本社がある産業の町です。府中町の環境への取り組みには、行政だけでなく、日本独自の「町内会」という組織が深く関わっており、1945年以来の歴史をもつ府中町公衆衛生推進協議会が大きく関わってきました。2000年7月に「府中町環境の保全および創造に関する基本条例」を制定し、2001年3月には府中町環境基本計画を策定しています。しかし環境問題といっても、大気汚染、森林破壊、河川や湖沼の水質汚染、ごみ問題など多岐にわたり、町内に抱える各種環境運動団体も活動の方向性にばらつきがありました。そこで、府中町の二酸化炭素排出源の5割以上が家庭から出ることに着目し、町民全員が考えるべき問題として地球温暖化問題に重点的に取り組むことにしました。

　2001年には市民の環境学習の場であるe-サロンが開始され、2002年には新たに脱温暖化市民協議会が設立されました。これが中心となり、地

球温暖化対策に向けた実践活動を行い、その媒介としてエコマネー「FUTURE」を立ち上げました。2002年度は省エネトライアルを実施し、これに参加すれば1億「FUTURE」、また二酸化炭素削減率に応じて1億から4億までの「FUTURE」が与えられました。また、エコ・省エネ商品購入の推進を行い、不用品を持ち寄ってのリユース（reuse）市と産地直送の旬の野菜市で、エコマネーを利用できるようにしました。その結果、年間で省エネトライアル総参加世帯数は0.04％の927世帯（町全体で約2万6000世帯）、二酸化炭素削減量は2100kgとなり、エコマネーは2949億「FUTURE」が発行され、87％の2553億「FUTURE」が回収されました。2003年度には、昨年度の参加世帯数が少なかったことを踏まえて、エコマネーの浸透を図りました。そして、町の小学校を5つに分けて小学校区ごとに、それぞれエコマネーの流通システムを考案し、各区域の特性を生かしたエコマネーを企画するようになりました。公衆衛生推進協議会などのメンバーが65歳以上の高齢者がほとんどであることから、未来を担う子ども達こそ、町のことを知り、環境問題に取り組んでいくべきとして、小学校区をベースにした活動を行うことにしたわけです。したがって、子ども達にも分かりやすく、商店や町営バスなどにも利用できるようにと、それまでの単位を改め、50ef、100ef、500efに改編しました。小学校区ごとの発行・回収メニューの他に、2004年9月からは新設された大型スーパー・ジャスコ広島府中店が、このエコマネー事業に参加することになりました。このジャスコ広島府中店で、ラップ、シャンプー、リンス、ソープ、トイレットペーパーといった環境保全商品とエコマネーを交換できます。

　こうした工夫があって2003年度は、発行量と回収量ともに2002年度より大幅に増加しました。府中町は地域省エネルギービジョンとして太陽光発電の普及にエコマネーを利用することを計画するなど、今後もさまざまな地球温暖化対策に積極的に取り組もうとしています。

　さて、府中町のエコマネーefに懸念される点を述べることにしましょ

う。それは、イオン・グループの参加による問題です。同グループは全国規模の大型スーパーを展開しており、府中町の他、三重県や長崎県などでも、その地方の環境対策と地域通貨に深く関わってきました。その目的は、企業のイメージアップのためだといわれています。

ところで、地域通貨を媒介とするかどうかの違いはあれ、各家庭の二酸化炭素削減量に応じて当スーパーで販売する環境保全商品と交換する仕組みは、すでに述べた京都メカニズムの1つである排出権取引と深く関わっていることが容易に分かります。つまり、先進国企業間で二酸化炭素の排出権を、金融商品として取引できるメカニズムを活用して、規定枠を越えて生産活動をしたい企業に排出権を売るために、イオン・グループが、自治体住民が削減した二酸化炭素量を店の商品と引き替えに集めている、ということです。京都議定書の日本の削減目標6％がそのまま一般家庭にも割り当てられることになり、この新しい世界環境管理体制の構築に伴い、地方自治体住民がこの企業間の排出権取引網に編入されていくことを意味します。

この新しい金融商品が、同グループをはじめ、ヘッジファンドなどの超国籍銀行の富の新しい源泉となることは、間違いありません。各地方自治体主導で建設中の巨大エコタウン・プロジェクトに伴い、自治体住民の負担が急増していることを合わせて勘案すれば、日本のなかでの貧富の格差構造がさらに開き、社会環境破壊に歯止めがかかるどころか、むしろ、それを促すことになりかねません。総じていえば、府中町の住民が「共同体社会型」地域通貨を通して、循環型社会を構築しようとするこの試みは、世界規模で利潤極大化を図る超国籍銀行の思惑によって、地域通貨が排出権を確保するための商品券に転落してしまい、本来の目標達成が危ぶまれる恐れがあります。やはり、東アジアの住民自治による排出権の所有が求められており、これを原資として、再生可能な自然エネルギーの開発に結びつける枠組みづくりが早急に必要であると思われます。

次は、蒲刈町の「藻塩じゃ券」についてですが、広島県呉市下蒲刈町は、

第10章　東アジア人の経済・環境共同体構築のための日韓協力

　瀬戸内海の島嶼部に位置する人口約2600人の町で、町を支えるのはみかんと藻塩という一次産業がすべてです。そのため過疎化と高齢化が年々深刻になってきており、とりわけ2000年１月18日に本土（広島県川尻町）と島を結ぶ安芸灘大橋が開通してからは、人口の流出に加え、地元商店街では客数が減少し、住民同士の触れあいや支えあいの形も変わりつつあります。そうした過疎高齢化による土地の荒廃が懸念されるだけでなく、瀬戸内沿岸の工場からの廃水や周辺の島々への産業廃棄物の埋め立てなどによる瀬戸内海の汚染の影響も免れ得ません。また、弱者を切り捨てる政策ともいえる市町村合併の波に呑まれ、2005年３月に呉市と合併され、今後一層町を取り巻く環境は悪化していくと思われます。このように、社会環境破壊と自然環境破壊が悪循環するこの小さい町で、2002年２月に地域通貨が立ち上げられました。

　「藻塩じゃ券」は、厳しい現状にある町を活性化させるため、海外視察でカナダのイサカアワーについて学んだ町長によって提案され、商工会が中心となって立ち上げられました。2001年６月に地域通貨検討委員会が「藻塩ネットワーク」を発足し、地域通貨導入に向けた調査・研究を重ねました。その際、地域振興活性化事業として町と中国経済産業省から計210万円の援助を得ることができました。約１年かけて、地域通貨を導入している自治体の視察や講師を招いての勉強会、住民への説明会と意識調査、また体験イベントなどを実施し、2002年２月24日に立ち上げることができました。まず問題となったのは、商工会という経済的利潤を追求する営利団体が運営主体となることで、地域通貨をどう位置付けるか、ということでした。日本の地域通貨の多くは、NGO／NPOによって運営されており、主にボランティア活動を促進するためのモノやサービスの交換に利用されているのが普通でした。一方、下蒲刈町では、島という閉鎖的な空間のなかで互いに助け合う基盤はもともと存在しており、過疎高齢化の影響でそうした支えあいが難しくなってきているとはいえ、わざわざ地域通貨を使ってボランティア活動を促進する動機は都市ほど強くないはずで

した。むしろ、本土と陸続きになったことで客足の激減した地元商店において、地域で生産したものを地域で消費することで地域を活性化し、過疎高齢化に歯止めをかける必要があったでしょう。そのため、対象を会員などに限定せず、町民全員に広げ、島内に生活の基盤をおく主婦、子ども、高齢者に分かりやすい地域通貨づくりを目指したわけです。

　そこで、誕生したのが紙幣型地域通貨で、100円相当の100「藻塩じゃ券」でした。町や商工会が主催するイベントの手伝いや清掃といったボランティア活動に参加した人々に「藻塩じゃ券」を配布し、「藻塩ネットワーク」加盟店で利用できるようにしました。30分の活動につき、100「藻塩じゃ券」が手に入り、店では消費税相当分を「藻塩じゃ券」で支払うことができます。2000円の買い物につき、「藻塩じゃ券」1枚を使用できます。しかし、地元商店での日常の買い物で、一度に2000円以上買うことは少なかったので、50「藻塩じゃ券」をつくり、1000円の買い物から使用できるようにしました。

　しかし、この商店での買い物に地域通貨を利用する取り組みは、店にとっては割引をすることになり、損をするばかりでメリットがないと、当初賛同する商店が集まりませんでした。しかし、立ち上げから3年が経った現在、地域通貨を利用できる店では客足が増えるという効果がみられ、加盟店は当初の5店舗から39店舗まで増加しました。また、「藻塩ネットワーク」が仲介し、個人間でのモノやサービスの交換も行おうとしています。しかしサービス提供者として登録している者は当初の16人からほとんど増えず、現在に至るまで数回しか取引が行われていないのが現状です。つまり、発行された「藻塩じゃ券」は、ほとんど買い物にしか使われていないといわざるを得ません。

　ここで回収率をみると、2001年度に2000枚発行の25％の回収、2001年度に1500枚発行の12％の回収、2003年度には1800枚発行の46％の回収となっています。2003年度に大幅に回収率が上がったのは、商工会による特産品の開発が背景にあります。2001年度には町と国から補助金が

得られましたが、2002年度には補助金もなく、他の地域通貨のように寄付を募ることもしないので、運営資金の調達に悩まされました。そこで、特産品の開発に取り組み、その売り上げを資金に当てることにしました。この構想で経済産業省から、補助金を得ることになったので、地元で生産されたものを素材に、8つの特産品を開発しました。その購入の一部に「藻塩じゃ券」を当てることができました。今後はより使いやすくするため、「県民の浜」(県内随一の美観をもつ砂浜に併設された食堂と温泉などの施設)などの町営施設での利用も検討しています。

　以上が「藻塩じゃ券」運用の概要でしたが、いくつか問題点を指摘しておきます。まず2600人の町民が対象とはいえ利用者のほとんどは主婦に限られています。つまり、1000円以上の買い物にしか使えないということで、子どもが利用しにくいのが指摘できます。町の活性化を目指すのであれば、前述した府中町のように、子どもの環境教育に地域通貨を利用していくことも大事だと思われます。また、高齢化の進んだこの町で、ボランティア活動をする体力のある人しか地域通貨を使えないことも問題です。折鶴を折って地域通貨を入手した事例が1件ありますが、個人間の取引がほとんどない現状では、これは偶発的な事例としか考えられません。
　総括していえば、下蒲刈町の住民が「生産者参加型」地域通貨を通して、特産品開発など町の経済活性化には役立っていますが、町民全員の相互扶助といった「共同体社会型」地域通貨への取り組みはほとんど成功せず、今後の取り組みに委ねられているといって良いでしょう。

　以上、広島県内の代表的な地域通貨について詳しくみましたが、日本の地域通貨の特徴とその問題点がそのまま投影されています。日本の地域通貨の問題点を4つにまとめておきましょう。
　第1に、そもそも地域通貨というものが志すべき新しい経済体制への取り組みが抜け落ちしている点が挙げられます。日本の地域通貨のほとんどは、社会環境破壊の根底にある世界経済の仕組みに関してはほとんど手を

ふれず、むしろその経済の仕組みのもとで、コミュニティの社会的絆を復活したり、社会不安を緩和しようとしているのが、第1の限界です。

　第2に、環境権を確保するための取り組みが不十分である、ということが挙げられます。環境権を取り戻すためには、「共同体社会型」地域通貨の試みと、再生可能な自然エネルギーの開発やその産業化を目指す「生産者参加型」地域通貨の試みを融合した取り組みが欠かせません。

　第3に、行政主導が挙げられます。地域通貨とは、そもそも世界の大多数の貧しい人々自らが、ともに人間らしく生きられる新しい共同体構築のための取り組みといえます。したがって、地域通貨の運営主体が、中央政府や地方自治体といった行政であれば、誰のための地域通貨なのかが危ぶまれます。

　第4に、第3と関わっていますが、国境を越えて各地方を束ねる東アジア地域住民による住民自治権の確立という明確な目標設定が欠けていることが挙げられます。地域通貨が日本の市町村といった狭い一地方内のニーズに限定されていては、再生可能な自然エネルギー技術の開発やその産業化が難しくなります。したがって、一地方や国境を越えてまたがる複数の地方自治体住民が、大学などの教育・研究機関、NGO／NPOなどの非営利団体を束ねて、地域通貨間の共通化を早急に構築しなければなりません。

　4つの課題を念頭におきながら、東アジアの各姉妹都市間を結ぶ東アジア地域通貨のあり方について、論を進めていきます。まず、筆者が描いている理念型を紹介しましょう。東アジア地域通貨「GLOBAL LIFE」の具体的な運用にあたって、まず、東アジアNGO／NPOの各連絡会がその管轄内の姉妹自治体住民間で、共通の環境基本計画を盛り込んだ環境協定を結ぶことから始めます。その上で、年中行事としての環境教育と環境保護・監視活動を協働で複数策定します。国境をまたがった東アジア地域住民が使う通貨なので、インターネットや携帯電話上の電子マネー型とICT（情報通信技術）を利用したICカード型を結合した地域通貨の形が望まし

いと思われます。もちろん、子どもや高齢者の使いやすさも考えて、通帳型も取り入れ、世代をまたがって運営できるようにすべきです。このような複数の形を融合した通貨を、姉妹自治体間で同時に発行します。地域通貨の発行原資は、姉妹都市住民が共同出資という形で集めますが、前述した住民所有の排出権の販売額を充てることも考えられます。この際、東アジア地域通貨の単位は、ボランティア活動に参加する人々の1回平均食事代を各国の為替レートで換算した額、すなわち、日本の300円と韓国の3000ウォン（中国姉妹都市へと延長する場合は、物価安を勘案して20元の約1/5に相当する4元）にし、年間事業規模に合わせて地域通貨の総額を決めるのが妥当です。また、トラブルなどの諸問題を解決するための協働の環境カウンセラー室を常設化する必要があります。さらに、市民講座、東アジア地域住民懇談会を定期的に開くとともに、会計監査や活動評価を含めた年次報告書を発行していきます。そして、日韓中の姉妹自治体住民が主体となって始めたこの姉妹都市間の地域通貨を、次第に東アジアの全域、さらには全世界に向けて共通化を図っていくことが望ましいでしょう。

以上の理念型を具体化するために、2005年6月現在、日本全国の複数のNGOによって4回実施された「環境首都コンテスト」を検討しながら、東アジア人経済・環境共同体の構築にどう生かせるかを考えてみましょう。

4．日韓経済・環境協力の最優先課題

「日本の環境首都コンテスト」の経緯と仕組みを通して、日本の自治体の循環型社会への取り組みの現状と問題点をまとめることにします。「日本の環境首都コンテスト」は、環境先進国といわれるドイツのコンテストをモデルとしています。ドイツでは、環境NGO「ドイツ環境支援協会」が10年間「環境首都コンテスト」を実施しており、地方自治体の環境対策をより活性化し、ドイツ社会のエコロジー化に大きな貢献をしたといわれています。ドイツで環境首都の一つに選ばれたフライブルク市は、いま

や日本で最も有名なエコシティーです。日本でも近年、環境自治体を目指す市区町村の動きが盛んに見られるようになってきましたが、多くの地方自治体が具体的な政策づくり、市民とのパートナーシップのあり方に課題を抱えているのが現状です。そんな状況にある自治体に対し、環境首都コンテスト全国ネットワークが全国の各自治体の環境づくりを促進するために、「(持続可能な地域社会をつくる) 日本の環境首都コンテスト」を実施しています。

　日本の環境首都コンテストの実施に至るまでの経緯を簡単にふれておきましょう。NGO「環境市民」がドイツの事例研究とコンテスト項目を検討し、その上、複数のNGOで「環境首都コンテスト全国ネットワーク」を結成することになりました。「環境首都コンテスト全国ネットワーク」は、深刻化する地球環境問題の解決のため、日本国内での循環型社会の実現に向けて、地方自治体とのパートナーシップを向上しようとする全国組織の環境NGO集合体のことです。コンテスト実施前の2000年秋には、ドイツの1998／99年度の環境首都ハム市、ドイツのコンテストを主催したドイツ環境支援協会からゲストを招き、全国6カ所でセミナーを開きました。2001年春には、45自治体の協力を得てプレコンテストを実施しました。コンテストと調査票についてのヒアリング調査、調査票の改善、実施方法、表彰方式の検討などを重ね、2001年度に環境省の外郭団体である地球環境基金からの助成金を受けて実施に至りました。2010年まで、環境首都コンテストを毎年実施する計画となっています。構成団体は、十勝場所と環境ラボラトリー、ふるさと環境市民、やまなしエコネットワーク、中部リサイクル運動市民の会、環境市民、環境市民・東海、未来の子、くらしを見つめる会、環境ネットワークくまもと、プラス・エコ、長崎伝習所環境ネットワークながさき塾の計11団体です。目標は、日本の環境首都、フライブルクをつくることです。このような準備をへて、参加自治体を募り、2001年度の第1回のコンテストには93、第2回には115、第3回には市町村合併問題で全国の自治体がゆれる不安定な状況下で83、

第4回には75の自治体が応募していました。

　第4回の実施分の15質問項目の内容とそれぞれの配点は以下の通りです。
　① 環境基本条例・ローカルアジェンダ21・環境基本計画（7設問、配点100点）
　② EMSの構築（4設問、配点50点）
　③ 住民とともにチェックする仕組み・情報公開（5設問、配点55点）
　④ 率先行動・エコオフィス（9設問、配点60点）
　⑤ 自治体間交流（4設問、配点40点）
　⑥ 職員の資質・政策能力の向上と環境行政の総合化・予算（4設問、配点95点）
　⑦ 市民のエンパワーエントとパートナーシップ（5設問、配点80点）
　⑧ 環境学習（5設問、配点80点）
　⑨ 自然環境の保全と回復（7設問、配点70点）
　⑩ 健全な水環境（5設問、配点40点）
　⑪ 風土を活かした景観形成と公園づくり（7設問、配点50点）
　⑫ エコロジカルな交通政策（選択式、3～5設問、配点55点）
　⑬ 地球温暖化防止・エネルギー政策（9設問、配点75点）
　⑭ ごみの減量化（5設問、配点60点）
　⑮ 環境に配慮した産業推進（選択式、3～4設問、配点60点）
が、それです。

　それでは、今までのコンテストから分かってきた、日本の循環型社会への取り組みの現状と問題点について、自治体間交流、地球温暖化防止・エネルギー政策、環境に配慮した産業推進の3点に絞って論じることにします。
　まず、自治体間交流の現状と問題点です。現段階世界経済体制下での地球環境問題は、いうまでもなく、1つの地方や国レベルで完結するもので

はないので、国内外の自治体間交流が欠かせないはずです。つまり、国内外の地域住民主体の交流を進める上で、複数の地方自治体とパートナーシップ型組織をつくり、協働で東アジア循環型社会を構築していく必要があります。

　自治体間交流の項目について、交流していると回答した自治体は半分を超えていますが、交流の内容をみますと、他自治体の先進事例の調査がほとんどです。共同プロジェクトを実施していると答えた自治体は少ないのが現状です。

　海外自治体との交流に関しても同じ状況であるといえます。交流内容も技術支援のための研修生の受け入れが主です。その他の共同プロジェクトに関していえば、例えば、松山市が、フライブルク市との間で相互駐在員派遣と勉強会を実施しており、市民団体の相互受け入れや見本市も実施しています。水俣市はドイツと中国から水俣に招聘し、国内の参加者とともに水俣病と地球環境問題に関する国際ワークショップを定期的に開催しています。東アジア海の海洋汚染が進むなかで、水俣病の発生地であった水俣市が中国などの東アジア諸国と環境協力を進めることはとても良いことだと思います。

　しかし、全体としては、国内外の自治体間の共同プロジェクトはあまり盛んでないのが問題といえます。特に外国自治体との交流となりますと、1割未満です。日本の環境保全に関わる技術は豊富であるので、環境技術特許の無償利用などを積極的に進めなければなりません。しかしそれどころか、技術支援のための研修生の受け入れさえ少ないのが現状です。現在の環境問題は地球規模の問題であるため、市町村などの境界線を引かず、多くの自治体が国内外を問わず、多くの共同プロジェクトを実施していくことが重要です。

　次は、地球温暖化防止・エネルギー政策に関する取り組みについてです。東アジア循環型社会を構築していくための実践課題のなかで、一番重要な課題というのが、地方と地域レベルでの地球温暖化防止と再生可能な

第10章 東アジア人の経済・環境共同体構築のための日韓協力

自然エネルギーの共同開発や共同利用の取り組みといえます。地球温暖化防止のためには、現在の大量消費型のエネルギー消費の経済構造を改めることが不可欠であり、そのためにはエネルギーの有効活用を進め、化石燃料の使用量を削減するとともに、再生可能な自然エネルギーの共同開発や利用を図っていく必要があります。エネルギーに関する政策は、これまでは国の政策と考えられてきましたが、省エネルギー、再生可能なエネルギー、新エネルギー技術の確立を、国境を越えて各地方を束ねる地域住民が、地域の特徴を生かしながら進めるのが重要となってきました。つまり、姉妹自治体住民が主体となって、東アジア全域で再生可能なエネルギーの比率を増やしていくことが求められています。

調査結果では、半数以上の自治体が二酸化炭素排出量の削減目標を設定しています。二酸化炭素排出量の把握については、2/3以上の自治体が把握していると回答しています。しかし、そのほとんどが自治体の一部の事業体から排出された二酸化炭素量を把握しているに留まっており、自治体全域の二酸化炭素排出量を把握しているのはわずかしかありませんでした。

1/5位の自治体が省エネルギー・省資源のための行動計画を何らかの形で策定していますが、そのうち実施しているのはほんのわずかの自治体しかありません。新エネルギー導入のための行動計画書の策定についてもほぼ同じ状況といえます。また、地域内の特性を考慮した再生可能なエネルギーを活用し、自治体で必要なエネルギーを当該地方で確保する、といったエネルギー自立を目指す自治体は少なく、実績も計画もない自治体が8割を超えています。

このように、省エネルギーや新エネルギー政策を問わず、計画書の策定すらないという自治体が大半を占めています。二酸化炭素の削減目標を設定することはもちろん大切ですが、まずは、自治体全域の排出量を的確に把握することが先決です。全体として、再生可能な自然エネルギーの開発や利用は非常に消極的であることが分かりました。

そして、環境に配慮した産業推進の現状と課題についてみましょう。まず、農業については、半分ぐらいの自治体が環境保全型農業の計画を策定していました。その計画実施の結果、環境保全型農業の作付面積が増加したと答えたのが約半数の自治体でありました。その中身で最も多いのが農業者に対する技術指導や支援であり、次が堆肥化センターの設置となっています。地域農産物の共同利用や販売促進については、ほとんどの自治体が取り組んでいます。多いのは学校給食での利用と朝市の開催でした。このように、環境保全型農業の促進と地産地消などの当該地方の循環システム構築は比較的積極的に進められています。過疎高齢化などの問題を含め、地方の産業活性化にとって良いことだと思われます。

工業については、環境に配慮した工業を促進するための総合計画をもっている自治体は無いに等しいのが現状でした。ただし、環境に配慮した施策への取り組みは半数以上が行っていると答えています。その中身として多いのが、環境新技術や新製品の研究開発費に対する助成や融資、工場施設を環境配慮型に改善するための助成や融資となっています。

農・工を問わずいえるのは、当該地方という狭い市場向けで、製品を開発・生産・流通する取り組みが圧倒的に多く、今後、東アジア地域を対象とした製品づくりが課題といえます。東アジア循環型社会の構築に向けて、再生可能な自然エネルギーのET開発とその産業化を積極的に推進していかなければなりません。

以上の検討から、日本の地方自治体の循環型社会への取り組みについて、以下の3つの問題点をまとめておきます。

第1に、循環型社会構築の前提条件となるボランタリー経済化への取り組みと、再生可能な自然エネルギーの共同開発と共同利用への取り組みがバラバラになって進められている点です。繰り返しになりますが、世界の貧しい大多数の人々が自らの環境権を確保するためには、この2つの取り組みは、環境基本条例や環境基本計画の策定段階から融合した形で同時に取り組まなければなりません。

第10章　東アジア人の経済・環境共同体構築のための日韓協力

　第2に、中央行政からの資金援助が呼び水となって、地方自治体の行政が主導となっている点です。このように、主体が欠如したままで、地方自治体が中央政府の財政に大きく依存することによって、日本の各自治体の取り組みが互いに分断されていて、また、全国画一的な取り組みになっているわけが理解できます。
　第3に、当該地方自治体内に限定された取り組みになっている点です。複数の地方自治体が協働で取り組むケースが少なく、とりわけ、海外自治体との交流に非常に消極的となっている点が問題といえます。これは、第1の新しい経済・環境共同体構築の認識が欠如していることに起因すると考えられます。

　このような日本の地方自治体の限界をのり越えるためには、どのような取り組みが必要でしょうか。まずは、韓国地方自治体とともに、東アジア人経済・環境共同体を構築するためには、どのような取り組みが考えられるでしょうか。筆者は、「日韓環境姉妹都市コンテスト」の実施に、その答えがあると考えます。2010年「(持続可能な地域社会をつくる)日本の環境首都コンテスト」が終わる翌年である2011年度から10年間の実施を目指したいと思っています。今後、①日韓環境NGOネットワークによる事例研究、②日韓環境NGOネットワークによる項目の検討、③日韓環境姉妹都市コンテスト・ネットワークの結成、④コンテストの調査票づくり、⑤プレコンテストの実施、⑥コンテスト・調査票についてのヒアリング、⑦調査票の改善、実施方法、表彰方式の検討の順で計画・準備していく予定です。

　最初は、日韓NGO／NPO連絡会が中心となって、各日韓姉妹都市間での日韓環境NGOネットワークを結成することを支援することから始めます。この環境NGOネットワークが中心となって、それぞれの「東アジア地域通貨」を創設し、東アジア人経済・環境共同体構築に向けてのリージョナルアジェンダ21を作成していきます。そして具体的に、国境を越

えて各地方をまたがる東アジア循環型社会構築に向けて、姉妹都市内の姉妹大学が再生可能な自然エネルギーを開発し、無償で共同利用できるような取り組みを積み重ねていきます。これによってはじめて、複数の姉妹都市間の地域住民が参加する「日韓環境姉妹都市コンテスト」が実施することができます。2020年までの10年間を目途にしてコンテストを続けますが、日韓環境姉妹都市を増やしながら、同時に日韓経済・環境共同体を実現していくことが、このコンテストの究極の目標といえます。

5．おわりに

　以上、真の世界平和の構築のために、新しい東アジア歴史共同体をどうつくるかについて、新しい経済の仕組みと環境への取り組みを中心に、B群の第5・6課題を併せて検討してきました。つまり、現段階世界経済体制の大転換に伴う世界「反平和」的状況を断ち切って、世界大多数の貧しい人々が自らの社会・自然環境権を取り戻すためには、世界循環型社会の構築が欠かせないことを強調してきました。

　私達東アジア地域住民が、各地方自治体を基本単位として、国境を越えて東アジア地域をまたがる2つの取り組み、すなわち、新しい経済共同体の仕組みとして、東アジア地域通貨「GLOBAL LIFE」を介した東アジアのボランタリー経済圏を構築する課題と、新しい循環型社会構築への取り組みとして、再生可能な自然エネルギーに基づいた東アジア人環境共同体を構築する課題を、互いに融合させる必要性を訴えました。そして、東アジア人経済・環境共同体の実現に向けて、まずは、日韓の経済・環境協力体制を整えること、つまり「日韓環境姉妹都市コンテスト」を実施することを提案しました。皆さんの積極的な参加を心よりお待ちしています。

参考文献
B．A．Lietaer（2002）『新しいコミュニティ通貨の誕生：マネー崩壊』（小林

一紀・福元初男共訳)、日本経済評論社。
李東碩 (2000)「経済学は環境問題をどうとらえてきたか」、広島大学「社会環境学」研究会編『社会環境学構築の研究』、21-31ページ。
李東碩 (2000)「グローバル化する経済と国民国家の行方」、冨岡庄一・浅野敏久・於保幸正・開發一郎・小島基・水羽信男（共編）『21世紀の教養2：異文化／I・BUNKA』、191-198ページ、培風館。
李東碩 (2004)「世界経済体制の過去・現在・未来」、朝倉尚・布川弘・坂田桐子・西村雄郎・安野正明（共編）『21世紀の教養4：制度と生活世界』、191-209ページ、培風館。
坂本龍一・河邑厚徳編著 (2002)『エンデの警鐘：地域通貨の希望と銀行の未来』、NHK出版。

索　引

(あ)

IT（情報技術）　104, 107, 165, 221, 237
IMF（国際通貨基金）　89, 100, 104, 107, 130, 135, 221, 223
アジア通貨危機　42, 129
ASEAN（東南アジア諸国連合）　56, 174, 176, 178, 181, 183, 184, 190, 192, 193, 194, 232
AFTA（ASEAN自由貿易地域）　182, 183
雨森芳洲　5, 6, 24, 83
安重根　68, 69
域内貿易　175, 181, 182
域外貿易　182
イサカアワー　236
李舜臣　68
ET（環境技術）　104, 107, 221, 222, 223, 228, 229, 231, 250
伊藤博文　68, 69
EU（欧州連合）　181, 182, 183
ウルサン化学HFC23熱分解事業　206, 208, 217
HFC23回収・熱分解事業　218
APEC（アジア太平洋経済協力体）　174
NPO（非営利組織）　43, 56, 59, 116, 117, 120, 121, 241, 244, 251
NGO（非政府組織）　43, 56, 59, 116, 117, 120, 121, 130, 241, 244, 245, 246, 251
ef　238, 239
大綱引き祭り　59, 112, 121
温室効果ガス　198, 199, 200, 201, 202, 203, 204, 207, 208, 216, 217, 218, 226

(か)

海外直接投資　192
外国語教育　37
開放政策　163, 164, 165
価格競争力　191
環境共同体　88, 109, 111, 113, 121, 122, 222, 230, 251, 252
──技術　248
──権　88, 101, 102, 104, 106, 108, 109, 121, 222, 223, 230, 231, 232, 237, 244, 250, 252
──首都コンテスト　224, 245, 246, 251
──上の追加性　204, 213
韓国語教育　29, 34, 35, 36, 37, 38, 39, 40
──教授法　35, 37
──・朝鮮語　30, 35
──ドラマ　3, 7, 10, 15, 18, 19, 21, 22, 122, 149
江華島条約　68
韓流　3, 7, 8, 9, 10, 17, 23, 24, 25, 149, 172
──ブーム　4, 7, 14, 15, 30, 33, 149, 172
飢餓・貧困の世界化　92, 100, 223
企業内貿易　186
気候変動に関する政府間パネル　197
────枠組条約　200, 201, 202, 226
技術の追加性　204, 205, 212, 214, 217
北朝鮮の核問題　127, 129

255

金大中 10, 128, 129, 130, 131, 132, 133, 134, 135, 136, 137, 162
京都議定書 105, 197, 198, 200, 201, 202, 206, 207, 209, 210, 216, 219, 221, 223, 226, 228, 229, 240
京都メカニズム 198, 200, 203, 206, 207, 210, 212, 217, 218, 223, 229, 240
経済共同体 88, 109, 111, 113, 121, 122, 222, 251, 252
啓明大学 112
原産地規定 184
現代グループ 132, 133, 136, 137, 138, 141
国際化の提携 129, 132, 133
国民国家 89, 90, 96, 97, 98, 100, 101, 102, 105, 114, 117, 122, 222, 253
国連 89, 106, 107, 221, 225, 227, 228, 229, 230
人間環境会議 199, 225

(さ)

最恵国待遇 180
財閥 130, 134, 135, 136, 137
沙也可 81
産業内貿易 185, 186, 187, 188, 190, 193
産業廃棄物 104, 120, 225, 226, 227, 231, 232, 241
在日青少年 113, 114, 115, 116, 117, 118, 119, 120, 122
資金の追加性 204, 205, 205, 213
自国中心主義 80
市場国家 89, 98, 100, 101, 102, 103, 105, 117, 222
自然環境 89, 102, 104, 107, 108, 111, 121, 222, 223, 224, 230, 231, 237, 241, 252

────権 237, 252
持続可能な発展 202, 203, 219
CER（排出権取引）202, 204, 205, 206, 210, 211, 212, 213, 214, 215, 216, 218, 223, 228, 240
自治体間交流 149, 159, 162, 163, 247, 248
CDM（クリーン開発メカニズム）197, 198, 202, 203, 204, 205, 206, 207, 208, 209, 210, 211, 212, 213, 214, 215, 216, 217, 218, 219, 223, 226, 228
下蒲刈 76, 240, 241, 243
社会環境 89, 104, 107, 108, 111, 121, 122, 222, 223, 224, 229, 230, 231, 236, 237, 240, 241, 243, 252, 253
────権 237, 252
循環型社会 110, 230, 231, 240, 245, 246, 247, 248, 250, 252
情報化 89, 100, 107, 122, 149, 159, 165, 172, 221
──関連技術 222
初修外国語 30, 37
鄭周永 134, 136, 137, 138
壬辰倭乱→文禄・慶長の役（壬辰倭乱・丁酉再乱）
政府と企業の提携 129, 133, 143
世界環境管理体制 89, 98, 100, 102, 104, 105, 107, 120, 221, 225, 229, 240
──危機管理体制 89, 98, 100, 102, 105, 106, 107, 223
──経済 88, 89, 90, 91, 92, 93, 94, 95, 96, 98, 101, 102, 103, 104, 107, 108, 113, 121, 123, 174, 183, 222, 224, 230, 235, 247
────管理体制 89, 98, 100, 102, 104, 105, 107, 120, 221, 223, 224, 225, 229, 247

索　引

―――重層化　42, 107
―――体制　94, 98, 101, 102, 103, 108, 113, 121, 123, 224, 253
―――――論
――システム　90, 122
――重層化　42, 95, 102, 103, 104, 107, 221, 222, 223, 229
――循環型社会　110, 221, 224, 230, 231, 252
――帝国　100, 101, 105, 106, 121, 224
――統治　88, 89, 90, 91, 92, 93, 94, 95, 96, 98, 101, 102, 103, 105, 106, 224
――「反平和」　88, 102, 106, 108, 117, 121, 222, 224, 252
――平和　88, 89, 106, 108, 109, 112, 113, 121, 222, 252
――労働可能人口　98, 100, 102, 103, 104, 107
全教組大邱支部　62, 63, 64, 73, 75, 111

（た）

大学入試センター試験　22, 40
大衆文化　3, 4, 6, 7, 8, 9, 10, 11, 12, 14, 15, 25, 163, 164, 165
―――開放政策　163, 165
第2外国語　26, 28, 30, 31, 32, 35, 37, 39, 40, 122
タイムダラー　236, 238
太陽政策　128, 129, 130, 131, 136
多国籍企業　97, 100, 103, 192, 225
WTO（世界貿易機関）　89, 100, 104, 107, 174, 180, 181, 221, 223
超国籍企業　44, 89, 103, 107, 221, 222, 223, 228, 229, 231, 237
―――銀行　89, 103, 107, 223, 228, 231, 240
―――資本　43, 89, 97, 98, 100, 101, 102, 103, 104, 105, 106, 107
―――人　106, 108, 109, 110, 113, 117, 120, 121, 122, 123
地域通貨　106, 108, 120, 224, 230, 232, 233, 234, 235, 236, 237, 238, 240, 241, 242, 243, 244, 245, 251, 252, 253
―――活性化　171, 172
―――経済活性化　236
―――――統合　174, 175, 180, 181
地球温暖化　197, 198, 199, 201, 202, 209, 210, 216, 217, 218, 225, 238, 239, 247, 248, 249
地方自治体　101, 108, 110, 114, 116, 117, 120, 122, 163, 166, 172, 223, 230, 231, 240, 244, 245, 246, 248, 250, 251, 252
中国地方の国際交流　154
朝鮮・韓国語　36
朝鮮通信使　5, 25, 63, 64, 65, 75, 76, 77, 80, 82, 83, 86, 87, 111
追加性の原則　204, 205, 213
丁酉再乱→文禄・慶長の役（壬辰倭乱・丁酉再乱）
富の世界一極集中化　42, 44, 92, 93, 94, 100, 102, 104, 107, 221, 223

（な）

NAFTA（北米自由貿易協定）　56, 181, 182, 183
南北経協　143
NIES（新興工業経済群）　56, 174
日韓FTA　189, 190, 193, 194
―――経済・環境共同体　252
―――環境姉妹都市コンテスト　251, 252
―――基本条約　48, 115, 118
―――経済共同体
―――国交正常化　6, 12, 115, 161, 162

257

――併合　43, 50
――歴史共同研究委員会　63
日中韓3国共通歴史教材委員会　62, 63
日本語教育　27, 28
日本文化開放政策　163
人間同士の対立　88, 89, 93, 94, 96, 97, 98, 99, 101, 102, 105
盧武鉉　129, 132, 139, 140, 141, 144

(は)

排出権取引　198, 206, 216, 240
ハングル　22, 31, 35, 36
比較優位理論　189
東アジア循環型社会　109, 110, 224, 231, 232, 248, 250, 251
―――人環境共同体　108, 109, 110, 113, 224, 231, 232, 245, 251, 252
―――人経済共同体　108, 109, 110, 113, 224, 231, 232, 245, 251, 252
―――人文化共同体　89, 108, 109, 110, 111, 112, 113, 118, 121, 122
―――地域通貨　108, 109, 120, 232, 233, 244, 251, 252
―――歴史共同体　43, 60, 93, 108, 109, 110, 111, 112, 114, 119, 252
広島修道大学　30, 38, 112
扶桑社　62, 85, 111
冬のソナタ　4, 6, 9, 14, 15, 16, 17, 18, 19, 20, 21, 22, 23
文化共同体　8, 88, 106, 110, 111, 112, 113, 118, 120, 121, 122, 222
――交流　3, 4, 6, 8, 11, 14, 25, 32, 156, 163, 172
文禄・慶長の役（壬辰倭乱・丁酉再乱）　45, 65, 67, 68, 72, 77, 84

平和教育研究所　79
貿易依存度　177
貿易創出効果　189
貿易パターン　174, 175, 178, 188
補足性の原則　203, 205, 213

(ま)

藻塩じゃ券　240, 241, 242, 243
モントリオール議定書　208, 209, 210, 221, 225
閔妃暗殺　69

(や)

霊山韓国伝統文化保存会　112

(ら)

リーケージ　204
歴史教科書　14, 23, 24, 62, 65, 66, 70, 71, 79, 86, 87, 111, 118, 164
――共同体　88, 89, 92, 93, 98, 101, 102, 108, 111, 113, 114, 117, 120, 121, 122, 222, 224
――的責任問題　198, 199, 200
LETS　236, 237
労働力移動　193

(わ)

倭館　5, 71, 72, 7

執筆者紹介
(執筆順)

〔編者〕尹　光鳳（ゆん・くあんぼん）
　韓国ソウル市生まれ。
　現在、広島大学大学院総合科学研究科教授
　専攻：韓国演戯論

朴　大王（ぱく・でーわん）
　韓国ソウル市生まれ。
　現在、広島修道大学商学部助教授
　専攻：(日韓対照）言語学

藤井正一（ふじい・しょういち）
　千葉県生まれ。
　現在、広島経済大学客員教授
　　　　元大邱啓明大学国際部招聘専任教授
　専攻：日韓市民交流論

児玉戒三（こだま・かいそう）
　広島県生まれ。
　現在、日韓(広島・大邱市)共通歴史教科書制作メンバー
　　　　元広島県立戸手高等学校社会科教諭
　専攻：日韓近現代史教育論

〔編者〕李　東碩（い・とんそく）
　韓国大邱市生まれ。
　現在、広島大学大学院総合科学研究科助教授
　専攻：世界経済体制論

金　聖哲（きん・そんちょる）
　韓国光州市生まれ。
　現在、広島市立大学広島平和研究所助教授
　専攻：東北アジア国際関係論

〔編者〕権　俸基（くぉん・ぼんき）
　韓国大田市生まれ。
　現在、呉大学大学院社会情報研究科教授
　専攻：国際経済論

〔編者〕羅　星仁（な・そんいん）
　韓国羅州市生まれ。
　現在、広島修道大学人間環境学部助教授
　専攻：環境経済学

草の根の日韓21世紀共同体
―文化・経済・環境からのアプローチ―

平成18年4月20日　発行

編 者　尹　光鳳・権　俸基
　　　　李　東碩・羅　星仁
発行所　株式会社　溪水社
　　　　広島市中区小町１－４（〒730-0041）
　　　　電　話（082）246－7909
　　　　ＦＡＸ（082）246－7876
　　　　E-mail：info@keisui.co.jp

ISBN4-87440-917-2　C1031

110°
115°
120°
125°
130°
135°
140°
145°
50°
45°
45°N
40°
35°
ロシア
Russia
中華人民共和国
China
(ハルビン)
哈爾浜
長春
吉林
瀋陽
ウラジオストク
札幌
北京
天津
大連
咸興
平壌
元山
朝鮮民主主義
人民共和国
Democratic People's
Republic of Korea
仁川
ソウル
青島
大韓民国
Republic of Korea
大田
大邱
仙台
日本
Japan
東京